후회 없는 삶을 위해 지금 당장 할 수 있는 30일의 결단

내 생애 마지막 한 달

후회 없는 삶을 위해 지금 당장 할 수 있는 30일의 결단

내 생애 마지막

한 달

KERRY SHOOK · CHRIS SHOOK
케리 슉 · 크리스 슉 | 김성웅 옮김

포이에마
POIEMA

후회 없는 삶을 위해 지금 당장 할 수 있는 30일의 결단

내 생애 마지막 한 달

케리 슉 · 크리스 슉 | 김성웅 옮김

1판1쇄발행 2008. 10. 13 | **1판14쇄발행** 2010. 3. 28 | **발행처** 포이에마 | **발행인** 김도완 | **등록번호** 제 300-2006-190호 | **등록일자** 2006. 10. 16 | 서울특별시 종로구 가회동 17 우편번호 110-260 | 마케 팅부 02)730-8647, 편집부 02)730-8648, 팩시밀리 02)730-8649

값은 뒤표지에 있습니다. ISBN 978-89-93474-01-5 03230 | **독자의견 전화** 02)730-8647 | **이메일** masterpiece@poiema.co.kr | 좋은 독자가 좋은 책을 만듭니다. | 포이에마는 독 자 여러분의 의견에 항상 귀를 기울이고 있습니다.

라이언, 조쉬, 미건, 스티븐에게
우리가 너희를 키운다고 생각했지만,
돌이켜보니 너희가 우리를 키운 것 같구나.
너희가 후회 없는 인생을 살 수 있도록 늘 기도하마.

"바로 이때"를 위한 삶

사람들은 죽음이 멀지 않음을 느낄 때 그제야 삶에서 가장 중요한 것이 무엇인지를 생각한다. 그리고 지난날을 돌아보며 그동안 중요하지 않은 일들에 삶을 낭비해왔음을 깨닫는다. '언젠가 때가 되면 그때 하자'는 생각으로 중요한 일들을 미루다가 삶의 끝에 이른 것이다. 우리는 지금이 아니라 나중에 시간이 나면, 상황이 좋아지면, 그때 가서 의미 있는 일을 하고 하나님을 위해 살겠다고 마음먹는다.

이런 식으로 살면 후회막급은 당연지사이다. 삶의 마지막 순간에 유일하게 중요한 것은 사는 동안 하나님의 뜻을 이루었는지 여부이다. "나는 아버지 일에 마음을 써야 합니다." 이것은 예수가 열두 살 때 했던 말이다. 그리고 21년 후 그분은 아버지께 이렇게 말할 수 있었다. "내게 맡기신 일을 이루었습니다." 우리가 인생에서 이런 초점과 집중력을 가지고 있다면, 하나님이 이 세상에서 어떤 일들을 이루실지는 말하지 않아도 된다!

죽음의 공포는 사람을 마비시킨다. 인생을 향한 하나님의 계획을 성취하는 데 꼭 필요한 모험을 하지 못하게 방해한다. 그러나 이 책에서 케리와 크리스 슉은 독자들을 새로운 깨달음으로 안내한다. 인간의 유한성이 오히려 의미와 만족으로 가득 찬 후회 없는 삶을 살도록 우리를 자유롭게 한다는 것이다. 하나님은 에스더에게 하신 것처럼, 우리 한 사람 한 사람을 '바로 지금'의 세상으로 보내셨다. 이 책을 통해 하나님이 당신에게 누리라고 주신, 목적이 있고 기쁨이 넘치는 풍성한 삶을 발견하게 될 것이다.

릭 워렌 | 새들백교회 목사, 《목적이 이끄는 삶》의 저자

새로운 도약의 출발

톨스토이는 "이 세상에 죽음만큼 확실한 것은 없다. 그런데 사람들은 겨우살이 준비는 하면서도 죽음은 준비하지 않는다"고 말했습니다. 이렇게 죽음을 의식하지 못하는 경우 하루하루의 삶이 얼마나 가치 있는 것인지를 알기는 쉽지 않습니다. 살아야 할 날이 많이 남아 있다고 생각하며 살아가는 사람의 삶의 자세와 이제 곧 자신의 삶이 끝날 것임을 생각하고 살아가는 사람의 삶의 자세는 크게 다를 것입니다. 그래서 하나님의 사람 모세는 그의 시편에서 이렇게 기도하였던가 봅니다. "우리에게 우리 날 계수함을 가르치사 지혜로운 마음을 얻게 하소서"(시 90:12).

죽음은 두려움의 대상입니다. 생명이 오직 이 땅에서만 유지되는 것으로 생각하는 사람에게는 그렇습니다. 두려움은 불안을 초래하고, 불안은 허둥지둥 시간을 소비하게 할지도 모릅니다. 그러다보면 어느 새 죽음이 턱밑까지 다가와 있음을 알고 절망에 빠집니다.

그러나 어떤 사람에게 죽음은 새로운 도약의 출발입니다. 생명이 이 땅에서만이 아니라 죽음 이후에도 지속된다고 생각하는 사람에게는 그렇습니다. 도약이 있음을 알고 살아가는 그에게 삶은 희망이며, 활력이며, 기쁨입니다. 그렇게 인생을 산다면 삶은 희열로 가득 차 있을 것입니다.

하나님께서 우리에게 죽음을 주신 것은 두려워하게 하려는 것이 아니요, 생명이 얼마나 소중한 것인가를 알려주시기 위함입니다. 우리는 삶을 통하여 하나님이 주신 삶의 목적을 이루어가야 합니다. 그것이 우리가 살 수 있는 최선의 삶입니다.

이 책에는 우리 삶이 얼마나 찬란할 수 있는지를 알려주는 이야기들로 가득합니다. 나를 넘어서고 환경을 넘어서고 장벽을 넘어서는 삶의 지혜들, 보다 더 아름답고 생동감 넘치는 삶으로 가는 길을 알려주는 지혜들을 만나시기 바랍니다.

하나님께서는 우리들을 그렇게 생기 넘치는 존재들로 창조하셨습니다.

이윤재 목사 | 분당한신교회 담임목사, 별세목회연구원장

한 달만 살 수 있다면

앞으로 딱 한 달만 살 수 있다면, 무엇을 바꾸겠는가?

이 책은 여러 면에서 독특하다. 우선, 책 제목과 위의 질문이 보여주듯이 우리는 주저하지 않고 어려운 질문을 던졌다. 우리 부부의 처녀작인 이 책은 10년 넘게 쓰려고 마음먹어왔던 것이다. 그래서 지면마다 우리가 몸을 던져 체득한 생생한 메시지가 담겨 있다. 우리는 열정적으로, 목적에 맞게 살아감으로써 어떻게 하면 삶을 가장 의미 있게, 우리가 지음 입은 바로 그 길을 좇아 살 수 있는지 고민해 왔다. 이 땅에서의 시간이 제한돼 있다는 사실을 그대로 받아들임으로써 우리는 신중하게 살 수 있다. 하나님이 우리를 부르신 그 운명을 살아낼 때 기쁨과 평안을 더 이상 뒤로 미루지 않아도 된다. 당신의 인생에서 바꾸고 싶은 부분이 전혀 없는 게 아니라면, 한 달만 사는 것처럼 사는 삶이 무엇인지 우리와 함께 살펴보기 바란다.

이 책은 독특하다. 우리는 이 책을 독특하게 써내려갔다. 우리 두 사람은 결혼도 사역도 동등한 관계여야 한다고 믿는다. 25년간의 결혼과 사역에서 우리는 일심동체로 더 원활히 움직일 수 있었다. 우리는 정말 몸부림을 치며 이 책의 내용대로 살아왔다. 따라서 이 책에 담긴 경험과 통찰력은 절반 정도는 케리의 것이고, 나머지 절반은 크리스의 것이다.

독자의 편의를 위해 우리는 일인칭으로 통일해 책을 쓰기로 했다. "나"(케리)와 "나"(크리스) 사이를 왔다 갔다 하는 혼란을 피하고, 핵심적인 내용에서 멀어지는 산만함을 막으려는 의도였다. 그리고 이렇게 두 사람의 목소리를 하나로 냄으로써 우리가 전하는 메시지가 모든 계층을 초월한다는 점을 강조하고 싶었다. 남성과 여성, 기혼과 미혼, 부자와 서민을 가리지 않고 세계 모든 문화 속 사람들에게 고루 전하기 위해서였다.

당신이 인생 여정의 어디쯤에 있든, 이제 이 책을 넘기며 삶의 방식을 완전히 바꿀지 모르는 이 질문에 답하길 바란다.

케리, 크리스

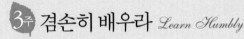

The One Month To Live

나의 다짐

다음 한 달이 내 생애 마지막 날들이라 생각하고
하나님이 주시는 힘으로 의미 있는 인생을
경험해보고자 다짐합니다.

이름

_____

_____

일러두기

* 이 책에 인용된 성경구절들은 《표준새번역 성경》을 기준으로 했습니다.

서문 | 두 연도 사이를 살다

죽음은 삶보다 더 보편적이다.
모두가 죽지만 모두가 사는 것은 아니다.
– 앨런 사크스 Alan Sachs

우리가 잠 못 이루는 것은 삶이 끝난다는 죽음의 공포 때문이 아니라,
세상에서 제대로 살아볼 수 없을지 모른다는 두려움 때문이다.
– 해럴드 쿠쉬너 Harold Kushner

이 땅에서 삶은 제한되어 있다.

이 말이 당신을 안절부절 못하게 할 수도 있겠지만, 나는 사실을 말하고 있다. 당신이 누구든, 젊은이든 노인이든, 성공했든 안 했든, 사는 곳이 어디든, 유한한 죽음은 모두에게 공평하다. 초침이 째깍할 때마다, 삶의 한순간은 과거가 된다. 이 단락을 읽고 있는 순간조차, 영원히 되돌릴 수 없다. 당신이 살 수 있는 날은 이미 계수되었기에, 흘러가는 하루하루는 영원히 지나가버린 것이다.

나는 그랬다. 당신도 나처럼 이 현실을 가혹하고 피하고 싶은 것으로 여기고, 경악하다 못해 마비될지 모른다. 하지만 그렇게 되라고 이 책을 쓰는 것은 아니다. 그 반대이다. 그저 삼가고 조심하기보다는 이 땅에서의 시간이 제한돼 있음을 받아들이면 더 자유롭게 될 수 있다고 확신한다. 앞으로 시간이 한 달만 남았음을 알게 되면 대

부분의 사람들은 다르게 살 것이다. 자신에 대해서 좀 더 진솔해지고, 시간을 사용하는 데도 근신하는 자세가 될 것이다. 이런 차이에서 질문이 생긴다. 그러면 지금 이런 삶을 살지 못하도록 방해하는 것은 무엇인가?

우리의 시간을 어디에 쓸 것인가

나는 이 답을 찾아보자는 동기를 갖게 되었다. 나아가서는 다른 차원의 삶을 살고 독자도 그렇게 살도록 돕고자 한다. 이것은 내 사역의 경험에서 비롯되었다. 나는 지상에서 임박한 종말을 맞이하는 많은 사람들과 값진 시간을 보낼 수 있었다. 많은 사람들이 슬픔의 몇 단계(충격, 부인, 타협, 자책, 분노, 우울, 수용)를 어렵사리 거치는데, 생의 종착역에 다다랐음을 자각함으로써 근본적인 변화를 겪는다. 가슴 저 깊은 곳에서 느끼는 것을 말하고 진심으로 원하는 것을 할 수 있는 면허증 같은 것을 취득하는 모양이다. 용서를 구하기도 하고 다른 사람들을 용서하기도 한다. 더 이상 자기 자신만을 생각하지 않고 사랑하는 사람들에게 다가가서 그들이 자신에게 얼마나 소중한 존재인지 알린다. 전 같으면 결코 하지 않았을 모험을 감행하고, 걱정을 접고 새롭게 열리는 하루하루를 감사하며 맞이한다. 하나님과 자신의 관계라든지 닳아 없어지지 않을 유산을 남기는 등 삶의 우선순위를 명쾌하게 파악한다.

수년 동안 마지막 나날을 살아가는 사람들을 지켜보면서, 나는 스스로 이렇게 물었다. 왜 우리는 죽음을 앞둔 사람처럼 살지 못하는 것일까? 처음부터 이렇게 사는 게 정상이 아닌가? 왜 이 땅에 태어났는지 의미를 찾고, 주어진 제한된 시간 동안 자신만의 재능을 극대화해야 하지 않는가? 이 책이 나오기 전 해, 목회자 수련회에서 사역자들에게 이런 질문을 던졌다. 한 달만 살 수 있다면 어떻게 살겠는가? 모두에게 일기장을 나눠주고, 마지막을 살고 있다는 기분으로 살면 어떤 일들이 일어날지 기록하라고 부탁했다.

결과는 삶이 변한다는 것이었다! 마지막 30일째 우리는 모두 명확한 목적의식과 진정 소중한 것들로 새로워진 열정을 갖게 되었다. 많은 사람들이 일생일대의 큰일들을 하게 되었다. 배우자와 꿈에 그리던 여행을 떠나거나, 건강에 대해 심각하게 생각하고 10킬로그램 이상 살을 빼거나, 오랫동안 소원하게 지내던 부모님과 관계를 회복하는 일을 한 것이다.

나는 어땠냐고? 하찮은 일상의 일들이 전혀 새로운 의미로 다가왔고 그것은 삶을 전혀 다르게 바꿔놓았다. 매일 두 아이를 학교까지 바래다주는 일이 진정 기쁨으로 다가왔다. 매일 아침 아이와 스무고개 놀이를 하고 십대인 딸과 가사 바꿔 부르기를 하는 게 신성하기조차 한 순간임을 가슴 깊이 느끼게 됐다. 위로 큰 아들 둘과는 일주일에 한 번 아이들이 좋아하는 식당에서 만나 부자지간의 정을 확인했다. 많은 사역자들이 공놀이, 연주회, 학교 행사 등 아이들과 함께 하는 일은 무엇이든 했다. 그러자 사역자 팀이 다른 어떤 때보다도 더 생산적으로 바뀌었다. 사역에서도 오랜 영향력을 끼치길 바라는 빛이 역력했다.

그 후로 한 달만 남은 것처럼 사는 삶이라는 독특한 표현이 보편적인 원리를 지니고 있음을 믿게 됐다. 이 땅에서 한 달만 남은 것처럼 산다면, 하루하루를 각자 독특하고 이전과 전혀 다르게 살 것이고, 영원한 유산을 남기는 좀 더 의미 있는 삶을 살 것이다.

공원묘지만큼 영원을 떠올리게 하는 곳은 없다. 오래된 비석들과 그것들이 투영하는 삶에 그만 매료가 될 정도이다. 내가 살고 있는 휴스턴 지역 공원묘지에 있는 오래된 묘석의 비문을 읽어보면 1800년대로까지 거슬러 올라간다. 묘석들이 웅변하고 있는 온갖 이야기들을 향해 나는 상상의 날개를 펴본다. 1823년에서 1914년까지 삶은 어떤 모습이었을까 하는 생각이 길게 이어졌다. 당시 사람들도 삶에서 부딪치는 문제와 아픔을 가지고 있었겠지만, 내가 느끼는 만큼 스트레스와 중압감을 느꼈을지는 의문이다. 과학기술과 현대의 이기들은 21세기 사람들의 삶을 혁명적으로 바꿔놓았지만, 어떤 대가를 치르게 했는지 알 것이다.

오래된 묘석들을 보고 있자니 인생이란, 두 연대와 그 사이에 있는 짧은 줄표 하나에 불과함이 눈에 들어온다. 어떤 비문들에는 고인의 업적, 격언, 성구나 감동적인 추억 등이 적혀 있기도 했지만, 각 사람의 생애는 두 연대 사이에 있는 뭔가로 축소되었다. 짧은 줄표 안에 들어가는 것이 인생이다. 누군가의 비문에 찍힌 줄표를 들여다보면서 나는 생각에 잠겼다. 이 사람은 무엇을 위해 살았을까? 누구를 사랑했을까? 어디에 열정을 두었을까? 일생일대의 실수와 후회는 무엇이었을까?

이런 생각을 하면, 인생에서 일어나는 많은 일들이 우리 손 안에서 이뤄지지 않음을 알 수 있다. 어디서 태어날지, 어떤 부모 밑에서 태어날지, 어떤 시대와 문화 속에서 살아갈지 우리가 결정하지 않았다. 비문에 적힐 연대도 우리가 결정하지 못한다. 지상에서 우리의 시간이 언제 끝나게 될지도 모른다. 다음주, 다음해, 수십 년 후가 될 수도 있다. 오로지 하나님만이 아신다. 우리의 생은 그분의 손 안에 있다. 하지만 우리가 거의 완벽하게 통제할 수 있는 한 가지가 있다. 두 연대 사이의 줄표를 어떻게 사용할 것인지를 결정하는 것이다.

이 땅에 존재하는 동안 우리는 두 연대 사이의 작은 줄표를 어떻게 보낼 것인지 선택해야 한다. 우리의 연대를 어디에 쓸 것인가? 자신은 누구이고 왜 여기 있는지 알고 줄표를 살고 있는가? 아니면 삶을 허겁지겁 살고 있는가? 전혀 소중하지 않은 것들을 좇느라 값진 시간을 보내며 허둥지둥 사는 것은 아닌가? 시편 기자는 이렇게 기도했다. "우리에게 우리의 날 계수함을 가르쳐 주셔서 지혜의 마음을 얻게 해주십시오"(시 90:12). 지상에서의 시간은 제한돼 있기에 지혜롭게 써야 한다. 하나님은 우리가 이 사실을 깨닫기 원하신다. 그리고 이 가장 소중한 재화를 어떻게 쓸지 선택하게 하신다.

영원을 사는 길

내가 만나본 죽음을 앞둔 사람들은 생을 잘 마감하기 위해 크게 달라졌다. 하지만 때로는 거의 달라지지 않는 사람들도 있다. 변하기 싫어서가 아니다. 사려 깊고 진실하게 살아온 탓에 생의 마지막 이라는 소식이 이들의 마음을 요동케 하지 않은 것이다. 물론 이들도 그 소식에 슬퍼하고 뒤척이는 밤을 보낸다. 가족들과 사랑하는 사람들 때문에 가슴이 찢어진다. 그러나 자신에게 가장 소중한 것에 초점을 맞추고 살아왔기에 위로를 받는다. 사랑하는 사람들과의 관계, 온 우주의 하나님과의 관계, 이 땅에서의 독특한 사명이 그들의 초점이었던 것이다.

한 달밖에 살 수 없음을 알게 되더라도 바꿀 게 없다고 한다면 정말 놀랍지 않은가? 무엇이 당신을 붙잡고 놔주지 않는가? 당신은 무엇을 기다리고 있는가? 하나님은 성경에서 반복하여 우리에게 상기시키신다. 우리의 삶은 영원에 비하면 덧없이 짧다. "여러분은 내일 일을 알지 못합니다. 여러분의 생명이 무엇입니까? 여러분은 잠깐 나타났다가 사라져 버리는 안개에 지나지 않습니다"(약 4:14).

오늘 하루가 전부라는 식으로 살라는 뜻은 아니다. 우리는 밤새 직장을 그만둘 수도 없고, 마음속에 있는 바를 다 말하고 살 수도 없으며, 그때그때 떠오르는 생각대로 움직일 수도 없다. 이런 삶은 이기적이고 부주의할 뿐이다. 이렇게 사는 사람은 이 세상의 삶 너머에 무엇인가가 있다고 믿지 않는 것이다. 그러나 인생은 이 땅에서 벌어지는 일들 그 이상이다. 현실에 얽혀서 살고 있지만 살아온 모습이 결정할 영원한 결과를 신중하게 생각해야 한다. 성경은 하나님이 우리 마음에 영원을 감지하는 감각을 입히셨다고 말한다(전 3:11). 그분은 우리를 자기 형상에 따라 영적 존재이면서도 육신을 가진 존재로 지으셨다. 정직하기만 하면, 우리의 실존에는 이 세상이 줄 수 있는 것보다 더 큰 뭔가가 있어야 함을 대부분 느낄 수 있다.

많은 사람들이 여기서 신앙으로 돌아선다. 그러나 내일이 없는 듯 흥청망청 사는 사람들이 있는 것처럼, 신앙을 가지고도 오늘이 없는 듯 사는 사람들도 있다. 이 사람들은 오늘의 삶을 충실히 살아가기보다는 "언젠가" 가게 될 하늘만 생각한다.

영원을 살 수 있는 유일한 길은 하루하루를 하나님의 선물로 생각하고 받아들이는 것이다. 우리는 매일과 영원 사이의 정점에서 살아야 한다. 그분은 우리를 지으셨고 우리에게 살아야 할 또 하루를 주셨다. 그러므로 우리는 그분의 사랑을 알고 경험하고, 주변 사람들을 사랑하고 섬기며, 우리에게 허락된 삶을 뜨겁게 살아야 한다. 삶이 덧없기 때문에 더욱 가장 소중한 것에 초점을 맞추어야 한다.

한 달의 도전

자신에 대해서 집요할 만큼 정직해지라. 이 땅에서의 시간은 한정돼 있다. 그 시간을 아끼고 아껴서 살아야 하지 않겠는가? 한 달밖에 살 수 없다면, 모든 것을 다른 관점에서 보게 될 것이다. 현재 하고 있는 많은 일들, 중요해 보이는 일들이 곧 의미를 잃을 것이다. 가장 중요한 것에 대한 전면적인 명쾌함이 생길 것이고, 자발적으로 위험을 감수하는 태도를 갖게 될 것이다. 오늘 해야 할 일을 내일까지 미루지 않을 것이다. 남은 한 달은, 평생 이렇게 살았으면 하고 바랐던 그런 삶이 될 것이다.

한 달만 살 수 있다면, 삶이 대대적으로 바뀔 것이다. 그런데 이 사실을 받아들이고 이것으로 자유를 누리기 위해서 왜 암 진단을 받거나 사랑하는 사람을 잃을 때까지 기다려야 하는가? 우리가 지음 받은 그 목적을 완수하고 싶지 않은가? 그래야 삶이 훨씬 만족스럽지 않을까?

딱 한 달만 살 수 있는 것처럼 살아볼 것을 권한다. 이 책은 기꺼이 당신을 도울 것이다. 한 달의 삶에는 네 가지 보편적인 원리가 들어 있다. 열정으로 살라, 두려움 없이 사랑하라, 겸손히 배우라, 담대히 떠나라. 나는 이 책을 4부, 4주로 나누었다. 인생의 마지막 시간을 살 듯 다음 한 달을 살아보라고 부탁한다. 매일 각 주의 원리에 초점을 맞춘 장이 실려 있다.

각 장에는 두 종류의 특별한 난이 있다. 30일간의 인생 실험에 감명을 불어넣기 위한 것이다. 각 장에서 "자기 성찰을 위한 질문"을 만날 것이다. 살아온 삶을 돌이켜보고 가장 중요한 것에 초점을 맞추도록 던진 질문들이다. 다음은 "결심 다지기"이다. 각 장 맨 마지막에 나오며, 그날의 초점에 따라 행할 수 있는 방법들을 제시한다. 이 행동의 초점은 평생의 과업이지 오늘 해치워야 할 숙제는 아니다. 여기서 다루는 문제들에 대해 생각하고 정리 글을 써보거나 기도하는 시간이 필요할 수도 있다. 다른 사람들과 함께 이 책을 읽는다면, 자신의 생각을 정리하고 토론하기에 좋은 지침이 될 것이다.

이 책을 어떻게 활용하느냐는 크게 중요하지 않다. 삶에서 가장 원하는 바, 그러나 그것을 추구하지 못하도록 딴죽을 걸고 있는 문제들에 대해서 진지하게 생각해보기를 바라고 기도한다. 어느 날 인생에 종말이 오고 있음을 알면 하루하루를 더 충실하게 살게 된다는 점을 인정하기 바란다.

그러나 인생을 충만하게 경험할 수 있을지 고심하기 위해 위기를 맞을 때까지 기다려선 안 된다. 이 한 달의 도전을 기꺼이 받아들이면 혁신적인 변화를 준비하게 된다. 후회 없는 삶, 왜 미리 준비하지 않았는지 의아스러울 만큼 풍성한 삶을 살 수 있다.

현재, 바로 지금이라는 시간만큼 시작하기 좋은 때는 없다. 가장 소중한 시간을 들여서 이 책을 정독하라. 이 책을 읽는 동안 단 일초도 허비하고 있다는 생각이 들지 않을 것이다. 왜 태어난 인생인지 알고 나면, 후회 없는 인생의 첫 날이 비로소 열린다. 확실히 인생을 바꾸어놓을 한 달을 오늘부터 시작하라!

1 한 달만 살 수 있다면 당신의 삶에서 바꿔야 할 것 다섯 가지를 열거해보라. 너무 고민하거나 시간을 끌지 말고 떠오르는 대로 하라. 그중 하나를 골라 오늘 당장 시작하라.

2 이 책을 다 읽고 났을 때 인생이 어떻게 달라지기 원하는지 적어보라. 처음 이 책을 읽게 된 동기는 무엇이었는가? 나는 누구이며 왜 여기에 있는지 생각한 후 어떤 변화가 찾아왔는가?

3 친구, 가족, 직장동료도 좋다. 최소한 한 사람에게 이 책을 읽고 있다고 말하라. 오늘부터 한 달간 달력에 표시를 해달라고 부탁하라. 그리고 당신의 삶이 어떻게 달라지고 있는지 물어봐 달라고 하라.

Live Passionately

열정으로 살라

제1주

롤러코스터, 악명 높은 기구에 오르다

인생은 숨 쉰 횟수로 재는 게 아니라, 압도되고 매료된 순간들로 잰다.
_ 무명

우리의 생이 시작되는 바로 그 순간 우리가 죽어가고 있다고 말해줘야 합니다.
그래야 매일 매순간의 한계를 알고 살아가게 될 것입니다. 그렇습니다. 지금
하십시오! 원하는 것은 무엇이든 지금 하십시오! 미루어놓은 내일이라는 날들
이 너무나 많습니다.
_ 요한 바오로 6세

   어릴 적 매년 여름이면 테마공원에 놀러가는 게 너무 좋았다. 솜
사탕 냄새, 경품이 걸린 놀이들, 하늘 높이 올라가는 회전 전망차,
범퍼카를 만날 수 있었다. 그러나 뭐니 뭐니 해도 롤러코스터를 따
라올 수는 없는 법! 그때 타본 '빅 디퍼'라는 이름의 롤러코스터는
이제까지 타본 것 가운데 제일 오싹한 롤러코스터이다!

   롤러코스터에 관한 한 나는 반전문가이다. 구형 모델부터 눈부신
기술의 개가까지 수십 종류를 타본 것 같다. 물론 철로를 달리는 말
쑥한 최신식 롤러코스터가 최고이다. 다른 어떤 것보다 높이 올라
가서 목이 젖혀질 만큼 빠른 속도로 떨어져 내렸다가는 원형철로를
한 바퀴 돌고 내려온다. 우리집 아이들도 좋아하지만 우리 부부도
상당히 즐긴다.

하지만 빅 디퍼는 구형 모델에 속해서, 요즘 나온 새 모델들이 가지고 있는 짜릿한 요소들은 하나도 없다. 이 1세대 롤러코스터는 오래된 목재 놀이기구이다. 엉성하게 올려 세운 미끄럼틀 위에서 달려 내려오는데, 페인트는 군데군데 벗겨져 있고 나무 또한 여기저기 결이 갈라져 있다. 그런데도 빅 디퍼는 다른 어떤 기구보다 사람을 흥분시킨다.

롤러코스터를 얼마나 많이 타봤는지 모르겠다. 전율을 즐기는 사람들과 함께 롤러코스터에 오르면 출발 지점에서부터 심장이 두근거리는 것을 느낄 수 있다. 첫 경사를 향해 철컥철컥 올라가던 롤러코스터가 꼭대기에 닿으면 갑자기 멈춰 선다. 그러면 별 생각이 다 든다. 고장 난 건가? 사람들이 와서 우리를 꺼내줄까? 무슨 일이 벌어진 거지? 그때 갑자기 쌩 하고 내달린다. 바닥을 향해 곤두박질친다. 몸이 튕겨나갈 것 같다. 피가 역류한다. 눈을 감고, 벌레가 입속으로 들어오지 못하게 입도 다물어야 한다!

죽을 힘을 다해 매달린다. 신나고 짜릿하지만 동시에 안전이 걱정되기도 한다. 첫 번째 커브를 돌 때 한쪽 바퀴들은 철로에서 약간은 이탈해 있다. 다른 쪽에서는 끼끼 하는 소리와 함께 불똥이 튄다. 겨우 정신을 차리려는 순간, 다시 쌩! 또 한 번 곤두박질치고 다시 한 번 공중제비를 돈다. 센 척 하려고 친구들에게 손을 흔들어보이지만, 어이쿠, 완전히 겁에 질린다!

바로 전날 타보았어도, 그게 어땠는지 아무것도 생각나지 않는다. 너무 빠른 회전이 계속돼 심장은 두근거리고 무릎 위 안전막대를 잡은 손에는 땀이 밴다. 터널에 들어가면 너무 어두워 바로 앞도

볼 수 없다. 터널에서 나오면 또 다른 커브가 기다리고 있다. 그러고 나서 끼이익 소리를 내며 출발 지점에 다시 멈춰 선다.

보통의 롤러코스터와 빅 디퍼는 겉모습 자체가 다르다. 낡은 데 다가 보수작업도 안 한 흔적이 역력하다. 너무 낡아서 친구들은 타려고도 하지 않는다. 타는 것은 고사하고 보는 것만으로도 선로 밖으로 튕겨나갈까 조마조마하다. 관리당국에서 오랫동안 검사를 안 했다! 우리가 탔을 때 사고가 일어날지 말지 알 길은 없지만, 언젠가는 큰일이 벌어지고야 말 것이다. 몇 년 후 한 친구가 빅 디퍼에 탔는데 첫 번째 커브를 돌 때 옆에 있던 빈자리가 정말로 날아가 버리더라고 했다!

❀ 자기 성찰을 위한 질문 ❀

Make it Count Moment

당신의 인생은 안전한 여정인가, 아니면 빅 디퍼를 탄 것 같은가?
어떤 점에서 당신의 인생은 다른 사람의 인생보다 안전한가?

"언젠가" 신드롬

중년이 됐다. 내가 즐기던 롤러코스터가 인생살이를 보여주는 하나의 유비라는 생각에 점점 더 수긍하게 된다. 인생도 롤러코스터도 출발하면 종착점에 닿게 돼 있다. 언젠가 끝난다는 것, 무척 빠르게 달린다는 것을 안다. 타고 있는 시간이 길수록 더 빨리 달리는 것 같다. 인생도 롤러코스터도 어지럽고 좌우 분간이 안 되기는 마찬가지이지만, 그렇지만 짜릿하다.

롤러코스터가 눈 깜짝할 사이에 내달리는 것처럼, 이 땅에서 우리 인생도 잠시 잠깐 유한하다. 인간은 그런 것이다. 태어났다가 마침내 죽는다. 알다시피 끝이 있다는 삶의 진실을 부인하며 버둥거리는 대신 대면하고 포용하면 이 사실에 그렇게 침울해지거나 마비되지는 않는다. 오히려 자유로워질 수 있다. 인간의 유한함은 우리에게 족쇄를 채우기보다는 자신이 어떤 존재인지 끊임없이 상기시켜줄 수 있다.

우리는 꼼짝 않고 있느라 자신의 존재 목적을 겉돌아 살려는 유혹을 자주 받는다. 일주일 중 제일 좋은 날이 "언젠가"인 사람들이 많다. 삶의 이런저런 단계에 있는 수많은 사람들이 이렇게 말한다. "언젠가는 삶에 닥치는 일들을 피하지 않고 대면해보겠다." "은퇴하면 인생을 느긋하게 즐겨보겠다." "언젠가는 하나님을 위해 할 수 있는 일을 전부 해보겠다. 가족들을 더 사랑하겠다." "돈을 충분히 벌면 아이들과 더 많은 시간을 보내겠다." "언젠가 바쁜 일들이 끝나면 교회 일을 좀 돌보겠다." "시간이 나면 좀 더 영적인 사람이 되도록 노력해보겠다."

언젠가, 어느 날엔가, 형편 될 때, 가능하면, 그러나 그때는 이미 지나간 뒤이다. 언제 잠에서 깨어나 이것이 인생임을 깨달을 것인가?

지금 여기에 당신 인생이 있다. 이 책의 어느 부분을 읽고 있건, 어떤 느낌이 들건, 어떤 삶의 여건이 닥쳐 있건, 그 "언젠가"가 바로 지금이다. "언젠가" 신드롬 뒤에 숨고 싶은 유혹이나 마음 자세는 우리를 갉아먹는다. 언젠가 바라는 일들이 일어나는 그때, 언젠가 모든 일들이 자리 잡히는 그때가 되어도 형편은 나아지지 않는다. 더 많은 돈, 덜 분주한 일상, 내게 맞는 직장 등 원한다고 생각하는 것을 손에 넣고 나면, 그것으로는 채워지지 않는다는 것을 알게 되고 더 큰 것을 찾아 나서기 때문이다.

왜 더 채워지지 않는지 의아해하면서 인생이 흘러가버리는 것을 수수방관하라고 하나님이 우리를 지으신 게 아니다. 하나님은 믿음 안에서 모험을 감행하라고, 두려움으로 얼어붙게 만드는 거인들을 쓰러뜨리라고 하셨다.

거인 골리앗과의 목숨을 건 싸움에 도전한 십대 소년 다윗과 같이 말이다. 다윗은 이스라엘 군대의 다른 많은 장정들과 달리, 거인에게 맞설 용기를 지닌 유일한 사람이었다. 사울 왕이 그 블레셋 거인과 맞서 싸워야 할 사람이었지만, 그는 오래 전 부주의한 망발로 하나님 따르기를 포기하고 지금은 복지부동하고 있었다. 사울 왕은 다윗에게 이렇게 말했다. "그만두어라. 네가 어떻게 저자와 싸운단 말이냐? 저자는 평생 군대에서 뼈가 굵은 자이지만, 너는 아직 어린 소년이 아니냐?"(삼상 17:33).

잠깐 생각해보자. 사울 왕의 말은 틀린 데가 없다. 다윗이 우스운 짓을 하고 있다! 당신이 그 자리에 있었으면, 똑같은 말을 했을 것이다. "다윗, 지금 장난해? 생각을 좀 해봐. 저 녀석이 널 갈기갈기 찢어 죽일 거야." 사울 왕과 이스라엘 군대는 이성에 따라 움직이고 있었다. 그러나 다윗은 신앙에 따라 움직였다. 이성에 따라 움직일 때, 눈에 보이는 것은 어마어마하게 큰 적이다. 신앙에 따라 움직이면, 하나님에 비해 적이 얼마나 보잘것없는지 눈에 들어온다.

그날 거기 있었던 수많은 사람들과 다윗을 갈라놓은 유일한 차이는 바보스러운 믿음이었다. 당신과 당신 인생 사이에 딱 버티고 서 있는 거인들을 쳐 죽일 수 있는 유일한 길은 "바보스러운 신앙"뿐이라고 말하고 싶다. 사울 왕과 이스라엘의 군대는 지표면에서 인생을 봤다. 지표면에 붙어서 보면, 거인들이 시야를 가득 채운다. 그러나 다윗은 하나님의 등고선에서 인생을 봤다. 하나님의 관점에서 인생을 보면 거인도 소인이 된다. 하나님의 관점에서 인생을 보면, 다른 이들이 바보스럽게 보는 믿음의 삶이 유일하게 합당한 삶임을 알게 된다.

세상은 말한다. "꼴사납게 굴지 마라. 생각을 좀 해라. 혼자 잘난 척하지 마라. 모험하지 마라. 안전한 게 최고다. 네 인생에서 제일 중요한 목표를 안전하게 보호해라." 하나님은 우리에게 믿음의 삶을 원하신다. 매순간 그분을 위해 최선을 다해 살기 바라신다. "어린이용 꽃차" 같은 기구에 올라타고 유람하라고 우리를 짓지 않으셨다. 안전을 고려해 만든 이 작은 차들은 너무나 천천히 가기 때문에 짜릿할 게 전혀 없다. 우리가 지어진 대로 위대한 모험을 떠날 때, 그분은 풍성한 삶을 약속하신다. 빅 디퍼를 타는 것만큼이나 손에 땀을 쥐게 하지만 말이다.

인생에서 믿음이 필요한 일을 지금 하고 있는가?
그렇지 않다면 무엇 때문인가? 인생을 하나님의 관점에서
보고 있는가, 아니면 지표면에 붙어서 보고 있는가?

하나님은 선명한 지침과 함께 당신 앞에 길을 놓으셨다. 그리고 최고의 엔지니어가 돼 주신다고 약속하셨다. 그분은 당신이 탑승하길, 마음을 열길 기다리신다. 꿈도 꾸지 못했던 곳으로 당신을 데려가시기 위해서이다. 때로 그분은 목이 뒤로 젖혀질 만큼 속도를 내신다. 숨이 목에 걸릴 정도이다. 당신은 안 떨어지려고 젖 먹던 힘을 다해 매달려야 한다. 신명이 나고 꽉 채워지는 듯한 느낌이 들지만 동시에 죽을 만큼 겁도 난다. 이게 바로 인생이라는 것이다.

인생은 예측불가이다. 다음번에 닥칠 일을 모른다. 직각으로 꺾인 길을 만나고 바퀴가 빠져나갈 것이라는 생각이 들기도 하지만, 하나님은 고수이시다. 어디로 가고 있는지 아신다. 당신이 마음을 졸일 때도 완벽하게 상황을 통제하신다. 때로는 어두운 터널로 들어갈 때도 있다. 손조차 내려다보이지 않을 정도로 어둡다. 그러나 바로 그때 당신 어깨를 감싸주시는 하나님의 손길을 느낄 수 있다. 그러나 곧 종착역으로 들어간다. 여정은 끝난다. 금방 승차한 것 같은데 어느덧 내려야 한다! 그러나 예수님을 따르기로 결정했다면 여정은 계속된다. 하나님은 당신을 영원한 하늘나라로 데려가신다.

지금 서 있는 곳에서 보면 잘 안 보일지도 모른다. 삶을 둘러싼 환

경 때문에 롤러코스터 철로에서 튕겨나가 길 위에 처박힌 것이라고 느낄 수도 있다. 오늘의 삶이 아무리 어렵고 두려워도, 하나님은 여전히 여기 계시다. 당신이 이해하거나 상상할 수 있는 것 이상으로 당신을 돌보신다. 한 달만 살게 된다면, 안전하지만 굼뜨게 가는 꽃차에서 내려 심장을 다시 뛰게 하는 롤러코스터로 옮겨 타고 싶지 않을까? 기쁨, 두려움 등 순간순간을 다채롭게 해주는 여정에 뛰어들고 싶지 않을까? 몇 주 만에 삶이 끝날 수도 있다면, "언젠가"를 되뇌고 있지는 않을 것이다. 당신에게 도전한다. 바보스러운 믿음으로 두려움에 직면하라. 쌩쌩 달리는 인생을 경험하라!

결심 다지기

1 몇 주 후에 죽을 것을 안다면, 무엇이 가장 후회스러울 것 같은가? 왜 그런가?

2 삶의 어떤 부분에서 "언젠가" 병을 제일 심하게 앓고 있는가? "상황이 좋아지는 언젠가"라는 말을 다시는 쓰지 않기로 결심하라. 그 언젠가가 바로 오늘임을 깨달으라.

3 제대로 살아보겠다고 마음먹으면 당신 인생은 어떤 모습일까? 롤러코스터 말고 다른 상징이나 유비를 들어 묘사해보라. 당신만의 표현을 만들어보라. 그 상징물의 사진을 찾아내서 매일 볼 수 있는 곳에 붙여두라. 그래서 후회 없는 인생을 살기 위한 상징으로 삼으라.

시간 정산,
가장 소중한 자산을 소비하다

인생의 마지막 순간에 이르러서야 실없이 연명해왔음을 깨닫게 되고 싶지 않다. 나는 시간의 폭 또한 살아낸 사람이길 원한다.
– 다이앤 애커먼 Diane Ackerman

남은 시간을 잘 지키라. 그 시간은 세공 전의 다이아몬드와 같다. 그것을 쉽게 버리면 그 가치를 영영 알 수 없을 것이다. 그것을 갈고 닦아야 인생에서 가장 빛나는 보석이 될 것이다.
– 랠프 월도 에머슨 Ralph Waldo Emerson

　한 남자가 정기 건강검진 결과 때문에 의사를 찾았다. 의사는 이렇게 말한다. "유감입니다. 좋지 않은 소식이 있는데요. 검사 결과, 말기입니다. 6개월 정도 남았습니다." 그는 놀란 가슴을 억지로 진정시키면서 묻는다. "실험 중인 약이나 치료법 같은 것은 없습니까? 제가 할 수 있는 일이 없을까요?" 의사는 잠깐 생각하더니 이렇게 말한다. "한 가지 있습니다. 시골로 가서 돼지 축사를 사서 돼지를 기르십시오. 그러면 아이를 열대여섯 둔 과부를 만날 수 있을 겁니다. 그 과부와 결혼하세요. 아이들은 전부 돼지 농장에 데려다 기르세요." 의아해진 환자가 묻는다. "그러면 목숨이 연장됩니까?" 의사가 대답한다. "아니요. 하지만 그 6개월이 인생에서 가장 긴 시간이 될 겁니다!"

이런 썰렁한 농담을 들으면 혀를 찰지도 모르겠다. 그러나 나는 이 농담에 시간과 우리의 관계를 보여주는 중요한 원리가 들어 있다고 생각한다. 어떤 사람에게는 마지막 6개월이 인생에서 가장 긴 시간일 수 있다. 삶의 에너지도 열정도 이미 다 식었기 때문이다. 하찮고 만족 없는 동작들을 이어가면서 삶이 이런 것에 불과한가 하고 지나칠 수도 있다.

시간이 빨리 가기를 바라며 시계를 쳐다볼 때가 시간이 가장 천천히 지나는 때임을 한 번쯤은 경험했을 것이다. 반면 시간이 날아가는 듯한 때도 기억할 것이다. 시간 가는 줄 모르고 몰입하는 때, 눈앞의 일에 몰두하거나 가까운 사람들과 즐거운 시간을 보내는 때를 생각해보라. 무엇이 이런 차이를 만드는가? 왜 어떤 날은 다른 날보다 훨씬 보람이 있다고 느껴지는가? 어떻게 현재에 충실한 채, 과거의 덫에 걸리거나 미래의 염려로 얼어붙지 않을 수 있을까?

이 질문들에 대답하기 위해서 심사숙고해야 할 것이 있다. 달력 한 장 너머에 생의 마지막 날이 있다면 어떻게 시간을 볼 것인가? 한 달밖에 못 산다는 것을 안다면, 남아 있는 분초와 날들이 가장 귀중한 자산이 될 것이다. 백만장자가 수중에 단돈 몇 푼밖에 남지 않았을 때처럼, 내일도 같은 날이 오리라 여기는 대신 매 분초를 어떻게 써야 할지 정신을 차릴 것이다. 매 분초를 즐거움과 보람, 다른 사람들을 위해 쓰기 원할 것이다.

한정된 시간과 우선순위

살아갈 날들이 이미 계수되었다고 해보자. 사람들은 시간을 조심스럽게, 신중하게 사용할 것이다. 살 날이 얼마 남지 않았음을 아는 사람 치고 텔레비전 재방송을 보고 앉았거나 하드 드라이브를 다시 포맷하는 일에 시간을 들이는 경우는 본 적이 없다. 이런 일들이 나빠서가 아니다. 자질구레한 일들과 피치 못할 일상의 잔손 가는 의무들도 분명 삶의 일부이다. 그러나 살 날이 한 달밖에 남지 않았다면, 시간의 우선순위를 어떻게 정할지 명쾌히 정리할 것이다. 매일매일 닥치는 잡다한 일들과 꼭 해야 할 일들도 배우자와의 대화, 아이들 교육, 하나님과의 관계 등 더 큰 목표에 연결시킬 것이다. 매 시간 다른 한 사람 한 사람과 연결돼 있다면, 하찮고 귀찮은 일들도 엄청난 일이 될 수 있다.

우리의 우선순위는 시간과 그 사용 방법에 크게 영향을 미치는 것이 분명하다. 우리는 너나없이 하루에 똑같은 시간을 선사받는다. 이 일 저 일을 다 하기 위해서는 하루에 삼사십 시간이 필요하겠지만, 그것은 고사하고 하루를 스물다섯 시간으로도 늘릴 수 없다. 우리는 똑같이 스물네 시간을 받는다. 그러나 이 시간을 어떻게 투자하느냐에 따라, 바로 그 일을 위해 태어났다고 할 일을 하면서 얻는 만족과 그러지 못한 회한의 차이가 생긴다. 후회 없는 인생을 살려고 하면, 인생의 창고를 정리하고 지금까지 시간을 어떻게 써왔는지 점검해야 할 것이다.

아니, 하루하루를 보내는 방법이 원하는 이익을 산출하고 있는지 알아보려면 시간에 대한 원가, 즉 이윤 분석을 해보는 편이 낫겠다. 여러 프로경기에서 최고 성적을 내고 있는 코치이자 유명인사, 기업의 CEO인 잭 그로펠Jack Groppel은, 시간 관리가 에너지 관리와 직결된다고 말한다. 전적으로 동의한다. 당신의 에너지를 매일 어떻게 효과적으로 활용하느냐에 따라 시간 배가의 효과가 일어난다. 시간을 사용 가능한 소중한 선물로 인식하면, 훨씬 더 시간을 아끼고 소중히 여기는 자세를 갖게 될 것이다.

물리학의 법칙과도 같다. 에너지와 관여도를 늘리면 시간도 배가 된다. 하루에 18시간씩 일을 하지만 효율이 안 오를 수 있다. 아니 전체적으로는 손해일 수 있다. 창의성과 건강을 잃고 마지막에 가서는 탈진에 이를 수 있다. 일중독은 잘못된 에너지 관리에서 비롯된 것이라는 데 동의할 것이다. 여러 면에서 이는 인생의 양(얼마나 오래 사느냐)과 질(어떻게 사느냐)의 대조로 요약된다. 수명을 몇 년 늘리는 지가 아니라 수명에 제대로 된 삶을 얹는지를 말하는 것이다.

자기 성찰을 위한 질문

Make it Count Moment

매일 시간을 어디에 쓰고 있는가? 가능한 한 구체적으로 답하라.
대개 일하면서 하루 대부분을 보낸다고 말할 것이다. 그러나
좀 더 구체적으로 보자. 직장에서 어떤 일로 분주한가?
그 일은 얼마나 의미가 있는가? 얼마나 만족을 주는가?
주어진 날 중 최선을 다하며 보내는 시간은 얼마나 되는가?

남은 시간을 최대로 활용하는 법

나를 포함해 많은 사람들이 시간을 많이 낭비한다. 바쁘다는 말을 얼마나 많이 듣고 사는가? 또 얼마나 많이 하고 있는가? 친구에게 어떻게 지내냐고 물었을 때 "잘 지내. 시간이 천천히 흘러. 이런저런 일들을 다 할 수 있을 정도로 시간이 많고, 가족, 친구들과도 좋은 시간을 보내고 있어" 하는 대답을 언제 들어봤는가? 우리는 정말 열심히 일한다. 좋은 의도를 가지고 제한된 진보를 가져다주는 습관과 시간 관리 기법들을 알고 있다. 그러나 이런 것들이 관계에는 크게 도움이 안 된다. 성공의 파도에 올라타면, 속도는 빨라지고 어떻게 내려야 할지를 모른다.

한 번 쓴 시간은 다시 물릴 수 없다. 한 시간, 일 분, 일 초라도 지나가면 영원히 지나간 시간이다. 하지만 남은 시간은 새롭게 살 수 있다. 하나님이 주신 목적, 후대에 물려주고자 하는 영원한 유산에 대해 심사숙고하고, 그것들을 앞으로 나아가는 길잡이로 삼도록 하자. 어떻게 초점을 다시 맞출 수 있을까? 남은 시간을 최대한 활용할 수 있는 유일한 방법은 이 땅에 가치 있는 유산을 남긴다는 각오로 하루하루를 사는 것이다. 바울은 고린도교회 교인들에게 보내는 편지에서 이렇게 썼다. "우리는 하나님과 함께 일하는 사람으로서 여러분에게 권면합니다. 여러분은 하나님의 은혜를 받아서, 헛되이 하지 마십시오"(고후 6:1). 사도는 "시간을 허비하지 마십시오. 시간이 곧 인생입니다"라고 말하는 것이다. 이 땅에 지워지지 않는 흔적을 남기겠다는 각오로 산다면, 효율성에 관한 시험은 통과한 것이다.

리처드 코치Richard Koch는 《80/20 법칙 The 80/20 Principle》이라는 경제 경영서를 쓴 베스트셀러 작가이다. 그는 많은 사업체와 성공한 인물들을 연구한 후 이런 결론을 내렸다. 대부분의 기업들은 20퍼센트의 활동으로 80퍼센트의 결과를 내고, 다시 그 활동의 20퍼센트로 80퍼센트의 이윤을 낸다. 그는 개인에게도 같은 법칙이 적용된다고 본다. 즉 살면서 하고 있는 20퍼센트의 일이 80퍼센트의 결과를 내고, 다시 20퍼센트의 일이 80퍼센트의 행복을 결정한다는 것이다. 당신이 아는 20퍼센트의 사람이 당신과의 관계에서 80퍼센트의 영향을 끼친다.

기본은 이것이다. 당신이 하고 있는 20퍼센트의 일이 인생에서 대부분의 결과를 빚어낸다. 그리고 80퍼센트의 일들은 시간 낭비이다. 예를 들어 많은 사람들이 텔레비전을 너무 오래 시청한다. 주당 20시간 이상 텔레비전을 보면 가벼운 우울증이 유발된다는 연구 결과도 있다. 텔레비전 시청은 생산적이지 않을 뿐더러 행복한 삶을 만들지도 않는다. 그냥 시간 낭비일 뿐이다. 결과를 가져다주는 영역에 좀 더 많은 시간을 쓰고 이래도 저래도 그만인 일들에 열을 올리지 않는다면, 훨씬 덜 일하고도 더 많은 것을 성취할 수 있다!

생산을 위한 휴식

우리가 직면하고 있는 도전 가운데 생산성의 역설이 있다. 우리는 시간을 값지게 보내기 위해서는 뭔가 보여줄 만한 것이 있어야 한다고 세뇌받았다. 그래서 뭔가를 만들어낸다. 보고서를 쓴다. 문서를 작성한다. 더 나은 시스템을 만든다. 개선된 상품을 내놓는다. 어떤 사람들은 만들어내야 한다는 데 강박감을 갖는다. 휴가와 여유 시간에도 안절부절못한다! 해변에 그저 앉아 있거나 산책을 하거나 늦잠 자기는 꿈도 못 꾼다. 그 시간에는 보여줄 것이 아무것도 없기 때문이다.

하지만 휴식과 예배를 위해 하나님 앞에 고요히 머물고, 자신에 대해 사색하며, 그분의 음성을 듣기 위해 시간을 조정하지 않으면 안 되는 순간이 반드시 다가온다. 이처럼 진정 생산적인 순간에는 보여줄 어떤 것도 없다는 게 역설이다. 차고 있는 손목시계 대신 영원이라는 관점에서 움직이기를 배우면 어마어마한 자유를 얻을 수 있다. 정기적인 휴식과 회복의 시간인 안식일은 필수로 들어가야 할 일정이다. 시계와 달력보다 더 높은 단위의 시간 측정에 익숙해져야 한다.

한 달만 살 수 있다면, 가족들과 함께하는 시간을 좀 더 늘리지 않겠는가? 창 너머로 뜨는 해를 바라보면서 커피 한 잔의 진한 향기를 맡을 시간, 운동 경기에 나간 아이를 응원하는 시간, 의미 있는 책과 시와 성경을 읽는 시간, 숲속 오솔길을 새소리 들으면서 걷는 시간을 좀 더 늘리지 않겠는가?

이런 일들은 가시적인 결과를 만들어 내거나 성취를 향해 나아가게 하지 않는다. 그러나 우리의 삶에 필수적이다. 현재에 몰입하는 자발적인 순간에 대부분의 소중한 추억들이 만들어진다고 나는 확신한다. 우리의 가치는 우리가 하고 있는 일보다 훨씬 크다.

간단히 말하겠다. 우리는 휴식이 필요하고, 아름다움을 추구하는 존재로 지어졌다. 우리의 창조주도 휴식하시고 안식일을 지키셨다. 하나님보다 더 생산적일 수 있는 존재는 없다. 그런데도 우리는 멈춰 서서 자신을 고요히 들여다보며 휴식하지 않아도 괜찮은 양 행동한다. 극대화를 목표로 시간을 관리하고자 한다면, 영원한 시계를 보면서 우리의 몸과 마음에서 나오는 소리뿐 아니라 하나님의 말씀을 들으면서 살아야 할 것이다.

앞 장에서 말한 "언젠가" 신드롬을 끝내면, 내가 어떻게 지어진 존재인지 알고 그대로 살아감으로써 "언젠가"를 오늘이 되게 만들 것이다. 에너지를 높은 우선순위에 고정시킴으로써 시간을 극대화하라. 하고 있는 일, 맺고 있는 관계, 하루하루 살아가는 모습을 통해서 뒤에 남기고자 하는 유산을 마음으로 그리라. 우리는 시간의 노예로 지음받지 않았다. 허락된 삶 안에서 활개 저으며 살아가도록 지어졌다. 지상에서의 삶이 끝난 뒤에도 오래도록 남을 유산을 남기는 일에 시간을 사용함으로써 시간을 극대화하라. 오늘 이 일을 하라!

1 이 주의 시간표를 작성하라. 하루를 어떻게 쓰는지 면밀하게 점검하라. 만족도(매일 어떻게 살았나)와 생산성(이룬 일들)을 비교해보라. 시간 투자에 비해 비용효과가 어떻게 나왔는가?

2 지난주 시간을 가장 많이 소비한 것은 무엇이었는가? 그 결과는 어떠한가? 시간을 그렇게 허비한 결과 산만해졌는가, 즐길 수 있었는가, 누군가를 피할 수 있었는가? 시간을 다르게 사용할 길이 있는가? 더 보람 있고 의미 있는 효과를 낳도록 쓸 수 있는가? 텔레비전 보는 시간을 줄이고 독서에 좀 더 시간을 쓰거나, 인터넷 서핑 대신 산책을 하거나 다른 운동을 할 수도 있다. 가만히 있으면 시간을 낭비하도록 유혹을 받을 때 대신 할 수 있는 대안적인 행동들의 목록을 만들라.

3 최근의 삶이 어떻다고 말할 수 있는가? 언 땅에 묻힌 느낌인가, 정서적으로 동면을 하고 있는가? 새 생명의 기운이 느껴지는 봄 같은가? 현재의 삶을 받아들이고 소중히 다룬다는 말은 당신에게 어떤 의미인가?

4 Day

능력의 정상, 원천에 연결되다

영혼을 가지고 있다는 말은 틀렸다. 왜냐하면 인간이 영혼이기 때문이다. 그러나 육체는 다르다.
- C. S. 루이스

당신은 우리를 당신을 위하여 지으셨나이다. 우리의 심령은 당신 안에서 안식을 찾기까지 불안하나이다.
- 성 어거스틴

걸프 해안에 큰바람과 허리케인이 여러 차례 지나가는 동안 전력 공급이 불안정해질 때가 있다. 이러다가 양초와 손전등을 사들여야 하는가 싶을 정도이다. 전등이 깜빡거리고 가전제품들이 떠는 것처럼 보이면, 우리 식구들은 이제 무슨 일이 일어날지 숨죽이고 지켜본다. 발전기와 전선이 나가면 몇 분, 몇 시간, 심지어는 며칠간 어둠 속에서 지내야 하는 일도 종종 있다.

모두 부엌에 모여서 식탁 촛대에 불을 켜고 손전등이 없나 찾으면서 문득 깨닫는다. 우리가 정말 전력에 많이 의존하고 있다는 것을. 우리는 인생을 살기 위해 전적으로 능력에 의존한다. 변화를 위해서는 능력이 필요하다. 그런데 문제는 아주 적은 의지력으로 필요한 변화를 일으킬 수 있다고 생각하는 나머지, 하나님의 능력에 얼마나 의존해야 하는지 모르고 있다는 것이다.

인생의 마지막을 사는 사람들은 절박한 변화의 필요를 잘 파악하는 편이다. 그러나 변화의 절박함만으로는 충분하지가 않다. 변화를 유지하기 위해서는 우리 너머에 있는 능력의 원천에 연결돼야 한다. 결코 요동하거나 깜빡거리거나 우리를 어둠에 던져놓지 않는 그런 능력의 원천이 필요하다. 자신의 의지력이 아닌 창조주와 연결됨으로써 진정한 능력으로 옮겨야 한다. 자신의 한계에 도달하고 자신을 통제해보려는 노력에 지쳤다면, 예수님의 언제나 유효한 초대에 귀 기울이라. "수고하며 무거운 짐을 진 사람은 모두 내게로 오너라. 내가 너희를 쉬게 하겠다. 나는 마음이 온유하고 겸손하니, 내 멍에를 메고 내게 배워라. 그러면 너희는 마음에 쉼을 얻을 것이다"(마 11:28-29).

◈ **자기 성찰을 위한 질문** ◈

Make it Count Moment

삶의 어떤 분야에서 변화를 일으키기 위해 고심하는가?
몸매를 되찾거나 살을 빼는 일인가? 나쁜 습관을 끊는 것인가?
아니면 관계의 문제인가?
의지력으로 변화를 시도하는가, 아니면 하나님의 능력으로인가?
마태복음 11장 28-29절 중
어떤 부분이 크게 다가오는가? 왜 그런가?

영적 에너지

인생에는 여러 면들이 있지만, 영적 에너지는 다른 무엇보다 소중하다. 모든 것이 거기에 달려 있기 때문이다. 우리는 영적인 존재로 지음받았기에 영적 에너지를 끌어올리기 위해서는 창조주에게 건강하게 접속된 상태를 더 고양시켜 나아가야 한다. 성경은 인간이 하나님의 형상으로 지어졌기에 영이라는 영원한 요소가 있다고 말한다. 우리의 삶에서 가장 소중한 요소는 영적 국면, 우리의 영혼이다.

우리는 육체의 건강을 무척 강조한다. 물론 건강은 중요하다. 하지만 많은 사람들이 영적 건강에 대해서는 철저히 태만하다. 자신의 삶에서 어떻게 영적 성장을 촉진할 수 있는지에 관심 있는 사람들이 많지만, 변화할 수 있는 힘을 얻기 위해서 추구해야 할 것은 영적 성장이 아니라 영적 건강이다. 건강한 것이라야 자라난다. 따라서 이한 달의 도전에서는 영적 성장에 초점을 두면 안 된다. 영적 건강에 초점을 두라. 당신의 몸이 한 달 후면 무너진다는데, 영원히 살아남는 부분이 더 건강해지길 바라지 않겠는가? 영적 건강의 열쇠는 창조주와 탄탄한 관계를 유지하는 것이다. 창조주와 연결돼 있다면, 전과 달리 자랄 것이고 지속적인 변화를 만들어내는 진정한 능력을 맛보게 될 것이다.

열매 가득한 삶

그러면 어떻게 영적으로 건강해지는가? 예수님은 이렇게 말씀하신다.

나는 참 포도나무요, 내 아버지는 농부이시다. 내게 붙어 있으면서 열매를 맺지 못하는 가지는, 아버지께서 다 찍어버리시고, 열매를 맺는 가지는 열매를 더 많이 맺게 하려고 손질하신다. 너희는, 내가 너희에게 말한 그 말로 말미암아 이미 깨끗하게 되었다. 언제나 내 안에 머물러 있어라. 그러면 나도 너희 안에 머물러 있겠다. 가지가 포도나무에 붙어 있지 않으면, 스스로 열매를 맺을 수 없는 것과 같이, 너희도 내 안에 머물러 있지 않으면, 열매를 맺을 수 없다. 나는 포도나무요, 너희는 가지다. 사람이 내 안에 머물러 있고, 내가 그 사람 안에 머물러 있으면, 그는 많은 열매를 맺는다. 너희는 나를 떠나서는 아무것도 할 수 없다(요 15:1-5).

그리스도가 이 땅에 계실 때 사람들은 극상품 포도를 생산하기 위해서 어떤 일을 해야 하는지 잘 알고 있었다. 포도원은 어디에나 있었던 것이다. 위의 말씀을 들은 최초의 청중은 무슨 뜻인지 잘 알았다. 그러나 우리는 다를 수 있다. 약간의 보충 설명이 필요하다.

먼저 예수님은 말씀하신다. "나는 참 포도나무이다." 포도원에서 포도나무는 에너지의 원천이다. 영양을 공급하고 포도를 맺게 하는 생명선이다. 포도나무에 이어서 예수님은 가지들, 즉 우리에 대해 말씀하신다. 포도나무에 붙어 있다면 포도나무 가지가 맞다. 하지만 가지 그 자체로는 열매를 맺을 수가 없다. 가지, 즉 우리는 더 큰 능력의 원천에 연결되도록 지어졌다. 포도나무가 없으면 가지는 열매를 맺을 수 없다. 예수님이 가지에게 말씀하신 내용을 보라. "내 안에 머물러 있어라." 머물러 있다는 말은 연결돼 있다는 뜻이다. 영적으로 건강하길 바란다면, 포도나무인 그리스도께 붙어 있어야 한다. 이것이 우리가 할 일이다. 우리가 해야 할 일의 전부이다! 이 한 달간, 또 그 후로도 스트레스를 줄이고 싶다면, 당신의 역할이란 포도나무에 연결된 상태로 있는 것임을 깨달아야 한다.

때로 나 역시 그 역할을 잊어버린다. 그리고 포도나무가 되려고 한다. 계획과 일정표를 만들고, 목표와 주제를 정하느라 분주하다. 내가 정한 시간표대로 모든 일이 진행되게 하려고 한다. 결국에는 스트레스에 휩싸여 에너지를 다 잃는다. 좌절하고 기진맥진해서 노력할 기력조차 상실한다. 가지 그 자체로는 열매를 낼 수 없음을 잊은 것이다. 가지는 포도나무로부터 생명을 끌어온다. 이상하게 들릴지도 모른다. 하지만 결과를 만들어내는 것은 당신에게 달리지 않았다. 열매를 맺고 못 맺고는 당신 책임이 아니다. 예수님께 책임이 있다. 의지력만 가지고 더 영적인 존재가 되겠다고 노력하고 열심히 움직이며 자신을 다그칠 필요가 없다. 이 진리를 깨닫는 순간, 믿기 어려운 자유가 찾아온다!

하나님의 가지치기

정원사나 포도주 양조업자는 극상품 열매를 생산하기 위해서는 가지치기가 관건임을 안다. 간단히 조사해보니 요즘 대부분의 포도 산지에서는 가지치기를 맡기기 전에 2-3년 동안 전지 작업 전문가들을 훈련시킨다. 자기가 하는 일을 모르면 포도나무 전체를 잘못 건드릴 수 있기 때문이다.

하늘에 계시는 우리 아버지, 능수능란한 정원사께서는 가지치기 전문가이시다. 그분은 언제, 어디를, 얼마만큼 잘라야 우리 인생에서 극상품이 나올지 잘 아신다. 우리는 자주 가정, 사업, 재정에 복을 내려달라, 우리 삶에 더 많은 열매가 맺히게 해달라고 구한다. 하지만 기도가 응답되기 위해 겪어내야 할 전지 작업은 외면한다. 하나님은 우리 삶의 여러 영역들에서 전지 작업을 하셔서 더 좋은 열매를 더 많이 맺게 하신다.

현실에서 복이라고는 받지 못할 것처럼 생각하는 사람도 있을 것이다. 아마 가지치기 작업 중이라서 그럴 것이다. 가지치기를 하고 있다는 것은 좋은 소식이다. 가치치기는 언제나 고통이 따르는 과정이지만, 소득 역시 뒤따른다. 당신에게는 무슨 일을 하는지 잘 아시는 하늘 아버지가 계시다. 그분은 전문가이시다. 더 많은 열매를 맺게 하기 위해 지금 당신을 전지하신다. 바로 그것 때문에 당신을 지으신 궁극의 목적을 완성하기 원하신다. 당신은 가능한 한 많은 열매를 맺기 위해 지음받았다.

우리가 해야 할 일, 유일한 역할은 가지로서 포도나무에 연결돼 있는 것이다. 포도나무에 연결돼 있으면, 영적으로 건강해지고 그분의 에너지로 가득 채워질 것이다. 그분에게 의지함으로써 스트레스를 줄이고, 가슴 펴고 활달하게 살아갈 수 있는 자유를 얻게 될 것이다. 가지임을 망각하고 포도나무인 양 생각할 때, 스트레스가 쌓인다. 우리는 포도나무가 되라고 지어진 존재가 아니기 때문이다.

따라서 어떻게 포도나무에 붙어있을 수 있는지를 물어야 한다. 이것이 이번 한 달 당신이 해야 할 일이다! 담배를 끊기 위해 의지를 발동할 필요가 없다. 다이어트를 계속 하기 위해 이를 악물 필요도 없다. 어떻게 해서 관계가 깨졌는지 찾아내기 위해 머리를 쓸 필요도 없다. 해야 할 일이라고는 포도나무, 능력의 원천에 붙어 있는 것이다. 그러면 그분은 당신에게 의지력 대신 진정한 능력을 주신다. 해야 할 모든 일을 할 수 있는 그분의 능력을 주실 것이다. 포도나무에 붙어 있다면, 전과는 달리 영적으로 성장할 것이다.

✦ 자기 성찰을 위한 질문 ✦

Make it Count Moment

하나님은 당신 삶의 어떤 영역을 가지치기하고 계신가?
당신은 어떤 자세로 가지치기를 당하고 있는가? (솔직해지자. 우리는
때로 죽는 소리를 하지 않는가!) 당신 삶에서 그 가지들이 잘려나간
결과는 무엇인가? 어떤 영역에서 아직 결과를 기다려야 하는가?

능력의 원천에 연결되다

궁극적 능력의 원천과 어떻게 늘 연결돼 있을 수 있을까? 실하고 단물이 많은 열매를 맺는 데 양분, 물, 햇빛이 필요하듯, 건강하게 자라나 좋은 열매를 맺기 위해서는 두 가지 연결고리가 있어야 한다. 지속적인 의사소통이 그 첫 번째이다. 오늘날 많은 사람들이 고도의 통신기기 덕분에 회사에 늘 연결돼 있다. 하나님께는 이보다 더 긴밀하게 연결돼 있어야 한다.

우리는 대화의 기도를 통해서 이 연결을 유지한다. 아침에 일어나면, 하나님께 말씀드림으로써 하루를 시작하는 게 중요하다. 하루를 내다보면서 그날 자신의 염려와 기대를 생각하는 것도 괜찮다. 하루 24시간을 선물로 받은 데 감사드릴 수도 있고, 이 시간을 어떻게 쓰기 원하시는지 묵상에 잠겨도 좋다. 위대한 중국 선교사 허드슨 테일러의 말처럼, 연주를 시작하고 한참 지난 후에야 악기를 조율하는 것은 어리석은 일이다. 하루를 하나님과 함께 시작하라!

그런 다음에 나머지 하루 동안에도 대화를 이어가라. 근엄한 목소리로 가다듬을 필요도 없지만, 하던 일을 멈출 필요도 없다. 쩌렁쩌렁한 목소리로 아뢰지 않아도 된다. 하나님은 말하기도 전에 당신의 생각을 아신다. 그저 있는 그대로 당신의 마음을 그분과 나누라. 직면한 어려움, 해야 할 결정, 감사하는 마음이 울컥 들게 하는 놀라운 일들에 대해서 하루 종일 그분께 말씀드리라. 화가 나고 스트레스에 눌릴 때, 그것에 대해서도 하나님께 말씀드리라. 분노와 스트레스를 그분께 털어놓으라. 그분이 가져가신다. 그분과 연결된 상태로 있기 위해 하루 종일 대화의 기도를 드릴 수 있다.

건강한 영적 연결을 위한 두 번째 요소는 지속적인 고백이다. 목사, 사제, 성직자를 찾아가 최근에 당신에게 묻은 오물에 대해 말해야 한다는 뜻은 아니다. 자신을 자책하면서 일정 기간 울상으로 지내야 한다는 뜻도 아니다. 고백이라는 것은 하루를 통해 하나님과 지속적으로 대화하는 일의 다른 측면이다. 하지 말았어야 하는 말, 하지 말았어야 하는 일, 해야 했지만 하지 않은 어떤 일이 있을 때, 그것을 고백하고 앞으로 나아가라.

우리는 전진하고 있는 중이다. 실패하고 약해져 유혹에 넘어지기도 하지만, 실패에 아주 엎드러지거나, 거기서 뒹굴며 일어나지 못해선 안 된다. 우리의 실패를 인정하고 그분의 은혜와 용서를 구하면, 하나님은 우리 마음을 깨끗하게 하시고 그분과 우리의 관계를 회복해주시길 기뻐하신다. 매일매일, 순간순간 이런 과정이 일어날 수 있다. 일을 그르쳤을 때, 실수했을 때, 죄를 지었을 때, 그저 고백하라. 그분께 그 일에 대해서 말씀드리라. 고백이란 변명을 늘어놓거나 자신을 더 못한 다른 사람과 비교하는 것이 아니라, 실패의 책임을 인식하고 그것을 하나님 앞에서 인정하는 것이다. 자신의 힘으로는 살 수 없다. 하나님이 성공에 필요한 힘과 능력을 주시도록 당신의 삶 속에서 계속 일하시길 바라는 것이 고백이다. 고백은 우리의 방법이 잘못됐음을 시인하는 것이고, 회개는 하나님의 방법대로 하겠다고 결정하는 것이다.

의사소통과 고백으로 우리는 궁극적 능력의 원천에 계속 연결된다. 의지력에서 진정한 능력으로 옮겨가는 열쇠가 여기 있다. 자신의 의지력에 기대는 한 결심과 헌신은 무용지물이다. 잠시 동안은 의지력으로 버틸 수 있지만, 시간이 지나면 자신의 능력으로는 감당할 수 없다. 그분께 붙어 있을 때 비로소 의지력에서 그분의 능력으로 옮겨간다.

결심 다지기

1 최근 영적 건강을 가로막는 요인은 무엇인가? 다시 말해서, 어떤 요소가 영적 생명의 주 원천인 하나님께 연결되는 것을 가로막는가?

2 하나님께 보내는 편지나 기도문을 작성하라. 현재 느끼고 있는 실망과 좌절에 대해서 최대한 솔직해지라. 이런 문제나 현안들이 어떻게 더 많은 열매를 맺는 삶으로 자신을 준비시킬 수 있는지 깊이 생각해 보라.

3 당신은 어떻게 의사소통과 고백을 하고 있는가? 한 달밖에 살지 못한다는 것을 알게 되면 이 일들은 어떻게 달라질 것 같은가?

산소마스크, 숨부터 쉬다

여기 네 인생이 있다. 너는 되고 싶었던 너인가?
– 스위치풋 Switchfoot

기내의 기압이 떨어지는 일이 발생하면, 산소마스크가 머리 앞쪽 선반에서 내려옵니다. 먼저 산소마스크를 착용하신 다음 어린아이나 도움을 필요로 하는 분들을 도와주시기 바랍니다.
– 항공기 안전 안내 방송

비행기 여행을 자주 하는 편이라면, 이 내용을 외울 정도일 것이다. 비행기가 출발하기 전 승무원은 비행 안전에 관한 독백을 방송한다. 이런 공지를 하는 이유는 단 한 가지이다. 당신이 산소 부족으로 숨을 쉬지 못하면 아무도 도울 수 없기 때문이다.

이 공지문에는 강력한 영적 진리 또한 들어 있다. 이 땅에서의 시간을 가장 고귀한 것으로 만들고, 후회 없는 인생을 살려면, 주변 사람들과 가슴을 열고 얽혀야 한다는 것이다. 당신은 사랑하는 사람들이 당신에게 얼마나 소중한 존재인지 알아주길 바란다. 항구적인 영향력으로 후대를 위해 유산을 남기며, 당신과 옷깃이 스치는 사람들의 삶에서 치유의 전도사가 되길 원한다. 그러나 이러한 지고한 삶의 목표들을 완수하는 유일한 방법은 시간을 내서 자기 자신을 관조하는 것이다. 자신이 영적 · 신체적 · 정서적 · 관계적으로 건강하지 않은데, 자신을 넘어서서 다른 사람에게로 어떻게 손을 내밀겠는가?

이 진리는 전혀 새로울 게 없다. 자기개발서나 회복을 위한 소그룹 교재, 감동적인 설교들이 이미 이 내용을 담고 있다. 그러나 자기중심적이고 자기만 아는 문화에서 이 내용은 또 하나의 변명으로 보일 수도 있다. 극단으로 치우친 것들이 다 그렇듯이, 자기 관리 역시 우리 자신의 필요가 아니면 성장하지 않아도 좋다는 명분이 될 수 있다. 그러나 먼저 산소마스크를 쓰라는 말은 이런 뜻이 아니다.

자신을 사랑하는 것은 사실 성경의 명령이다. 예수님 자신이 가장 큰 계명들이 무엇인지 밝히면서 이 말씀을 하셨다. "예수께서 그에게 말씀하셨다. '네 마음을 다하고 네 목숨을 다하고 네 뜻을 다하여 주 너의 하나님을 사랑하여라' 하셨으니, 이것이 가장 중요하고 으뜸가는 계명이다. 둘째 계명도 이것과 같은데 '네 이웃을 네 몸같이 사랑하여라' 한 것이다"(마 22:37-39). 대개 하나님을 사랑하고 이웃을 사랑해야 한다는 것은 안다. 하지만 이 메시지의 마지막 부분을 놓친다. 우리는 자신을 사랑하는 만큼 이웃을 사랑해야 한다. 예수님은 다른 사람들을 진정으로 사랑하고 그들의 삶에 변화를 주기에 앞서서, 먼저 자신을 사랑해야 한다고 지적하신다.

이 말은 이기심을 정당화하는 데 전용될 수도 있다. 하지만 사실은 그 정반대이다. 먼저 자신이 건강해지는 데 시간을 들여야 주변 세계에 영향을 줄 수 있다. 자기 자신을 사랑하는 법을 배우기 전까지는, 하나님이 당신에게 바라시는 방법으로 다른 사람들을 사랑하거나 돌볼 수 없다. 자신이 배우지 못한 것을 다른 사람들에게 가르칠 수는 없는 노릇이다.

하나님은 우리가 영적으로, 신체적으로, 정서적으로, 관계적으로 에너지를 끌어올리길 원하신다. 앞에서 이 영적 연결에 대해서 짚어보았다. 하나님과 우리의 영적 연결은 떨어지지 않는 산소 탱크와도 같다. 건강한 신체, 정서, 관계는 산소마스크를 쓰고 있을 때 나오는 것으로, 이로써 다른 사람들을 도울 수 있다. 자신의 몸·정서·관계를 돌보면서 '먼저 숨을 쉰다'는 말이 무슨 의미인지 세 가지 영역에서 생각해보자.

신체적 측면

한 달만 살 수 있다면, 당신의 몸을 어떻게 다루겠는가? 힘에 부치는 운동을 그만두겠는가? 감자튀김 한 봉지를 더 시키기 위해 줄을 서겠는가? 매일 아이스크림 한 통씩을 먹겠는가? 한 달밖에 살수 없다면, 어차피 없어질 몸, 기분 내키는 대로 입맛이 당기는 대로 살자는 유혹을 받기가 쉽다. 그러나 당신의 몸을 어떻게 대할지는, 한 달만 남았다면 어떻게 살 것인지를 넘어서는 중요한 문제이다.

삼십 일이든 삼십 년이든, 몸을 대하는 방식은 인생의 질에 직접적이고 항구적인 영향을 끼친다. 운동을 그만두거나 군것질을 하거나 밤늦게까지 노는 것은 단 며칠은 좋을 수 있지만, 이미 경험했겠지만 자신을 무시하면 에너지가 급격히 고갈되면서 침체에 빠지게된다. 우리 몸은 잠, 운동, 신선한 공기, 물, 충분한 영양을 필요로 한다. 아이스크림이 녹는 데 걸리는 시간보다 더 오래 좋은 컨디션을 유지하려면, 신체의 에너지를 키워야 한다. 그리고 에너지를 키우기 위해서는, 건강 개념을 집중적으로 발전시켜야 한다.

건강한 몸을 만든다는 것은 무엇인가? 이 질문에 답하려면 산소라는 제1의 원천으로 돌아가야 한다. 우리의 창조주에게 영적으로 연결돼 있어야 한다는 것이다. 하나님의 산소마스크를 쓰고 있지 않으면, 몸의 문제로 고민하지 않을 수 없다. 왜냐하면 무엇을 받아들일지를 두고 이 사회의 온갖 거짓말을 흡입할 수밖에 없기 때문이다. 주위를 둘러보고 다른 사람들과 자신을 비교하는 것은 인간의 본성이다. 그러나 요즘의 문화는 영원한 젊음, 항구적인 아름다움, 억지로 만든 마른 몸매를 강조하는 매체와 광고들로 가득하다.

우리의 성공을 앗아가려는 원수는 우리에게 일산화탄소를 잔뜩 먹이려고 한다. 그러면서 "더 마를 수 있습니다," "어떤 대가를 치르건 더 젊게 보여야 합니다," "첫인상이 성패를 좌우합니다" 따위의 메시지를 던진다. 이 말에 속으면, 몸의 진정한 건강에 대한 잘못된 개념이라는 독을 먹는 것이다. 신체적으로 건강해지기 위해서는 영적으로 건강해져야 하고, 하나님이 우리 몸에 대해 하시는 말씀에 귀 기울여야 한다. 바울은 고린도교회에 보내는 편지에서 이렇게 말했다. "여러분의 몸은 성령의 전입니다. 여러분은 하나님으로부터 성령을 받아서 여러분 안에 모시고 있습니다. 여러분은 여러분이 스스로의 것이 아니라는 것을 알지 못합니까?"(고전 6:19).

몸에 관해 사람들이 가지고 있는 개념은 크게 두 극단으로 나뉜다. 먼저 성전을 숭배하는 것이다. 성전에 계시는 분이 아니라 성전

그 자체를 숭배한다. 인상을 좋게 하려고 수많은 시간을 허비하는 사람들이 여기 속한다. 매주 헬스장에서 종교에 가까운 열심으로 운동을 한다. 외모를 좋게 하기 위해 어떤 명목으로든 돈을 쓴다. 그러나 여기 문제가 있다. 변할 수밖에 없는 몸을 숭배할 때마다 불안해지는 것이다. 다른 극단 역시 똑같이 유해하다. 성전을 쓰레기통 취급하는 사람들이다. 이 사람들은 몸을 전적으로 무시한다. 그러니 전체적인 건강에 대해 소홀해진다. 운동을 게을리한다. 과식한다. 흡연이나 기타 해로운 습관을 지닌다. 이밖에도 육신의 건강을 무시하는 처사는 헤아릴 수 없이 많다. 이런 처사는 인생의 양과 질을 떨어뜨린다.

하나님이 당신 집에서 저녁식사를 하시게 됐다. 그분의 방문을 준비하기 위해 쓸고 닦고 하지 않겠는가? 하나님이 지금 이 시간 당신의 집에 거하여 계심을 알아야 한다. 그분은 당신 안에 사신다. 당신의 몸이 하나님 계시는 성전이다. 자신을 돌보고 신체적인 에너지를 고양시켜야 하는 까닭이 바로 여기 있다.

다시 영적 건강으로 돌아가자. 포도나무에 붙어 있으면 자신의 의지력을 접고 하나님의 권능으로 옮긴 것이다. 이제 그분은 당신에게 운동할 수 있는 힘을 주신다. 식이 조절을 할 수 있는 진정한 능력을 주신다. 채식주의자, 철인 경기 출전자가 된다는 뜻이 아니다. 당신은 몸을 숭배해서도, 무시해서도 안 된다. 몸이 자신의 영혼과 하나님의 영을 위해 지어진 집임을 알고, 신체의 건강을 중요시해야 한다.

당신이 직면한 가장 큰 건강상의 문제는 무엇인가? 체중인가, 몸매인가?
부상이나 질병인가? 당신의 성전을 더 잘 돌봐야 한다는 말은
당신에게 어떻게 들리는가? 육체의 건강을 증진하기 위해
떼야 할 첫걸음은 무엇인가?

정서적 측면

많은 사람들은 자기 감정에 따라 움직인다. 하고 싶으면 열심히
일을 하고, 가고 싶으면 교회에 간다. 그러고 싶을 때는 아내나 남편
을 자상하게 대한다. 자녀들이 사랑받고 있다고 느껴야 할 때가 아
니라 자신에 대해 좋은 기분을 느끼고 싶을 때 좋은 부모가 되려고
노력한다.

성숙과 성장에서 가장 큰 몫은 감정 자체에 의해서 통제되지 않
으면서도 자신의 감정을 인정하고 경험하는 법을 배우는 것이다. 스
위치를 내리면 두려움이 없어지고 버튼을 누르면 행복해지는 식은
분명 아니다. 우리의 사고와 행동에 영향을 주는 감정들에 대해 무
엇을 어떻게 할 것인가는 정확히 통제할 수 있다. 우리의 감정은 기
분, 환경, 신체적 건강 상태, 그 외 다른 요소들에 의해 달라지기 때
문에, 일차적인 근원 즉 하나님과 우리의 영적 연결로 돌아가는 일
이 필수이다. 인생의 오르막과 내리막을 잘 견디려면, 정서의 태풍
이 어떻게 몰아닥치든 하나님의 진리가 닻으로 버텨주어야 한다. 그

래서 성경은 이렇게 말씀한다. "하나님께서는 우리에게 비겁한 영을 주신 것이 아니라, 능력과 사랑과 절제의 영을 주셨습니다"(딤후 2:7). 늘 대화하고 고백하면서 창조주와 연결돼 있다면, 그분은 우리에게 필요한 능력과 자기 통제력을 주실 것이다.

건강하고 정서적인 삶이 감정을 안으로 감추는 것을 뜻하지 않는다. 우리는 정서적인 존재로 지어졌다. 정서에 의해 통제당하는 대신, 정서를 표현해야 한다. 많은 사람들이 직간접적으로 감정을 표출하는 것은 잘못이고, 나약한 것이고, 여성이나 하는 것이며 나아가 위험하다고 세뇌되어 있다. 특히 어떤 그리스도인들은 화를 내거나 슬퍼하거나 흥분한다는 것은 있을 수 없다고 믿는다. 그러나 자신의 감정에 솔직해야 한다. 감정을 억누름으로써 감정을 통제하라는 것이 아니다. 부인과 억제는 늘 감정에 따라 행동하는 것만큼이나 혼란이라는 역작용을 낳는다. 한 상담가는 감정을 숨기려는 사람은 배구공을 수영복 안에 넣고 다니는 것이라고 말했다. 잠깐 동안은 가릴 수 있을지 몰라도, 결국에는 공이 밖으로 삐져나올 것이다. 감정에 의해 인생행로가 좌우돼서는 안 되겠지만, 그래도 감정에 솔직해지라. 그 다음에 하나님이 원하시는 일을 하라.

예수님은 우리가 느끼는 모든 종류의 인간 감정을 그대로 느끼셨다. 하지만 그분은 죄를 짓지 않으셨다. 예수님은 화내셨고 우셨고 웃으셨다. 우리처럼 모든 감정을 다 느끼셨다. 하지만 그 감정들이 그분의 생각과 행동, 다른 사람들에 대한 반응을 지배하지 못하게 하셨다. 예수님은 우리 안에서 일어나는 모든 감정을 어떻게 느껴야 할지, 그러면서도 하나님이 우리에게 원하시는 것을 어떻게 만들어낼지에 있어서 가장 좋은 모범이시다. 예수님은 잔혹한 죽음을 목전에 두고 정서적으로 난감해지셨던 게 분명하다. 외롭고 불확실하고 두렵고 떨리는 감정을 느끼셨다. 하지만 그분은 아버지의 뜻이 자신의 삶에서 이뤄지길 기도하셨다.

❖ **자기 성찰을 위한 질문** ❖

Make it Count Moment

평소 당신은 파괴력이 큰 감정을 어떻게 통제하는가?
당신은 쉽게 끓는 형인가, 아니면 천천히 달궈지는 형인가?
두려움, 기쁨, 실망, 흥분, 질투, 분노 등 최근 감정에 북받쳤던 적은
언제였는가? 그것을 어떻게 표출했는가? 달리 행동해야 한다면
어떻게 하겠는가?

관계적 측면

먼저 산소마스크를 써야 하는 가장 큰 이유는 우리가 숨을 쉬고 건강해진 후에 다른 사람들에게 하나님의 산소를 마시게 해주기 위해서이다. 관계에는 도전이 따르게 마련이다. 이 점에 대해서는 다음 장에서 생각하기로 하겠다. 아무튼 관계는 우리가 어떻게 지어진 존재인지 가장 중요한 측면들 중 하나를 보여준다. 하나님이 우리를 임시적인 육체에 들어 있는 영원한 존재로 지으신 것처럼, 그분은 우리가 다른 사람과의 조화 속에서 살도록 고안해 놓으셨다. 우리는 자기 스스로 충족적이고 독립적이어서 고립되거나 다른 사람들을

피할 수 없다.

불과 몇 주간만 살 수 있다 해도, 홀로 외로이 죽고 싶지는 않을 것이다. 소중한 사람들에게 우리의 진실한 속마음과 감사의 마음을 알리기 원할 것이다. 그들에게 가슴속에서 우러나오는 마지막 말들을 전하고 싶을 것이다. 영원한 사랑과 끊어지지 않는 믿음의 유산을 관계 안에 남기고 싶을 것이다.

이 책을 읽는 모든 독자들이 한 달만이 아니라 훨씬 더 오래, 건강과 경이로움으로 가득 찬 긴 세월을 살기 바란다. 그러나 넘길 달력이 아무리 두꺼워도 지금 깨달아야 한다. 인생은 정말 짧다. 하나님이 우리에게 오셔서 우리의 날들을 헤아려주시도록, 제한된 시간에 그분이 원하시는 대로 시간을 쓸 수 있도록 기도하라. 그래야 그분이 우리를 지으신 목적을 완성할 수 있다. 피조물로서 생명선인 하나님께 연결돼 있음으로써 우리는 육체적으로, 정서적으로, 관계적으로 건강해진다. 나부터 숨 쉬어야 한다. 이것은 이기적인 것이 아니다. 필수적인 것이다.

1 영적·육체적·정서적·관계적 건강이라는 네 가지 영역에서 당신의 건강 상태는 어떤가? 1점(끔찍하다)부터 10점(아주 좋다)까지 중에서 몇 점인가? 이 영역들에서 건강의 증진을 방해하는 가장 큰 도전은 무엇인가? 이 도전 앞에서 할 수 있는 일은 무엇인가?

2 이 네 가지 영역과 관련해서 각각 목표를 정하고 기록해보라. 나머지 한 달 동안 실천해보라. 목표가 실천할 수 있는 것인지, 측정할 수 있는 것인지 다시 살펴보라.

3 매일 하루 30분 정도 영적·육체적·정서적·관계적 건강을 점검하라.

정글짐, 모험하다

안전이라는 것만한 미신도 없다. 본질적으로 존재하지도 않지만, 아무도 경험
할 수 없다. 장기적으로 볼 때 위험을 피하는 것이 정면으로 마주치는 것보다
안전한 것은 아니다. 인생은 해볼 만한 모험이거나 아니면 아무것도 아니다.
- 헬렌 켈러

배가 항구에 있으면 안전하다. 하지만 배는 항구에 정박해 두려고 건조되지 않
았다.
- 윌리엄 쉐드 William Shed

아들 녀석이 네 살이나 다섯 살 무렵일 때였다. 어느 날 공원에 데
리고 갔다. 아이는 제일 좋아하는 놀이기구를 향해 달려갔다. "정글
짐에 올려주세요." 아이가 말했다. 나는 아이를 안아 올렸고, 아이
는 철봉을 잡았다. 나는 손을 놓았다. 아이는 지상에서 1.5미터 위에
떠올라 있었다. 으쓱한 표정이었다. 손으로는 철봉대를 잡고 얼굴에
는 큰 웃음을 머금고 있었다. 한 1분쯤 매달려 있더니 지친 아이가
말했다. "됐어요. 이젠 내려주세요."

내가 말했다. "그냥 뛰어내려. 아빠가 받아줄게."

겁먹은 표정으로 아이가 말했다. "싫어요. 내려주세요."

"아냐. 그냥 뛰어내려. 내가 받아줄게."

"싫어요. 내려주세요."

"아빠가 너 사랑하는 거 알지? 내가 받아줄 거야."

이 책을 읽고 있는 어떤 독자들은 무슨 아빠가 이래, 하고 이맛살을 찌푸릴지도 모른다! 그러나 어떤 독자들은 내가 아들에게 아빠를 신뢰하는 게 뭔지 가르쳐주고 있음을 눈치 챘을 것이다. 손을 놓기만 하면 밑에서 받아줄 터였다. 하지만 아이는 있는 힘을 다해서 철봉대를 잡고 있었다. 너무 세게 잡은 나머지 손이 다 하얘질 정도였다. 하지만 더는 버티지 못했다. 마침내 손을 놓았고 내가 잡았다.

아이 얼굴에 다시 큰 웃음이 번졌다. 땅에 내려놓으니 이번에는 그네를 향해서 달려갔다. 다 잊어버린 것이다. 그 순간 하나님이 이 일을 통해서 내게 주시는 메시지를 발견하고 놀랐다. 이렇게 말씀하시는 것 같았다. 네가 나한테 이러고 있단다. 너도 죽자 살자 붙들고 있어. 네 힘으로 온갖 일들을 해보려고 노력하지. 끊임없이 끙끙거리며 모든 것을 좌지우지 하고, 뭐든지 제대로 하려고 하지만, 사람들의 눈치를 보면서 저울질하느라 안간힘이지. 아무도 널 받아줄 사람이 없기에 더 꽉 쥐어야 하고 더 바짝 달라붙어 있어야 한다고 생각하는 거야. 거기 매달려 네 주먹에 피가 안 통하게 되면 내 말을 들으렴. "놔라. 내가 널 잡을게. 그냥 놔. 약속하마. 난 너를 사랑한다. 내가 널 잡을 것이다."

하나님이 바로 거기 계시는데도 나는 모든 일을 내 생각대로 하느라 안간힘을 쓰고 있다. 그분은 말씀하신다. "내 손으로 널 지었다. 널 지은 데는 목적이 있다. 내가 죽어 너를 되사왔다. 너는 왜 나를 믿지 못하느냐? 너를 위해 내 생명을 내줬다. 나는 온 우주를 지은 하나님이다. 그냥 놔도 된다. 내가 널 잡을 것이다." 왜 나는 이리도 벌벌 떨고 있을까? 하루하루 인생에서 내가 통제할 수 있는 것은 아무것도 없다. 쥐고 있는 것을 놓아버리고 하나님께 맡겨야 한다. 그분은 언제나 나를 잡아주신다. 삶의 곤혹스러운 순간 속에서 그분의 힘과 평안을 느낄 때 알게 된다.

◈ 자기 성찰을 위한 질문 ◈

Make it Count Moment

한 걸음 더 나아가기 위해 놓아버려야 하는 집착은 무엇인가?
하나님이 당신을 잡아주실 거라고 믿지 못하게
방해하는 것은 무엇인가?

받은 달란트를 활용하라

위대함을 향해 모험하는 유일한 방법은 삶의 모든 영역에서 하나님을 신뢰하는 것이다. 철봉 막대에 안간힘을 쓰며 매달려 있으면 힘이 빠질 수밖에 없다. 하나님이 우리에게 주신 더 큰 것을 좇아 달려 나가거나 더 큰 꿈을 이루는 데 방해만 될 뿐이다. 우리 자신의 목표와 방법에만 치중하면, 우리에게 축복이 되고 우리를 강하게 만들 기회를 놓치고 만다. 하나님은 우리에게 모험을 감행하라고 하신다. 그러나 축복과 재앙의 도박심리는 아니다. 안전지대 밖으로 나와 우리 자신이 세운 목표를 넘어서는 일을 말하는 것이다. 그분은 우리 힘으로는 이룰 수 없는 놀라운 일들을 성취하기 위해서 그분을 신뢰하기 원하신다. 이러한 하나님의 놀라운 투자전략에 눈떠지는 비유 하나가 있다.

예수님은 하나님 나라를 오랜 여행을 떠나기에 앞서 자기 종들에게 재정적인 책임을 맡긴 한 사람 이야기로 비유하셨다. "그는 각 사람의 능력에 따라, 한 사람에게는 다섯 달란트를 주고, 또 한 사람에게는 두 달란트를 주고, 또 다른 한 사람에게는 한 달란트를 주고 떠났다. 다섯 달란트를 받은 사람은 곧 가서 그것으로 장사를 하여, 다섯 달란트를 더 벌었다. 두 달란트를 받은 사람도 그와 같이 하여, 두 달란트를 더 벌었다. 그러나 한 달란트 받은 사람은 가서 땅을 파고, 자기 주인의 돈을 숨겼다."

오랜 뒤에, 주인은 돌아와 세 종을 각각 불러서 자산 상태를 보고 받는다. 처음 두 종은 그들이 거둔 성공을 보고한다. 주인은 크게 기뻐하며 둘에게 말한다. "착하고 신실한 종아, 잘했다! 네가 작은 일에 신실하였으니, 이제 내가 많은 일을 네게 맡기겠다." 그때 세 번째 종이 와서 주인에게 이렇게 말한다. "주인님, 나는 주인이 굳은 분이시라, 심지 않은 데서 거두시고, 뿌리지 않은 데서 모으시는 줄로 알고, 무서워서 물러가서 그 달란트를 땅에 숨겨 두었습니다. 보십시오, 여기에 그 돈이 있으니 받으십시오."

주인은 크게 노하여 선언한다. "악하고 게으른 종아, 너는 내가 심지 않은 데서 거두고, 뿌리지 않은 데서 모으는 줄 알았다. 그렇다면 너는 내 돈을 돈놀이하는 사람에게 맡겼어야 했다. 그랬더라면, 내가 와서 내 돈에 이자를 붙여 받았을 것이다. 그에게서 그 한 달란트를 빼앗아 열 달란트 가진 사람에게 주어라. 가진 사람에게는 더 주어서 넘치게 하고, 없는 사람에게서는 있는 것마저 빼앗을 것이다. 이 쓸모없는 종을 바깥 어두운 데로 내쫓아라. 거기서 슬피 울며 이를 가는 일이 있을 것이다"(마 25:14-30).

세 번째 종에게 주인은 너무 가혹한 것 같다. 그러나 역설적이게도 이 비유는 우리가 하나님을 두려워한 나머지 기꺼이 모험하고 성장하지 못할 지경이 되는 것을 경계하고 있다. 세 번째 종은 정글짐에서 뛰어내리길 무서워한 나머지 철봉대를 쥐고 놓지 않았다. 자신이 크게 모험하면 자기를 잡아주시리라 믿을 만큼 주인의 배려와 사랑을 신뢰하지 않았던 것이다.

우리는 너무나 자주 몸을 사린다. 현상에 만족하면서 하나님이 이걸 원하신다는 말로 자신의 보수적인 태도를 정당화한다. 사실 모든 사람의 인생에는 성장을 위한 공간이 있다. "많이 받은 사람에게서는 많은 것을 요구하고, 많이 맡긴 사람에게서는 많은 것을 요청한다"(눅 12:48).

◈ 자기 성찰을 위한 질문 ◈

Make it Count Moment

개인, 직업, 관계, 영적 영역 중 어떤 영역에서 좀 더
모험을 하는 편인가? 어떤 영역에서 제자리를
고수하는 편인가?
왜 어떤 영역이 다른 영역보다 모험하기 쉬운가?

위기관리

자신의 노력만이 전부인 줄 알고 하나님이 허락하신 위대함을 향해 모험하지 못하도록 발목을 잡는 게 무엇인가? 많은 사람들이 통제력 상실을 내세운다. 정녕 손을 놓고 하나님이 우리를 잡아주고 인도하시도록 맡기면, 평생 감옥에 갇혀서 하기 싫은 일을 하면서 살게 되는 양 생각한다. 하지만 실상은 그렇지 않다! 하나님은 우리가 목적을 완수할 수 있도록 우리를 독특하게 지으셨다. 그분은 자발적인 섬김을 통해서만 자라나는 위대함의 씨앗들과 함께 영원성을 우리 마음에 심으셨다.

내려놓는다는 것은 무엇일까? 내 경험으로는 인내하며 예상치 못한 곳에서 나타나는 하나님의 손길을 기대하는 것과 많은 연관이 있다. 하나님은 우리의 시간표에 거의 맞추시지 않고, 인간의 좁은 관점에서 볼 때 말끔하고 직선적인 방식으로 일을 처리하지 않으신다. 때로는 우리가 어떤 존재로 지어졌는지, 우리에게 정말 힘과 기쁨을 주는 게 무엇인지 그 안에 들어가 발버둥을 치게 되기 전까지는 인식조차 못 할 때가 있다. 작가이자 신학자인 C. S. 루이스는, 인간은 눈앞에 아름답고 광대한 대양이 펼쳐져 있음에도 개펄에서 뒹구는 어린아이와 같은 때가 많다고 했다.

놓고 갈 시간이 훨씬 넘었는데도 철봉대를 붙들고 늘어지게 만드는 또 다른 난적은 아마도 두려움일 것이다. 두려움은 우리를 꼼짝없이 얼어붙게 한다. 삶을 편협하게 바라보도록 가두는 것이다. 원하는 대로 일이 풀리지 않으면 살아가는 일조차 상상할 수 없는 듯

군다. 우리의 관점은 제한돼 있기에, 현재 가지고 있는 수단에 갇히면 불가능해 보이거나 일어날 것 같지 않아 보이는 가능성을 배제한다.

사업 초창기에 다시 재기할 수 없을 만큼 크게 실패하고 방황하다가 "우연찮게" 잘 맞는 새로운 사업을 찾아낸 명사들과 성공한 기업가들의 이야기를 들어봤을 것이다. 헨리 포드는 썩 훌륭한 사업가는 아니었다(그는 다섯 번이나 도산했다). 그러나 그는 비전을 지닌 엔지니어였다. 오프라 윈프리는 자신의 프로그램 하나로 거대한 미디어 제국을 세우기 전, 한 텔레비전 방송국 기자 자리에서 잘렸다. 우리가 "성공했다"고 보는 역사적인 이 시대의 인물들을 보면, 실패나 두려움, 고통의 경험이 빠지지 않는다. 또한 이 성공한 사람들에게는 앞으로 움직이도록 동기를 부여하고 영감을 준 인내심과 목적의식이라는 공통 분모가 있다. 이들은 두려움을 뚫어버렸다. 실패를 감내할 뿐 아니라 실패에서 배웠다.

성경은 온전한 사랑이 두려움을 내쫓는다고 말한다(요일 4:18). 완벽함이 두려움을 내쫓는다거나, 온전한 사랑이 우리가 원하는 대로 성공을 보장한다고 하지 않는다. 하나님의 사랑, 자상한 아버지, 우리에게 신뢰를 가르치시는 아버지의 돌보심과 긍휼을 안다면 내려놓을 수 있다. 그분의 사랑은 우리의 두려움보다 실로 크다. 내 아이가 수학시험에서 낙제를 하거나 집에 들어와야 하는 시간을 넘겨 들어왔다고 해도, 내가 내 아이를 사랑하지 않게 되는 일은 없다. 왜 낙제를 하고 약속을 어겼는지에 따라, 놀라운 교훈의 기회가 될 수도 있다.

하나님도 마찬가지이다. 그분은 우리의 실패를 복구하고, 반역하는 마음이든 의도적이든 우리의 실수를 만회하기 원하신다. 그래서 이것들을 그분이 세운 계획의 일부로 삼고 우리의 궁극적인 목적을 위해 사용하신다. 다윗과 밧세바를 보라. 간음, 살인, 거짓말, 그리고 고백과 회개. 하나님은 말로 담기 어려울 만큼 이기적이고 파괴적인 실수를 놀랍고 생명력 있는 결과로 바꿔놓으셨다. 밧세바는 솔로몬의 어머니이다. 솔로몬은 다윗의 후손으로서 예수님의 족보에도 나온다. 밧세바 역시 마태복음의 서두에 인용된 그리스도의 족보에 언급된다(1:6).

미루지 말고 당장 하라

내가 지켜본 바로는 죽음을 목전에 두고 있는 사람들에게 나타나는 공통점이 있다. 두려움을 직면하고 위험을 택하는 것이다. 우리는 안전하고 안락하며 중간쯤인 삶을 살고 싶어 이것저것을 피한다. 별로 교류가 없던 친척의 전화, 가장 소중한 게 무엇인지에 대해 아이들과 나누는 대화, 하고 나서 후회하거나 하지 않고서 후회하는 일들에 대한 용서, 자발적으로 행동하고 순간순간 최선을 다해 사는 삶, 햇살 좋은 봄날 오후 한가롭게 빨아먹는 아이스크림 콘 등을 말이다.

우리는 크고 작은 순간들을 많이 놓치고 산다. 약간의 저항이 뒤따르는 거푸집을 깨고 더 위대한 것들을 향해 시도하려고 하지 않기 때문이다. 그러나 살 날이 얼마 남지 않았다면, 그동안 어디에 우선 순위를 두고 살았는지 갑자기 알게 되면, 하나님의 음성을 듣고 모험을 하기가 훨씬 더 쉬워질 것이다. 다른 사람들이 우리를 어떻게 생각하든, 뭐라고 말하든 신경 쓰지 않아도 될 것이다. 실패하거나 시간을 낭비할까 걱정하지 않아도 될 것이다. 후회는 실패나 낭비보다도 더 쓸데없는 것임을 알기 때문이다.

매달려 있는 손에서 점점 힘이 빠져나가 곧 떨어질 것 같다면, 사랑하는 하나님의 굳센 팔이 당신을 붙드는 것을 느껴보라. 하늘에 계신 아버지의 은혜의 손 안에서, 늘 바라던 안전과 평온을 느끼게 될 것이다.

1 청지기로서 돌보라고 최근에 맡겨주신 물건, 자원, 선물, 기회를 열거해보라. 그것이 어떻게 당신 손에 들어왔는지(예를 들어, 갖고 태어났다, 누군가에게 받았다, 노력해서 얻었다), 그것들을 얻을 때 얼마나 노력하고 애썼는지 기술하라. 하나님이 그 목록 하나하나에 당신이 어떤 투자를 하기 원하시는지, 당신은 어떻게 그 투자 계획을 실행할 수 있는지 차분하게 정리해보라.

2 언제 하나님께 실망했는가? 이렇게 해주시겠지 하고 바라던 것에서 그분이 어떻게 빗나가셨는가? 이것이 그분과 당신의 관계에 어떤 영향을 끼쳤는가? 실망한 그 순간에도 당신을 사랑하시는 아버지로서 하나님을 어떻게 신뢰할 수 있는가? 당신이 경험한 실망과 관련해 그분을 좀 더 전적으로 신뢰하게 해달라고 구하라.

3 최근 당신의 삶에서 하나님이 감행하라 하시는 모험 하나를 적어보라. 이 모험을 하려고 할 때 느끼는 두려움에 대해서도 말해보라. 모험을 했는데 실패할 최악의 경우가 어떤 것인지 말해보라. 하나님께 두려움에 직면할 수 있도록, 그분이 원하시는 것을 당신이 해낼 수 있도록 도와달라고 기도하라.

7 Day

아이스크림, 냉동된 꿈을 해동하다

가장 진실한 삶은 꿈에서 깨어나는 순간이다.
— 헨리 데이비드 소로 Henry David Thoreau

작은 상자에 꿈을 담고 이렇게 말하는 사람들이 있다. "내겐 꿈이 있어. 아무렴 있고말고." 그 상자를 치워놨다가 한참 만에 한번 들여다보기 위해 다시 꺼내 온다. 그렇다. 그들은 여전히 그 자리에 있다.
— 어마 봄벡 Erma Bombeck

아이스크림처럼 꿈도 달콤하고 맛있다. 드림시클이라는 아이스크림이 있다. 오렌지 셔벗을 바닐라 아이스크림이 감싸고 있다. 나는 어렸을 적 이 아이스크림을 무척 많이 먹었다! 꿈을 이룬다는 것은 동네를 지나가는 아이스크림 차를 좇거나, 찌는 듯이 더운 날 아이스크림을 사서 그 시원하고 부드러운 감촉을 느껴보는 것과 비슷하다. 꿈은 우리를 일깨워서, 불가능하거나 말도 안 되는 것처럼 보이는 뭔가를 따라가게 하고 상상한 것보다 훨씬 달고 뿌듯한 성취감을 안겨주는 그 무엇이다.

그러나 대부분의 사람들에게 꿈의 성취는 그다지 순조롭지 못하다. 아이스크림이 너무 빨리 녹은 느낌, 나무 손잡이가 툭 하고 땅바닥에 떨어지는 그런 느낌이다. 좀 더 정확히 말하자면 우리는 꿈을 잃지 않았다. 우리의 꿈은 냉동실 저 깊은 곳에 묻혀 있을 뿐이다.

거기서 냉기로 얼음들과 함께 딱딱하게 굳어가고 있다. 단맛은 서서히 빠져나간다.

삶의 냉기가 우리의 꿈을 얼어붙게 하는 것은 그다지 오래 걸리지 않는다. 하루하루 삶의 무게가 젊은 시절의 꿈을 초라하게 만들고 꿈이 이뤄지는 희망을 사그라지게 한다. 실망, 연기, 유예라는 칼바람에 동상이 걸린다. 큰 꿈을 꾸고 하나님이 우리를 통해서 위대한 일을 이루실 수 있다고 믿기보다는, 어떻게 해서든 살아남는 데 우선순위를 두고 꿈은 얼음장 밑에 넣어버린다.

하나님은 이유가 있어서 우리를 여기에 두고 우리 안에 꿈을 심으셨다. 꿈이 실현되도록 우리 몫을 하게 하시려는 것이다. 30일이 남았건 30년이 남았건 간에, 후회 없이 이 땅에서의 삶을 마감해야 한다. 우리가 가지고 있는 꿈에 생명력을 불어넣기 위해 우리 자신을 쏟아 부었다고 말할 수 없다면, "그렇게 된다면" "그렇다면" 이라는 망령은 우리 주변을 언제나 맴돌 것이다. 하지만 많은 사람들이 자기의 꿈이 무엇이고 인생에서 진정 무엇을 원하는지조차 모르고 있다. 때로 이런 느낌이 들지 않는가? 일 때문에 침울해질 때 자신의 부르심을 완전히 상실한 것은 아닌지 답답해진다. 관계가 깨지거나 바른 자리에 와 있는지 분간이 안 될 정도로 상황이 악화되었을 수도 있다. 권태로운 허드렛일이나 하루하루 닥치는 사소한 일에 매달릴 때일 수도 있다. 이런 시기에 우리는 진정한 바람과 꿈이 무엇인지 잊어버리는 경향이 있다. 산더미 같은 고통에 우리의 바람과 꿈이 깔려버린 것이다.

하나님은 우리 마음속에 넣어주신 냉동된 꿈을 해동시키길 간절히 원하신다. 생존을 위한 삶에서 당신을 건지시고 당신의 꿈에 다시 생명을 불어넣으려 하신다! 시편 기자는 이렇게 말했다. "너희는 야훼의 어지심을 맛보고 깨달아라"(시 34:8). 하나님이 당신의 가슴에 심으신 꿈을 발견하고 그것을 따라가는 일보다 더 달콤하고 보람 있는 일은 없다.

✤ 자기 성찰을 위한 질문 ✤

Make it Count Moment

자신의 꿈에 어느 정도나 붙들려 살고 있다고 느끼는가?
당신은 하루하루 활달하게 꿈을 꾸고 있는가?
무엇이 이런 노력을 방해하는가?

하나님이 주시는 꿈

꿈은 아이스크림 맛보다 더 다양하다. 꿈은 뭔가를 원하는 것이다. 그것을 얻으려고 애쓴다는 이유만으로, 하나님이 우리 가슴에 심은 꿈이라고 말할 수는 없다. 꿈이 진정 하나님에게서 온 것인지, 아니면 머릿속을 스친 생각에 불과한지 어떻게 알 수 있을까? 하나는 이런 것이다. 하나님의 꿈은 그분의 말씀에 위배되지 않는다. 그분의 뜻이 그분의 말씀과 충돌하지 않기 때문이다. 당신이 갈망하는 바가 하나님의 말씀에 상충된다면, 그것은 하나님이 주신 꿈이 아니다. 바울은 어떤 꿈이 하나님으로부터 온 것인지 분별하는 비밀을 말하면서, 하나님을 "우리가 구하거나 생각하는 것 이상으로 더욱 넘치게 주실 수 있는 분"이라고 했다(엡 3:20). 하나님이 주신 꿈은 다른 모든 것이 형체도 없이 사라질 때 맨 위로 떠오른다.

그분의 꿈은 위로 올라온다. 먼저는 그것이 믿음을 요구하기 때문이다. 하나님이 주신 꿈이라면, 인생에서 차지하는 몫이 너무 커서 당신의 힘으로는 감당할 수가 없다. 자기 힘으로 그 꿈을 이룰 수 있다면, 믿음이 요구되지 않을 것이다. 성경은 말한다. "믿음이 없이는 하나님을 기쁘게 해드릴 수 없습니다"(히 11:6). 어떤 꿈이 하나님으로부터 온 것이 맞다면, 그 꿈은 맨 위로 올라와야 한다. 그것이 너무 커서 당신 혼자 감당할 수 없기 때문이다. 그것은 하나님이 하시는 일이 되어야 한다.

하나님의 꿈은 위로 올라온다. 그 꿈이 다른 사람들의 삶에 변화를 새겨놓기 때문이다. 그것은 이기적인 꿈이 아니다. 떼돈을 벌어 일찍 은퇴해서 호사하며, 사람들 징징거리는 소리를 듣지 않고 사는 꿈을 꾼다면, 그것은 결코 하나님의 꿈이 아니다. 그러나 사람들에게 나누어주고 하나님 나라를 섬기고, 그분의 부르심에 응답하기 위해 새로운 직종에 종사하려고 많은 돈을 벌고자 한다면, 이 꿈은 하나님이 주신 것일 수 있다. 오직 당신만이 당신의 인생을 향한 그분의 꿈이 무엇인지 알 수 있다. 하나님은 그분 자신이 관계 속에 계시듯이, 우리를 사회적인 존재로 지으셨다. 그래서 그분이 그렇게 하시듯 우리가 남을 사랑하고 돌보길 원하신다.

하나님의 꿈이 맨 위로 떠오르는 또 하나의 이유가 있다. 그 꿈은 당신의 가슴, 즉 존재의 중심에서 나온다. 신약성경에서 가슴(심장)

에 해당하는 헬라어는 거의 언제나 카르디아가 쓰이는데, 문자적으로는 "진정한 당신"이다. 성경은 심장을 당신의 내면적인 동기, 사랑, 열정을 의미하는 데 쓰고 있다. 하나님이 당신에게 꿈을 주시면서 그것을 당신의 가슴 안에 심으신다. 하나님은 뭔가를 향한 열정을 주실 때는 전심전력으로 그것을 좇으라는 뜻이다. 그것은 당신의 존재 안에 깊이 들어 있는 무엇이기 때문이다. 하나님은 당신을 납치해다가 일을 시키는 분이 아니다. 그분은 꿈을 향한 열정을 준 후 전혀 연관이 없는 인생 계획을 달성하라고 부르지 않으신다. 이것은 그분의 성품에 맞지 않는다. 바른 청지기 정신도 아니다. 그분은 자신이 지은 자원들을 결코 낭비하지 않으신다.

❖ 자기 성찰을 위한 질문 ❖
Make it Count Moment

자신의 이기적인 꿈과 자기 삶에 심긴 하나님의 꿈을 어떻게
구별하는가? 하나님은 당신의 인생을 향한 그분의 꿈을
어떻게 보여주시고 다져주시는가? 과거에는 어떻게 반응했는가?
한 달만 살 수 있다면 어떻게 다른 반응을 보이겠는가?

기다림과 고통의 시간

그런가 하면 당신을 가지고 놀고 속이기 위해 존재하는 자가 있다. 이 적은 당신의 가슴을 두려워한다. 하나님이 당신같이 평범한

사람을 통해서 이 세상에 비범한 차이를 만드실 수 있음을 알기 때문이다. 사탄은 이 꿈이 당신 가슴에서 시작된다는 걸 알고, 가슴에 생채기를 내려고 작심하고 달려든다. 꿈에서 실천을 분리해내고 하나님이 주신 그 꿈을 영혼이 떨어져나가는 냉기로 얼려버리려 한다. "너는 할 수 없어"라는 말을 침을 튀기며 해댄다. 그래서 아무것도 될 수 없게 한다. 그는 우리의 실패를 평생 물고 늘어져 우리를 무기력하게 만들고, 꿈을 추격하지 못하도록 한다.

삶이 어렵다는 것은 두 말 하면 잔소리이다. 성경은 하나님이 우리 인생을 향한 계획, 섬세하게 고안된 웅장한 계획을 가지고 계시다고 말한다. 그러나 사탄 역시 우리 인생에 계획을 가지고 있다. 다음의 성경구절은 두 목적이 충돌하는 것을 대비시키고 있다. "도둑은 다만 훔치고 죽이고 파괴하려고 오는 것뿐이다. 나는 양들이 생명을 얻고 더 얻어서 풍성함을 얻게 하려고 왔다"(요 10:10). 하나님의 목적은 당신에게 꿈을 주시는 것이다. 사탄의 목적은 그 꿈을 훔치는 것이다. 이제 당신은 그자가 얼마나 끈질긴지 알아야 한다.

우리 삶을 향한 하나님의 꿈을 추구하지 못하게 막지 못하면, 그자는 전술을 바꿔서 꿈에 대해 의심하도록 만든다. 그자의 연합군 가운데 하나는 우리의 조바심이다. 조바심은 두려움, 근심, 불안, 얄팍한 계산, 좌절감과 더불어 온다. 꿈을 좇으며 꿈의 성취를 위해 자신을 쏟아붓다 보면, 왜 하나님이 즉각 응답하지 않으시는지 의아할 수도 있다. 그러나 하나님은 자동판매기가 아니시다. 그분의 타이밍은 우리의 기대와는 거의 늘 다르다. 성경의 예와 우리의 경험에 비추어보면, 꿈이 이루어지기 전에는 기다리는 시간이 있다. 잘 가다가 우회로도 만나고, 꿈이 이루어지는 게 빤히 보이는 것 같아도 이면도로로 나가기도 한다.

이 기다림의 시간에 이런 질문이 떠오른다. "언제일까? 꿈이 정말 이뤄지기는 할까?" "주님, 저는 언제 결혼하게 됩니까?" "주님, 언제 저는 이 상처를 털어버릴 수 있게 됩니까?" "주님, 언제 저는 이 문제에서 탈출하게 됩니까?" "주님, 저는 언제나 아기를 갖게 됩니까?" "주님, 저는 언제?" 지금 인생의 대기실에서 기다리고 있다면, 그건 당신 혼자가 아니다.

아브라함은 큰 나라의 시조가 된다는 말씀을 하나님께 들었지만, 99세나 돼서야 아이를 얻었다! 모세는 400년이나 곤경에 처해 있던 유대 민족을 이집트의 노예생활에서 이끌어내는 지도자가 되었지만, 그 전에 하나님은 그를 광야로 내보내 40년이나 양을 돌보게 하셨다. 예수 그리스도도 마찬가지이다. 세상의 구세주도 지상 사역을 시작하기 전에 30년을 기다리셨다.

왜 하나님은 모든 사람을 인생의 대기실로 보내실까? 그분을 의지하는 법을 배우길 바라시기 때문이다. 하나님은 우리에게 그분을 신뢰하도록 가르치심으로써 꿈을 이루도록 준비시키신다. 기다리는 동안 그분은 우리와 함께 계시면서 "내가 너를 떠나지도 않고, 버리지도 않겠다"는 약속을 주신다. 하나님이 무슨 일을 하고 계신지 때로는 이해할 수 없지만, 그분의 마음은 언제나 신뢰할 수 있다.

삶이 어려울 때, 상처 입고 지쳤을 때, 무엇이 중요한지 기억해야 한다. 상처를 입으면 가슴 저 깊숙한 곳에 꿈을 묻고 꽁꽁 얼어붙게 내버려두려는 마음이 생긴다. 과거의 상처 때문에 하나님이 더는 우리를 쓰실 수 없다고 믿는 것이다. 우리는 밥 먹듯 실패한다. 우리는 그런 자들이다. 약하고 쉽게 지친다. 너무 늦었다며 꿈을 포기하려고 한다.

그러나 하나님께는 결코 늦지 않았다.

믿기 힘들지만 하나님은 우리의 상처를 치료하시고, 그 상처를 우리의 꿈을 이루는 힘으로 삼으신다. 잊어버리고 싶은 고통스러운 경험들을 사용하여 다른 사람들의 인생에 변화를 일으키시는 것이다. 성경을 보라. 요셉의 형제들은 요셉을 노예로 팔았다. 적이 꿈을 빼앗아간 것이다. 하나님은 흉년 동안 요셉을 애굽의 실권자로 삼으셨다. 꿈을 이뤄주셨다. 어떤 환경 속에 있든지, 당신의 인생을 향한 하나님의 꿈을 파괴할 수 있는 어려움은 없다. 이것을 늘 마음에 담고 살라!

1 당신의 "꿈 상자"를 펼쳐보라. 안에 무엇이 들었는가? 냉동된 꿈은 무엇인가? 실패할 수 없다면 하나님을 위해서 어떤 일을 시도하겠는가?

2 하나님이 주신 꿈이라고 생각하는 한 가지 꿈을 적어보라. 이 꿈이 당신의 인생에서 어떻게 "위로 떠오르고" 있는가? 그것이 이뤄지려면 당신은 어떤 믿음을 발휘해야 하는가? 그 꿈은 다른 사람들을 어떻게 섬기는 것인가?

3 당신의 인생에 허락하신 하나님의 꿈을 추구하기 위해 오늘 할 수 있는 한 가지 일을 보여달라고 기도하라.

힘찬 출발, 전력 질주하다

세상에 무엇이 필요한지 묻는 대신, 당신을 살아나게 하는 것이 무엇인지 물으라. 가서 그 일을 하라. 세상이 필요로 하는 것은 살아난 사람이기 때문이다.
— 하워드 서먼 Howard Thurman

됐을 수도 있었던 그것이 되는 데는 늦지 않았다.
— 조지 엘리엇 George Eliot

맥이 빠져 있는가? 많은 사람들이 변화를 시도하지 않는 가장 큰 이유는 이리저리 얽힌 상황을 바꾸기에 너무나 무기력하다고 느끼기 때문이다. 너무나 무력해서 습관을 고치지 못할 수 있다. 관계의 문제가 있는데 회복을 위해 갖은 일을 다 해보았지만 여전히 무너져 있을 수 있다. 직장에서 벌어진 일 때문에 에너지와 창의성이 빠져나가고 있지만 해결책을 찾지 못하는 것일 수도 있다. 일정표는 꽉 차 있고 못 읽은 이메일이 수두룩하여, 무엇인가에 눌린 듯 탈진한 듯 느끼는 것일 수도 있다. 정서의 배터리는 다 나가고, 정신적인 에너지는 소진돼 바닥이 드러난 것이다. 하지만 당신만이 아니다. 우리는 모두 무기력함을 느낀다.

최근 가족과 함께 오토바이 야외 경주장에 갔다. 충격 감소벽, 급경사와 비탈길로 내려오게 돼 있는 지그재그 경로를 보고는 입을 다물지 못했다. 우리 차례가 돼서 250cc짜리 오토바이를 어떻게 다루는지 배웠다. 높은 마력의 큰 엔진이 달려 있었다.

　내 차례였다. 오토바이를 끌고 다니게 되는 건 아닐까? 시동이 안 걸려 엔진을 돌리지 못하면, 오토바이를 경주로로 끌고 가야 한다. 언덕도, 각진 커브도 끌고 넘고 돌아야 한다. 그건 미친 짓이다. 안 그런가? 그런데 많은 사람들이 인생을 이렇게 살고 있다. 하나님의 능력을 얼마든지 쓸 수 있다는 사실을 자각하면 결정적인 변혁이 일어난다. 무한정 쌓여 있는 그분의 능력이 삶에 필요한 활력을 주기 때문이다. 우리에게는 하나님의 무한한 마력이 있어서 스스로 돕고, 결혼생활을 개선하고, 재정 상태를 낫게 만들고, 가족들을 섬기고, 직장에서 중재자 역할을 하고, 우리의 삶을 위기에서 구할 수 있다. 우리가 지음받은 목적대로 살 수 있게 돕는 그분의 능력이 우리 앞에 있다. 그런데도 우리는 자신의 힘으로만 산다. 경주를 끝낼 수 있는 적절한 능력을 공급받지 못한 채 언덕을 넘고 문제에 맞부딪치며 끙끙대고 있다.

　생의 마지막을 맞은 사람들은 자신의 무력함과 한계를 인식하지 않을 수 없다. 약해지면 약해질수록, 자신을 돌봐줄 누군가에게 더 기대게 된다. 생의 마지막으로 가면, 삶의 많은 부분이 자신의 손에서 벗어나 있음을 알게 된다. 이렇게 해서 하나님을 찾지 않을 수 없다. 조바심을 멈추고 마침내 그분의 능력에 기대게 될 때 비로소 자신의 삶을 충만하게 만드는 진정한 힘을 발견한다니 참으로 역설적이다.

　하루하루 우리가 쓸 수 있는 힘 또한 제한돼 있다. 진흙탕 길에서 오토바이를 끌고 가는 느낌이 드는가? 오토바이에는 강력한 엔진이 장착돼 있다. 당신이 할 일이라고는 시동 페달을 밟아 하나님의 동력을 당신의 삶으로 끌어들이는 것뿐이다. 바울은 에베소서에서 이렇게 말한다. "하나님께서 우리 믿는 사람에게 강한 힘으로 활동하시는 그 능력이 얼마나 큰지를, 여러분이 알게 되기를 바랍니다. 하나님께서는 이 능력을 그리스도 안에 역사하셔서, 그분을 죽은 사람 가운데서 살리셨습니다"(엡 1:19-20). 한 달만 산다는 각오로 산다면 하나님은 필요한 모든 능력을 주실 것이다.

고도 낙상

인생은 여러 면에서 오토바이 경주와 비슷하다. 거친 노면과 급커브길, 깊게 파인 바퀴 자국들과 고랑들. 곧게 뻗은 길이 있다고 안도하지 말라. 곧 회전 구역이 나타난다. 오토바이 경주장에서 낙차 큰 언덕들은 함성이 터져 나오는 구간이라고 불린다. 얼마나 멋있는가! 이런 난관들은 재미를 얻기 위해서 통과해야 하는 부딪힘과 생채기, 혹과 멍에 불과하다. 그런데 낙상도 있다.

경주자가 회전을 하면서 너무 몸을 기울이면 땅으로 쓰러진다. 사람들은 이것을 저도(低度) 낙상이라고 한다. 경주자가 회전을 하다가 몸이 튕겨나가는 것은 고도(高度) 낙상이라고 한다. 지렛대 효과와 중력 때문에 고도 낙상이 훨씬 더 끔찍할 수 있다. 이런 낙상은 목숨을 위협하고 선수 생명을 끝내기도 한다.

때로 우리는 인생의 정로에서 낙상한다. 실패하느냐 안 하느냐가 문제가 아니라 언제 실패하느냐가 문제일 뿐이다. 한때 성공했던 사람들도 수없이 실패한다. 전구를 발명하기 위해 고투하던 토머스 에디슨은 이렇게 말했다. "나는 실패한 게 아니다. 다만 작동할 수 없는 수만 가지의 경우들을 발견했을 뿐이다." 우리에게도 계속 앞을 향해 나아갈 수 있는 인내심이 필요하다. 우리 삶에서 가장 절박하게 필요한 능력은 다시 시작할 수 있는 능력이다. 낙상한 후에 어떻게 다시 시작할 것인가? 실패한 후에 어떻게 출발선을 박차고 다시 시작할 수 있을 것인가?

고도 낙상을 딛고 다시 일어난 인물을 들라면 예수님의 제자 시몬 베드로가 있다. 그는 온몸이 완전히 튕겨나가는 낙상을 했다! 그러나 하나님이 다시 시작할 수 있는 능력을 주셨다. 결국 베드로는 그리스도의 위대한 전파자가 됐다. 모든 시대를 통틀어 가장 위대한 전파자요 교회의 기초를 놓는 인물이 됐다. 베드로의 몸이 튕겨나간 곳에서 우리는 오늘날에도 합당한 세 가지 교훈을 얻을 수 있다. 삶의 무게가 내려치는 바람에 온몸이 튕겨나갔다면, 하나님이 재기의 기회를 주시는 분이며 우리에게 다시 시작할 힘을 주신다는 사실이 큰 격려가 된다. 단지 새로운 출발이 아니라, 튕겨나온 길 위로 다시 올라가서 전보다 훨씬 더 빠른 속도로 달릴 수 있는 힘이다.

최근 고도 낙상을 경험한 때는 언제인가?
어떻게 다시 일어났는가? 그것은 당신의 인생과 사랑하는 사람들,
하나님과 당신의 관계에 어떤 영향을 미쳤는가?

실패의 교훈

다시 시작할 수 있는 능력을 얻으려면, 상실에서 배워야 한다. 이 교훈을 배워 자신의 것으로 만들고 행동으로 옮기는 비결은 우리의 실패를 겸손히 인정하는 것이다. 베드로는 그리스도 경주 팀의 원조 멤버 중 한 사람이었다. 예수님은 그의 이름을 시몬에서 베드로, 즉 "반석"으로 바꾸셨다. 예수님은 이런 말씀을 하셨다. "너는 팀장, 나의 주장, 초석이 될 것이다. 너를 중심으로 팀 전체를 세우겠다. 너는 반석이다. 너는 대표선수이다, 베드로!"(마 16:17-18 참조).

우리에게도 이런 경향이 있지만, 베드로는 지나치게 자신감에 넘쳤다. 예수님이 그 팀을 다락방에 모으신 그날 밤, 큰 경주가 벌어지기 바로 전날 밤, 그분은 제자들에게 이렇게 경고하셨다. "가장 어려운 경주가 될 거다. 지금까지 경험한 어떤 트랙보다 더 험할 거야. 전에 결코 겪어보지 못한 상황이 돌발할 거다. 도약대는 더 높다. 회전 구간은 더 예각이다. 이 경주가 끝나기 전에 너희 모두는 한결같이 낙상할 거다."

그러나 베드로는 호언장담했다. "주님, 저는 아닙니다. 기억 못하십니까? 저는 반석입니다. 저는 대표선수입니다. 저는 낙상하지 않습니다. 저를 믿으셔도 좋습니다. 제가 주님과 함께 골인 지점에 있을 겁니다. 도약대가 아무리 높아도 상관없습니다. 회전각이 아무리 급해도 괜찮습니다. 노면이 아무리 나빠도 괜찮습니다. 저를 주목해 보십시오. 저는 끝까지 주님과 함께 있을 겁니다"(마 26:31-33 참조).

그런데 무슨 일이 일어났는가? 출발선에서부터 베드로는 자빠졌다. 그것도 고도 낙상을 했다. 끔찍한 사고였다. 친구에게 신의를 못 지킨 정도가 아니었다. 베드로는 그분을 알고 있다는 사실조차 부인했다. 그는 겁을 먹었고 정신이 혼미해져서 예수님을 세 번이나 부인했다. 설상가상으로 그 자리에서 특별한 분은 그를 응시하고 있었다. "주께서 돌아서서 베드로를 똑바로 보셨다. 베드로는 주께서 자기에게 '오늘 닭이 울기 전에, 네가 나를 세 번 모른다고 할 것이다' 하신 그 말씀이 생각나서, 바깥으로 나가서 몹시 울었다"(눅 22:61-62).

예수님은 베드로에게 아무 말씀도 하실 필요가 없었다. 베드로는 불과 수시간 전에 자신의 충성심에 대해 호언장담하던 일을 잊지 않고 있었다. 예수님은 베드로의 심정을 꿰뚫어보셨고 그의 후회, 죄책감, 수치심을 아셨다. 예수님은 친구를 단죄하거나 "내가 그럴 줄 알았다"고 하지 않으셨다. 아마 나라면 그렇게 말하고 싶었을 것이다. 하지만 그분은 베드로를 동정의 눈빛으로 보셨고 아무 말도 하지 않으셨다.

베드로처럼 어떤 사람들은 낙상해서 주저앉는다. 결혼, 자녀, 부모, 사업, 정서적 어려움으로 일어난 낙상일 수 있다. 그러나 예수님은 한 말씀도 하지 않으신다. 당신의 마음을 동정에 가득한 눈길로 들여다보실 뿐이다. 그분은 당신의 죄책감과 후회와 수치심을 보신다. 그리고 한 말씀 하신다. 당신을 향한 그분의 사랑의 능력이 있기에 실패가 끝은 아니라고 말이다. 십자가의 능력, 죽음에 종지부를 찍은 궁극적인 희생이 있기에, 우리의 연약함과 실패와 이기심도 우리를 찍어 누를 수 없다. "자기의 죄를 숨기는 사람은 잘 되지 못하지만, 죄를 자백하고 그것을 끊어버리는 사람은 불쌍히 여김을 받는다"(잠 28:13). 우리가 고꾸라진 것을 인정하면, 또 다른 기회를 얻는다. 실패에 따르는 책임을 인정하고 다른 사람들을 비난하지 않으면, 하나님은 우리를 용서하시고 다시 시작할 수 있는 힘을 주신다.

더 있다. 당신은 죄책감을 떨쳐버려야 한다. 그냥 떨쳐버리라! 낙상한 경주자에게는 곧장 일어나 신속히 오토바이를 타는 게 중요하다. 그래야 두려움을 극복할 수 있다. 오토바이 경주장에서는 이런 모습을 흔히 볼 수 있다. 지금 하나님의 인생 정로에서 너무나 멀리 떨어져 나와 다시 돌아갈 수 없다고 느끼는가? 너무 많은 실수와 너무 많은 이기적인 선택을 했고, 숱한 사람들에게 실망을 안겨줬기 때문에 볼썽사납게 낙상한 채 경주를 끝내야 한다고 생각하는가?

좋은 소식이 있다. 놀라운 경주를 위해 준비하라. 하나님이 이렇게 말씀하신다. "네가 다시 뛸 수 있는 경주를 남겨 놓았다." 그리스도께서 죽은 사람들 가운데서 부활하신 후 천사가 무슨 말을 했는지 들어보라. "그대들은 가서, 그의 제자들과 베드로에게 이르십시오. 그는 그들보다 앞서서 갈릴리로 가십니다"(막 16:7). 천사는 이렇게 말한 것이다. "그분은 살아나셨습니다. 여기에 계시지 않습니다. 가서 제자들에게 그분이 살아나셨다고 말해야 합니다. 아, 잠깐! 베드로에게 말하는 걸 잊지 마십시오. 베드로에게 꼭 전해야 합니다. 베드로는 여전히 주님의 제자입니다. 베드로를 잊지 마십시오."

예수님은 베드로가 완전히 부서질 것을, 하나님이 다시는 자신을 쓰지 않으시리라고 생각하고 있음을 아셨다. 베드로는 자기는 완전히 실패했고 경주는 더 이상 계속될 수 없다고 믿었던 것이다. 하지만 그리스도께서는 그에게 이것을 알려주셨다. "베드로야, 다시 뛸 수 있는 경주가 있단다. 네 기분을 알지만 너는 여전히 내 제자란다. 네 인생을 향한 계획을 가지고 있다. 다시 시작할 수 있는 힘을 네게 주련다. 다시 한 번 나의 위대한 대변인이 될 수 있는 힘을 주마." 하나님은 오늘 당신에게 똑같은 말씀을 하신다. "너를 잊은 적이 없다. 네가 뛸 수 있는 엄청난 경기를 마련해 놓았다. 일어나 나가거라!"

❖ **자기 성찰을 위한 질문** ❖

Make it Count Moment

삶에서 낙상했을 때 배운 가장 힘든 교훈은 무엇인가?
그 교훈을 배움으로써 당신의 인품과 신앙은 어떻게 다져졌는가?

자기 부인의 힘

베드로는 상실에서 교훈을 얻고 죄책감을 떨쳐버렸다. 그 후 그가 해야 할 일은 하나님의 능력 앞에 엎드리는 것이었다. 베드로는 자신이 가짜 연료를 사용하고 있었음을 깨달은 듯하다. 그 연료 때문에 엔진에 문제가 생기고 엄청난 낙상 사고가 일어났던 것이다. 베드로가 그랬던 것처럼, 우리도 다시 시작하면서 하나님의 권능에 무릎 꿇어야 한다. 무릎 꿇는다는 말은 포기하는 것이다. 우리를 그분이 일하시는 방법에 맡기는 것이다. 예수님은 이렇게 설명하셨다. "누구든지 내 뒤를 따라오려거든, 자기를 부인하고, 날마다 자기 십자가를 지고 나를 따라오너라"(눅 9:23). 예수님은 완성에 이르기 위해서 우리 자신을 부인하라고 말씀하신다. 그분이 내게 약속한 풍성한 삶을 이뤄내고 그것에 정조준하여 살기를 진정으로 원한다면 내 방법을 포기하고 하나님의 계획과 목적을 따라야 한다.

우리가 주변에서 매일 듣는 말과는 전혀 다른 말이다. '자신을 만족시키라' 대신 '자신을 부인하라'로 슬로건을 바꿔야 한다. 베드로는 그리스도를 부인하고 곤두박질쳤다. 그러나 자신을 부인하는 법을 배우고 우승자가 됐다. 어떤 연관을 발견했는가? 매일의 삶에서 나 역시 그 자리에 도달한다. 아이들과 좀 더 많은 시간을 보내며 친근해지고 싶지만, 너무나 피곤하다. 참 이기적인 인간이라는 생각이 든다. 좀 더 나은 배우자가 되고 싶지만 필요한 사랑이 내게는 없다. 직장에서 남다른 공헌을 하고 싶지만, 에너지가 남아 있지 않다. 매일 나는 고개를 떨어뜨리고 이렇게 말해야 하는 자리에 도달한다.

"하나님, 저는 할 수 없습니다. 포기합니다." 그때 하나님은 이렇게 말씀하신다. "그래? 나는 이 순간을 기다렸다. 이제 내가 개입해 내 힘과 내 능력을 주마."

모든 능력의 근원이신 하나님께 우리를 드릴 때, 혼자 힘으로는 결코 이룰 수 없고 아무리 해도 별수 없던 결과들이 달라질 수 있다. 우리 스스로 하려고 하는 한 변화를 이루려는 어떤 노력도 실패할 수밖에 없다. 하나님께는 우리가 가져다 쓸 수 있는 너무나 많은 자원들이 있다. 상상할 수도 없는 길들을 내달릴 수 있게 만드는 무제한의 연료가 그분께 있다. 하나님이 당신에게 이런 계획을 가지고 계시다. 당신 앞에 이런 경주를 마련하셨다. 당신은 전력질주를 위해 지어진 존재이다!

결심 다지기

1 하나님을 전심으로 의지하지 못하도록 막는 것들의 목록을 작성해 보라. 과거의 실망과 상처, 상실, 의심 등이다. 목록 하나하나를 놓고 그것들이 떠나가도록 기도하라.

2 하나님을 전적으로 신뢰하지 못하게 만드는 가장 큰 두려움은 무엇인가? 그 두려움의 바닥에는 무엇이 있는가? 살 시간이 한 달밖에 없다면 그 두려움을 어떻게 직면하겠는지 일기에 적어보라.

3 넘어지고 난 후 다시 정로로 돌아오려 할 때, 신뢰할 만한 사람에게 심정을 토로하면 도움이 된다. 지금 전화해서 내가 신앙의 궤도 어디쯤에 있는지 나눌 사람과 만나기로 약속하라.

Love Completely

두려움 없이 사랑하라

제 2 주

관계, 주저 없이 연결하다

오래, 속절없이 잘 살고자 하는 것은 허영이다.
– 토마스 아 켐피스 Thomas A Kempis

그렇다. 인생은 얼마나 오래 사는지가 아니라 무엇을 남기는지로 판명된다.
– 코리 텐 붐 Corrie Ten Boom

뭐니 뭐니 해도 관계만큼 중요한 것은 없다. 돈이 얼마나 많은지, 어디에서 사는지, 흥미를 끄는 물건들을 얼마나 가지고 있는지는 문제가 되지 않는다. 이런 것들은 우리를 위로하거나 안위를 줄 수 없다. 우리와 더불어 울어줄 수도 우리를 사랑해줄 수도 없다. 우리에게 소중한 사람들에 대한 투자만이 우리 생애를 넘어서까지 남는 유산이다.

오늘로 2주째에 들어섰다. 여기서는 온전하게 사랑하는 법에 초점을 맞출 것이다. 한 달밖에 남지 않았다는 각오로 사는 삶이 과연 하나님뿐 아니라 다른 사람들과 맺는 관계에 어떤 영향을 미치는지 살펴보려고 한다. 가족, 친구, 이웃들과 좋은 관계를 맺고자 하는 열망이 있다 해도, 당신은 이미 다른 사람들과 관계 맺는 데서 낭패감을 맛보았을 것이다. 기대, 실망, 배신, 상처, 거짓말, 오해 등 다른 사람들을 사랑하고 또 사랑받는 일에는 많은 난관이 버티고 있다.

우리는 관계를 위해 지음받았다. 한 달만 살 수 있다면, 전보다 사람들에게 더 많이 신경을 기울일 것이다.

사랑하는 사람과 헤어졌다고 해보자. 두 사람 사이에 꺼림칙하게 남은 일을 정리하는 것이 얼마나 중요한지 당신은 알 것이다. 서로를 향해 사랑을 표현하는 일처럼 단순할 수도 있고, 실수 때문에 폐를 끼친 것에 대해 털고 용서하는 일만큼 복잡할 수도 있다. 어떤 쪽이든 두 사람은 이 일을 우선시할 것이다. 이 일을 위해 필요하다면 시간을 조정하고 먼 길을 함께 여행할 것이며, 흉금을 터놓고 대화를 나눌 것이다.

당신에게 살 날이 얼마 남지 않았다면, 삶에서 가장 소중하게 생각하는 사람과 마음으로 이어지고 싶을 것이다. 함께 보내는 시간이라는 선물을 하고 싶고, 하고 싶었던 말을 전부 하고도 싶을 것이다. 그들에게 진정한 자신을 보여주고도 싶을 것이다. 그들에게 추억과 함께 잊을 수 없는 말, 당신이 떠난 후에도 오래 기억될 개인적인 자산을 남기고 싶을 것이다.

요즘 사람들은 너무 바쁘다. 끊임없이 움직인다. 가까워야 할 관계, 심지어 배우자와 직계 가족들과의 관계조차 흔들린다. 사랑하는 가족들을 부양하기 위해 오랜 시간 일하느라 가족들과 질적인 시간을 보내지 못한다. 비싼 선물을 주고 휴가비를 대주면서도 함께 시간을 보내거나 온전한 주의를 기울이기 위해 노력하지는 않는다.

왜 관계 중심으로 살지 못하는 것일까? 아이러니하게도 대부분의 사람들이 관계를 소중히 여기면서도 정작 관계를 위해서 힘쓰지 않는다. 초고속의 흐름과 지나치게 바쁜 생활 속에서 많은 사람들이

다른 사람들을 그냥 거기 있는 존재 정도로 여기고 지나간다. 배우자마저 나를 지원하는 또 한 사람의 선수나 생활을 도와주는 룸메이트로 전락할 수 있다. 자녀들은 학교나 축구장, 백화점에 데려다줘야 하는 짐스러운 존재가 될 수도 있다. 가족 모임은 회사의 송년회처럼 사회적인 의무가 된다. 하지만 남아 있는 시간이 한 달뿐이라면 갑자기 알게 될 것이다. 우리가 사람들을 얼마나 필요로 하고 있는지, 그 사람들 또한 우리를 얼마나 필요로 하는지 말이다.

✤ 자기 성찰을 위한 질문 ✤

Make it Count Moment

한 달만 살 수 있다면 누구와 시간을 보내고 싶은가?
누구에게 사과하고 싶은가? 누가 당신의 사랑을 확인받기 원할까?
그렇게 말하고 행동하는 것을 지금 대체 무엇이 가로막고 있는가?

우리는 관계적인 존재다

앞으로 살 날이 많이 남았다면, 지금 만나는 사람들을 달갑잖고 시들하게 바라볼 수 있다. 관계를 맺는 골치 아픈 일에 마음을 쓰지 않고 수면 아래에서 일어나는 일들을 차단한 채 살 수 있다. 자기 자신 외에는 아무도 의지하지 않은 채 강하고 독립적으로 살아갈 수 있다. 문제는 아무리 다른 사람들로부터 자신을 떼어내어 고즈넉하게 살려고 해도, 우리의 본성상 가능하지 않다는 것이다. 물론 외향적인 사람도 있고 내성적인 사람도 있다. 그러나 우리는 예외 없이 관계적인 존재, 서로에게 속하길 갈망하는 사회적 피조물로 지어졌다. 하나님이 우리를 이렇게 그의 형상으로 지으셨다.

창세기는 인간 실존의 두 가지 핵심적인 진리를 담고 있다. 남자와 여자가 창조되는 장면에서 보다시피, 우리는 자신 외, 심지어는 하나님과의 관계 외에도 다른 어떤 것을 필요로 한다. "주 하나님이 말씀하셨다. '남자가 혼자 있는 것이 좋지 않으니, 그를 돕는 사람, 곧 그에게 알맞은 짝을 만들어주겠다'"(창 2:18). 하나님은 하와가 에덴동산에서 아담과 합류하게 하셨다.

나머지 이야기가 어떻게 전개되는지 알 것이다. 선악과, 뱀의 유혹, 동산에서 축출. 그러나 이 모든 것 가운데 가장 충격적으로 보이는 것은 그 일이 벌어지는 내내 아담과 하와가 함께 있었다는 것이다. "여자가 그 나무의 열매를 보니, 먹음직도 하고, 보암직도 하였다. 그뿐만 아니라, 사람을 슬기롭게 할 만큼 탐스럽기도 한 나무였다. 여자가 그 열매를 따서 먹고, 함께 있는 남편에게도 주니, 그도 그것을 먹었다"(창 3:6). 그들은 공범이었다. 하나님을 거역하기로 선택함으로써 죄로 향하는 문을 함께 열어젖혔다. 모든 것이 더 이상 전과 같지 않게 됐다. 그들이 인간의 조건을 이렇게 만든 조상이다. 우리 모두가 상속한 이기적인 본성 말이다. 그들이 그 동산에서 일으킨 사건 때문에 투쟁의 씨앗이 심어졌고, 관계는 이전으로 돌아갈 수 없게 됐다.

살면서 가장 크게 당신을 실망시킨 사람은 누구인가?
그 관계를 어떻게 처리했는가? 비난, 거리 두기, 부인, 용서 중
무엇이었는가? 그 외 다른 방법을 썼는가?
그때의 고통과 실망감은 다른 관계에 어떤 영향을 끼쳤는가?

희생, 사랑의 대가

우리는 주변 사람들과 사회적 · 정서적으로 친밀한 관계를 갖도록 고안된 존재이다. 하지만 이기적인 편향성 때문에 우리의 열망은 오염되었고, 자신만 알고 생각하게 되었다. 이 두 힘이 우리가 사는 날 동안 내내 갈등과 충돌을 일으킨다. 다른 사람들을 사랑하고 그 보답으로 사람들과 함께 즐거워하고 사랑받기를 원하지만, 사람들은 우리를 실망시키고 상처를 준다. 우리가 기대하는 반응을 보이지 않는다. 그래서 좋은 게 좋은 것이라 생각하고 꼭 사람들이 있어야 하는 건 아니라고 스스로 위로한다. 하지만 가슴 저 밑바닥에서는 다른 말이 흘러나온다. 테레사 수녀는 외로움은 가장 흉측한 가난이라고 말했다. 그 말이 맞다. 사랑이 없으면 정서적으로 파산한 것이다.

사랑은 돈으로 살 수 없다. 그렇지만 분명히 값을 지불한다. 그것은 희생이라는 것이다. 사랑은 아픔을 동반하게 마련이다. 가장 좋은 관계에서도, 혹 일어날지 모르는 상실과 누군가 우리를 남겨 놓

고 죽을지도 모른다는 두려움이 주변을 배회한다. 누군가를 사랑해서 결혼하지만, 아낌없이 내어줄 만큼 친밀한 관계가 얼마나 고통스러운지 발견한다. 배우자를 잃는 말할 수 없는 슬픔을 겪기도 한다. 자기 삶을 쪼개 나눠준 아이들이 성장하고 나면 품을 떠난다. 친한 친구들이 실직을 하고 멀리 이사를 간다. 이들을 더 이상 사랑하지 않는 것은 아니지만, 함께 있을 수 없고 전처럼 서로 연결돼 있을 수 없기에 아프다. 고통은 모든 의미심장한 관계에 늘 붙어다니는 일부이다.

다른 사람들을 사랑하고, 그래서 삶을 함께 나눌 뿐 아니라 가슴이 찢어지는 아픔도 참으려 한다면, 우리 자신에게 있는 것보다 더 큰 사랑이 필요하다. 우리의 옹졸한 욕망을 죽이고 다른 사람에게 베풀기 위해서는 우리를 향한 하나님의 충만한 사랑을 경험해야 한다. 하나님을 먼저 바라봐야 한다. 다른 사람을 필요로 하도록 지어졌지만, 사람은 하나님처럼 아픔을 사랑으로 채울 수 없다. 그분은 영원히 역사를 바꾸셨고 지금도 계속해서 숱한 사람들의 삶을 바꾸고 있는 그런 사랑을 외면할 수 없을 만큼 드러내셨다.

역사상 가장 위대한 사랑의 희생은 그리스도의 십자가 죽음이다. 하나님은 자신의 독생자, 육신이 되신 말씀을 죽음의 자리에 내어놓으셨다. 그리고 상상할 수 있는 가장 고통스럽고 치욕스러운 십자가형을 견디게 하셨다. 우리를 향한 하나님의 사랑은 다 이해할 수가 없다. 우리의 사랑에는 한계가 있지만, 하나님의 사랑에는 한계가 없다. 그 사랑에는 조건도 없고 제약이 붙어 있지도 않다.

하나님의 희생을 생각하면 작은 어촌 마을에서 다리를 작동시키는 사람에 관한 이야기가 떠오른다. 그는 매일 아침 다리 옆에 있는 사무실로 들어가, 다리를 들어올리기 위해 조종간을 잡고 있었다. 조종간을 위로 올리고 있으면, 철로가 지나가는 도개교가 위로 올라가면서 많은 배들이 그 밑으로 유유히 미끄러져 갔다. 조종간을 내리고 있으면, 다리가 제자리로 내려오고 기차가 무사히 지나갈 수 있었다.

그의 어린 아들은 거의 매일 아빠와 함께 일터에 나와, 아빠가 다리를 들어 올렸다 내렸다 하는 모습을 신기하게 보곤 했다. 어느 날 무전이 들어왔다. 예정에 없던 기차가 들어온다는 것이다. 다리를 빨리 내려야 했다. 조종간을 아래로 내리며 창밖을 봤다. 자기 아들이 해변 바로 옆 도개교의 큰 기어 안에서 놀고 있었다. 아이를 향해 소리를 쳤지만, 기차 소리와 물결치는 소리에 먹히고 말았다.

쏜살같이 조종간 앞을 박차고 나와 아들을 구하기 위해 달려야 했다. 그때 무서운 사실이 그의 뇌리에 스쳤다. 지금 조종간을 놓으면, 기차는 바다로 빠진다. 수많은 승객들이 죽을 것이다. 다리를 내리면 아들이 죽을 것이다. 마지막 순간 그는 소름끼치는 결정을 내렸다. 사무소로 다시 돌아가 조종간을 잡은 것이다. 아이는 압사했고 아버지는 비통함을 이기지 못한 채 무릎을 꿇고 울었다. 기차는 다리를 건너 안전하게 지나갔다. 식당차에 있던 사람들이 먹고 마시고 웃는 모습이 눈에 들어왔다. 그가 엄청난 희생을 한 덕에 그들은 살 수 있었던 것이다.

대다수 사람들이 하나님의 놀라운 희생을 잘 모르고 있다. 그분은 자기 독생자를 내놓으셨다. 이 아들은 우리의 과거 죄를 용서하기 위해, 우리의 현재 삶에 목적을 주기 위해, 하늘나라를 포함하여 우리에게 미래를 주기 위해 이 땅에 오셨다. 주변 사람들에게 희생을 감수하면서까지 준다는 것이 무엇인지 알고 싶다면, 하나님이 당신을 위해 큰 희생을 하셨다는 점을 먼저 깊이 생각해야 할 것이다. 이 책을 읽는 모든 독자가 에베소에 있는 교회에 보낸 편지에서 자신의 심경을 드러낸 바울과 같기를 기도한다. "여러분이 사랑 속에 뿌리를 박고 터를 잡아서 … 그리스도의 사랑의 넓이와 길이와 높이와 깊이가 어떠함을 깨달을 수 있게 되고, 지식을 초월하는 그리스도의 사랑을 알게 되기를 빕니다"(엡 3:17-19).

하나님을 충분히 사랑하지 않는다고 문제가 되는 것은 아니다. 그분이 당신을 얼마나 사랑하시는지 깨닫지 못하는 게 당신의 문제이다. 하나님이 당신을 얼마나 사랑하시는지 조금이라도 알게 되면, 삶의 모든 영역을 그분 발 앞에 내려놓을 것이다.

만약 이 지구상에 오직 당신 한 사람뿐이었더라도, 하나님은 자기 독생자를 세상에 보내서 십자가에 죽게 하셨을 것이다. 그 예정에 없던 열차에 당신 한 사람이 타고 있었더라도, 그분은 자기 독자를 희생시키면서까지 도개교를 내리셨을 것이다. 그분은 당신을 그 정도로 사랑하신다.

그분의 사랑을 초석 삼아 다른 사람들과 당신을 연결 짓는 새로운 힘을 발견하기 바란다. 인정과 동의를 구하며 다른 사람의 눈치를 살피지 않고 자기 자신이 되는 자유를 만끽할 수 있다. 동시에 사람의 힘으로 할 수 있는 것 이상으로 중요한 존재가 돼야 한다는 부담감도 떨쳐버릴 수 있다. 분주함과 흐릿한 우선순위를 잘라내고,

이 땅에서의 남은 시간이 제한돼 있음을 가슴으로 받아들인다면, 전과는 비교할 수 없는 진한 친밀감을 맛볼 수 있다.

결심 다지기

① 한 달밖에 살 수 없다면 당신의 속마음을 나누기 위해 누구와 만나겠는가? 명단을 적어보라. 그들과 마음을 잇기 위해 어떤 일들을 하려는가? 배우자와 데이트를 하거나 친한 친구들과 동창회를 여는 일처럼 간단해도 된다.

② 말, 행동, 침묵으로 상처를 준 사람들을 생각해보라. 그들에게 용서를 구하고 더 늦기 전에 하고 싶은 말들을 전부 털어놓는 편지를 써보라. 며칠 후 다시 편지를 읽어보고 부쳐야 할지 결정하라.

③ 하루 이틀 정도의 계획을 생각해보라. 아무리 바빠도 아끼는 사람을 깜짝 놀라게 할 시간을 내보라. 친구와 함께 좋은 식당에 가라. 아이들과 방과 후 공원에 나가라. 집으로 돌아오는 배우자를 만나서 차라도한 잔 마시라. 일상을 좀 더 풍성하게 만들 수 있는 방법들을 찾아보라.

대양, 용서의 심연으로 내려가다

다른 사람을 용서할 수 없는 자는 자신도 건너야 하는 다리를 부수는 자이다.
– 조지 허버트 George Herbert

용서할 힘이 없는 사람은 사랑할 힘도 없다.
– 마틴 루터 킹 Martin Luther King Jr.

해변에 가면 물가에 모여 있지 물에는 들어가지 않는 사람들이 있다. 이 사람들은 깔개 위에 누워서 심각한 표정으로 피부만 태운다. 물에는 들어갔지만 허리쯤 오는 물에서 첨벙거리다가 마는 사람들도 있다. 해안에서 멀리 떨어진 곳까지는 죽어도 가지 않는다. 어떤 사람들은 큰일을 벌일 듯이 차리고 나온다. 수경에 오리발에 스노클까지 착용한다. 잠수를 할 모양이다. 그런데 이들도 얕은 물 위에서만 오간다.

우리 식구들은 스쿠버다이빙을 좋아한다. 몇 년 전에는 온 가족이 잠수사 자격증을 땄다. 파선하여 침몰한 배든 상어든(설마 상어가 덤벼들지는 않겠지!) 지구 표면의 3분의 2를 덮고 있는 바다 밑을 살펴보는 것을 얼마나 좋아하는지 모른다. 하지만 스쿠버다이버들이 안전하게 잠수할 수 있는 깊이는 고작 40미터 정도라는 것을 오래지 않아 알게 되었다. 처음에는 40미터가 굉장히 깊다고 생각했다. 하지만 따져보라. 가장 깊은 바다라는 마리아나 트렌치는 수심이 1만 2천 미터나 된다. 12킬로미터라는 말이다. 그런데 사람은 40미터 정도밖에 잠수를 못한다! 잠수정을 사용한다 해도, 대부분의 바다는 너무나 깊어서 다 헤매고 다녀볼 수가 없다.

하나님의 사랑이 이렇다. 보통 우리는 수면 위에서 촐싹거린다. 그러나 그분은 전혀 다른 삶의 깊이를 내놓으신다. 단 한 달만 살 수 있다면, 많은 사람들이 깊은 바다를 향해 모험할 것이라 나는 굳게 믿는다. 평화를 누릴 수 있는 유일한 길은 우리의 죄를 고백하고 그분이 대가 없이 베푸시는 용서와 자비를 경험하는 것이기 때문이다.

우리의 죄와 허물, 실패는 사라지지 않는다. 고백하거나 감추어 놓을 수 있을 뿐이다. 다람쥐 쳇바퀴 도는 것 같이 분주한 일상 속에서는 실수를 감추고 부인으로 일관하기 쉽다. 그러나 마지막이 눈앞에 보이면, 더 이상 기다릴 수 없음을 깨닫게 될 것이다. 이 세상을 어떤 모습으로 떠나는가는 어떻게 용서를 경험하고 그것을 주변 사람들에게 나누어주는가에 달려 있다.

✦ 자기 성찰을 위한 질문 ✦

Make it Count Moment

한 달만 살 수 있다면, 어떤 면에서 용서를 구하겠는가?
누구의 용서를 구하겠는가? 당신이 용서해야 할 사람은 누구인가?

용서는 명령이다

감압 잠수복을 입은 심해 잠수부는 더 깊게 내려갈 수 있다. 350 미터까지도 가능하다고 한다. 내가 고무옷을 입고 잠수 기구를 장착한 후 내려가는 것보다 훨씬 더 깊이 내려간다. 주님이 가르쳐주신 기도 역시 같은 식이다. 이 기도는 우리가 훨씬 더 깊이 내려갈 수 있도록, 가장 문제가 되는 것의 핵심, 즉 용서에 도달하게 해준다. 이 기도를 이미 외우고 있을 것이다. 하지만 예수님이 어떤 설명을 하시는지 깊이 생각해봐야 한다.

> 그러므로 너희는 이렇게 기도하여라.
> '하늘에 계신 우리 아버지,
> 이름을 거룩하게 하시오며,
> 나라가 임하게 하시오며,
> 뜻이 하늘에서 이루어진 것같이,
> 땅에서도 이루어지게 하시옵소서.
> 오늘 우리에게 필요한 양식을 주시옵고,
> 우리가 우리에게 죄지은 사람을 용서하여 준 것같이
> 우리 죄를 용서하여주시옵고,
> 우리를 시험에 들게 하지 마시고, 악에서 구하시옵소서.'
> 너희가 남의 잘못을 용서해주면, 너희의 하늘 아버지께서도 너희를 용서해주실 것이다. 그러나 너희가 남을 용서해주지 않으면, 너희 아버지께서도 너희의 잘못을 용서해주지 않으실 것이다(마 6:9-15).

익숙한 기도일 것이다. 하지만 무슨 기도를 하고 있는지 진지하게 생각해본 적이 몇 번이나 있는가? "우리가 우리에게 죄지은 사람을 용서하여 준 것같이 우리 죄를 용서하여주시옵고" 하는 기도에 하나님이 정말 응답해주시길 바라기는 하는가? 내가 남을 용서하는 것만큼 하나님이 나를 용서해주시길 진정 원한단 말인가? 우리 모두는 용서받기를 원한다. 그러나 우리에게 저지른 잘못을 용서하는 문제에 부딪치면 달라진다. 가슴이 찢어지는 상처, 깊은 고통, 배신, 실망을 용서하기란 너무 어렵다.

깊은 바다 속을 들여다보는 것도 이와 같다. 수면 아래를 들여다보려면 수경이 필요하다. 누군가를 용서하려면 역시 문제의 표면 아래를 봐야 한다. 수면만을 보면 내게 상처를 입힌 누군가를 용서해야 할 논리적인 이유가 있을 리 없다. 그러나 수면 아래를 보면 성경이 용서해야 할 엄청난 이유들을 열거하고 있음을 알게 된다.

먼저 그리스도께서 용서를 명령하신다. 그분을 알고 따르는 데 자신의 삶을 헌신했다면, 용서는 선택사항이 아니다. 바울은 "주께서 여러분을 용서하신 것과 같이, 여러분도 서로 용서하십시오"(골 3:13)라고 직설적으로 말했다. 성경 전체를 통해서 용서는 제안이 아니다. 예수를 따르고자 한다면 용서는 명령이다. 정서적인 저항이 따르는 어려운 문제지만, 우리 모두는 용서를 실천해야 한다. 용서하기로 선택해야 한다. 필요하다면 반복적으로 해야 한다. 우리의 감정과 아픔의 결과가 오래갈 수도 있지만, 단 한 가지 이유 때문에 용서하라는 명령을 받아들여야 한다. 우리의 생존 자체가 용서에 달렸기 때문이다.

감압 잠수복 없이 심해로 들어가려고 했다간 살아남을 수 없다. 바다 더 깊은 곳으로 들어갈수록 더 심한 압력을 느끼게 된다. 물론 물은 공기보다 더 조밀한 입자구조를 가지고 있다. 더 내려가면 강한 수압에 폐가 터지고 몸은 납작하게 눌려버릴 것이다.

마찬가지이다. 용서 없이 살 수 없다. 자신을 위해서라도 용서하지 않으면 안 된다. 그러지 않으면 비애의 바다에서 익사하고 만다. 원한의 바다 속으로 더 깊이 가라앉을수록, 압력과 스트레스를 받는다. 결국 수압이 너무 높아져서 당신의 관계, 기쁨, 건강이 터져버리고 만다. 의학과 심리학의 연구 결과들도 상처와 원한이 파괴하는 힘을 가지고 있음을 말해준다. 상처에 매달려 있으면 상처를 준 사람에게 되갚음한다고 생각할 수도 있지만, 사실은 그 반대이다. 그것은 자신을 고문하는 것이다. 우리 삶을 막힘없이 즐기고자 한다면, 쓰라림과 냉소에서 놓여나야 한다.

───────── ❖ 자기 성찰을 위한 질문 ❖ ─────────

Make it Count Moment

인생에서 어떤 쓴맛을 보았는가? 그것이 몸으로는 어떻게 나타났는가?
그것이 현재 주는 영향은 무엇인가?
그것은 용서하고 용서받는 능력과 어떻게 연관돼 있는가?

───────────────────────────────────

숨을 참지 말라

스쿠버다이빙에서 첫 번째 철칙은 숨을 참지 말라는 것이다. 교관들은 교습생들에게 이것을 연습시킨다. 깊은 바다에 들어가 산소 탱크에 의존해서 숨을 쉬면, 공기가 자연스럽게 폐를 채운다. 수면으로 올라오면서 숨을 참으면, 폐에 있던 공기가 팽창하면서 폐를 잡아늘리고 다치게 한다. 물 아래서 폐가 터져버리는 것은 절대 유쾌한 경험일 리 없다! 이런 이유로 교관들은 숨을 참지 말라고 귀에 못이 박히도록 말한다.

인생의 심해에 들어갈 때 지켜야 할 제일 철칙은 쓰라린 마음을 잡아두지 말라는 것이다. 대부분의 경우 하룻밤 만에 곪고 터지는 것은 아님을 명심하라. 작은 상처가 큰 궤양으로 자라는 법이다. 쓰고 냉소적인 마음은 분노라는 씨앗에서 자라난다. "화를 내더라도 죄는 짓지 마십시오. 해가 지도록 노여움을 품고 있지 마십시오. 악마에게 틈을 주지 마십시오"(엡 4:26-27). 바울은 24시간 이상 분노를 품고 있어선 안 된다고 썼다. 왜? 다음날까지 분노를 품고 있으면 분노가 변성하기 때문이다. 분노는 비탄과 냉소로 변한다. 원한의 날숨을 쉬지 않으면, 당신은 터져버리고 만다.

자신의 감정에 대해서 다른 사람들과 하나님 앞에서 정직해짐으로써 분노와 비통함을 내쉬어버릴 수 있다. 상처를 입었거나 누군가 때문에 언짢아졌다고 인정하는 일이 늘 쉽지만은 않다. 자존심은 눈을 흐리게 한다. 그래서 속으로 부글부글 끓는다. 분노를 그냥 두면 악성 비통으로 바뀐다.

다른 사람이 상처를 주기 때문만은 아니다. 우리는 하나님을 향해서도 화를 낸다. 이렇게 생각하는 것이다. '하나님, 저는 하나님을 생각하면 입안이 씁니다. 저에게 이런 일이 일어나게 하셨잖아요. 전능하시니까 이 일이 일어나지 않게도 하실 수 있었을 텐데요. 그런데도 일어난 걸 보면 하나님께 책임이 있는 거지요.' 그리고는 감정을 억누른다. 하나님을 향해서 화를 내면 안 된다고 생각하기 때문이다. 그러나 하나님은 우리의 화쯤은 아무것도 아닐 만큼 크신 분이다! 게다가 숨기고 있어도 그분을 향해 화가 난 것을 다 아신다. 하나님을 향해 화가 난 것을 인정하면 벼락을 맞는 줄 알지만, 하나님은 그렇게 하지 않으신다. 그분은 우리의 모습을 그대로 사랑하신다. 우리가 그분 앞에서 마음을 쏟아놓길 원하시고 우리의 감정을 그냥 받아주신다. 그러니까 이렇게 말하라. "하나님, 제가 화가 났습니다. 미치겠습니다. 그걸 생각하면 비참해집니다. 왜 그렇게 하셨습니까? 전 이해가 안 갑니다."

하나님을 향해서 우리의 감정을 표출해야 한다. 이렇게 기도할 정도가 돼야 한다. "하나님, 최선이 무엇인지 아심을 믿습니다. 제가 화가 난 걸 아실 겁니다. 저를 용서해주시고 고쳐주세요." 이렇게 할 때 치유가 시작된다. 다윗의 삶에서도 이런 일이 일어났다. 그는 시편 32편 5절에서 이렇게 말한다. "드디어 나는 내 죄를 주님께 아뢰며 내 잘못을 덮어두지 않고 털어놓았습니다. '내가 주님께 내 허물을 고백합니다' 하였더니, 주께서는 나의 죄를 기꺼이 용서하셨습니다." 자신의 마음을 하나님께 털어놓을 때 치유가 시작된다. 쓴 마음을 토해 놓으면 용서의 들숨을 쉴 수 있다.

우리에게 상처 준 사람들을 용서할 마음은 쉽게 생기지 않는다. 괜찮다. 용서는 우리의 느낌으로 하는 게 아니다. 의지적인 결단을 내림으로 용서하는 것이다. 우리는 하나님을 향해 이렇게 말한다. "주님의 능력으로 그 사람들을 용서하기로 했습니다. 주님께서 제게 그렇게 하라고 하셔서, 그렇게 하는 게 제게 좋다고 하셔서 용서했습니다." 5분 후에 다시 상처가 마음에 떠오르거든 이 기도를 반복하면 된다. 필요한 만큼 할 수 있다. 용서한다는 것은 죄수를 석방하는 것이고 그 죄수가 바로 당신이었음을 발견하는 것이라고 어떤 현자는 말했다.

하나님은 우리가 자신을 위해서 용서해야 한다고 하신다. 쓴 마음은 우리 인생을 향해 부으시는 하나님의 복을 막아버리기 때문이다. 우리에게 상처 준 사람들을 용서하고 기도함으로써 하나님을 향해 문을 열면 다시 복이 흘러들어온다. 치유가 당신의 영혼에서 일어나기 시작한다. 예수님은 용서를 호흡하는 데서도 가장 위대한 모범이다. 그분은 십자가 위에서 가쁜 숨을 몰아쉬면서 이렇게 기도하셨다. "아버지, 저 사람들을 용서하여주십시오. 저 사람들은 자기네가 무슨 일을 하는지 알지 못합니다"(눅 23:34). 바로 여기에서 용서의 능력이 흘러나온다. 십자가에서 드린 그리스도의 희생을 통해 먼저 우리가 용서받은 자라는 자각이 그것이다.

용서의 은혜를 경험하라

받지 않은 것을 줄 수는 없다. 용서받았다고는 하지만 하나님의 깊은 자비를 진정으로 깨닫지는 못했기에, 다른 사람을 용서하기가 그토록 힘든 것이다. 그리스도께서 나를 얼마나 용서하셨는지 조금이라도 알 수 있다면, 상처 준 사람들을 용서하기가 한결 수월해질 것이다.

우리에게 값없이 주어진 용서를 받아들이지 않을 때 우리는 가라앉기 시작한다. 생각해보라. 과거의 실수, 죄악, 실패들을 말이다. 거대한 닻이 우리를 아래에서 잡아당기고 있다. 어떤 사람들은 죄책감이라는 닻을 끌고다니는 데 익숙해져서 닻이 있는지 없는지조차 잘 모른다. 그렇지만 그 결과는 참혹하다. 불안, 우울, 불면증, 고혈압, 위궤양 등이 나타난다. 죄책감은 인생의 모든 부분을 독으로 감염시킬 수 있다.

죄책감이라는 무거운 닻을 질질 끌고 다니지 않으려면 하나님의 선물을 받아들이면 된다. "주께서 다시 우리에게 자비를 베푸시고, 우리의 모든 죄를 주의 발로 밟아서, 저 바다 밑 깊은 곳으로 던지십니다"(미 7:19). 죄책의 닻을 거둬 하나님께 드리면, 그분은 그것을 받으셔서 용서라는 대양의 깊은 곳으로 던져넣으신다.

하나님의 은혜와 용서를 충분히 경험하기 전에는, 다른 사람을 진심으로 용서할 수 없다. 결코 마음이 평안하지 않고 자신의 인생에 허락된 비전을 볼 수도 없을 것이다. 그분이 당신에게 부어주시고자 하는 온갖 복들도 누릴 수 없을 것이다. 용서는 상처받지 않은

척 하는 게 아니다. 자신을 넘어뜨리는 일을 가볍게 본다는 뜻도 아니다. 용서는 경박한 게 아니다. 용서는 정직의 심연으로 들어가서 진실함을 가지고 이렇게 말하는 것이다. "당신이 나를 깊이 찔렀지만, 하나님의 권능으로 당신을 용서하기로 했습니다."

참된 용서는 측량할 수 없는 깊은 바다를 유영하는 것이다. 우리의 죄, 죄책감, 쓴 마음을 씻어내는 사랑의 파도에 올라타는 것이다. 한 달만 살 수 있다면, 출싹거리는 얕은 물에서 나와 용서라는 큰 바다의 씻김에 몸을 던지지 않겠는가?

1 용서해야 할 사람들의 목록을 만들라. 무엇이든 좋다. 사람들의 이름 옆에 그들이 준 상처를 적으라. 이번에는 용서를 구해야 할 사람들의 명단을 만들라. 이름 옆에 어떤 상처를 줬는지 간단히 쓰라. 그리고 하나님께 고백하라. 당신을 씻어주시고 다른 사람들을 용서할 수 있도록 그리스도의 능력을 구하라.

2 하나님 앞으로 편지를 써서 하고 싶은 말들을 적으라. 무엇 때문에 화가 났는지, 무엇 때문에 그분께 토라지고 의심을 품었는지 모두 쓰라. 정직하게 대면하라. 당신이 내려놓는 모든 것을 그분이 처리하실 것을 신뢰하라. 아무리 어둡고 절망스럽고 의심스럽다 할지라도 그분은 맡아 처리하실 수 있다. 그분 앞에서 편지를 찢으며 당신의 마음을 고쳐달라고 구하라.

3 큰 바다를 보여주는 아름다운 사진이나 조개 껍질 같은 기념품을 구하라. 눈에 잘 띄는 곳에 걸어놓고 하나님의 용서를 구하거나 다른 사람들을 용서해야 함을 기억하라.

11 Day

에베레스트,
하나 됨을 막는 걸림돌을 넘다

난관이 아니라 하나님을 보면서 기도해야 한다.
- 오스왈드 챔버스 Oswald Chambers

하나님은 내가 할 수 없는 일들을 주시지는 않습니다. 그분이 나를 그렇게까지
믿지는 않으시길 바랍니다.
- 테레사 수녀

나는 에베레스트를 오른 등반가들에 관한 다큐멘터리를 좋아한
다. 지상에서 가장 높은 곳에 오르기 위해 어떤 모험이라도 감행한
사람들에게 이상하리만치 끌린다. 이들은 영하 30도가 넘는 혹한과
싸우고, 손과 발은 동상에 걸린다. 숨을 쉬기조차 힘들다. 하지만 정
상에 오르기 위해서라면 어떤 대가라도 치를 것이다. 나는 앉아서
초코바를 먹으며 다큐멘터리를 보지만, 마치 그들과 함께 거기 있는
것처럼 숨이 가쁘다. 나도 내 인생으로 모험하고 싶다.

에베레스트는 높이가 8,839미터다. 그러나 7,800미터 정도에 이
르면 죽음의 지역이 나온다. 고도가 너무 높아 인간이 살 수 없는 곳
이다. 산소 농도가 너무 희박해서 몸이 적응을 하지 못한다. 그래서
그 죽음의 지역에 너무 오래 머물면 죽을 수도 있다. 2006년 에베레

스트에서 이런 일이 일어났다. 에베레스트 최정상을 공략하던 등반가들이 한 등반가를 그 지역에 놓고 떠난 것이다. 그의 곁을 지나가던 사람들은 그가 곤경에 빠진 것을 알았지만, 다른 팀의 일원일 것이라 짐작하고 누군가가 그를 구해주겠거니 생각했다.

이 비극이 일어난 직후 링컨 홀이라는 다른 등반가 또한 죽음의 지역에 남게 되었다. 그를 구한 사람들은 네 명의 등반가와 열한 명의 셰르파들이었다. 그들은 정상 공략을 포기하고 그의 곁을 지키다가 그를 하산시켰다. 홀은 나중에 정상에 올랐다. 한 사람은 생존하고 다른 한 사람은 죽었다. 무슨 차이가 있었는가? 팀워크의 차이였다.

이런 팀워크는 요즘 같은 세상에서는 희귀하다. 영예를 독차지하는 스포츠 스타와 공로를 독식하는 기업의 리더들이 판치는 마당에, 하나 된 동시에 효율적인 팀을 찾기란 쉽지 않다. 너무나 많은 사적인 요구가 경합을 벌이는 통에 조직을 위한 최선은 뒷전으로 밀린다. 스포츠 팀, 친구 사이, 사업상 동반관계, 결혼 등 많은 관계가 상대방과 잘 지내는 게 어려워 붕괴된다. 서로 더 가까워지는 데 필요한 일과 명확한 의사소통을 못하게 막는 저마다의 입장과 의견이 있다.

이 땅을 떠나기 전 남은 날들을 세어본다면, 서로를 이어줄 수 있는 길, 치유를 일으킬 수 있는 길, 관계를 잘 유지해 나아가는 길이 무엇인지 찾고 싶을 것이다. 누구라도 못 다한 일을 남기고 세상을 뜨고 싶지는 않을 것이다. 사랑할 용기를 낸 결과 사랑하는 사람들과 가장 좋은 관계를 누린 후에 세상을 뜨고 싶지 않겠는가.

현재 가장 중요한 관계에 만족하는가?
아주 좋다, 괜찮은 편이다, 껄끄럽다, 끔찍하다 중 하나로 표현하라.
서로 희망하는 지점까지 도달하지 못하게 만드는 요인은 무엇인가?

관계의 산맥

우리가 서 있는 곳은 실제로 가파른 경사이기 쉽다. 내 경험이나 상담한 사람들의 경험에 비춰볼 때, 흔히 조화로운 관계를 막는 세 가지 고산이 있는 듯하다.

첫째는 '오해'라는 산이다. 대부분의 관계가 이 높은 첫 산을 넘을 동력을 가지고 있지 못하다. 착각과 다툼이 파이크스 피크(콜로라도에 있는 4,302미터의 산 – 옮긴이)만큼이나 쌓인다. 관계가 처음 시작될 때만 해도, 모든 것이 긍정적으로 보인다. 나란히 완만한 언덕을 함께 오른다. 그때 '오해'라는 큰 바위가 앞을 막는다. 두 사람을 등산로에서 벗어나게 할 것 같은 기세이다.

이런 상황은 쉽게 죽음의 지역으로 변한다. 결혼한 지 불과 몇 개월(경우에 따라서는 불과 몇 주)이면 이 지점에 도달한다. 이때는 신혼여행에서 돌아와 내가 완벽한 사람과 결혼한 게 아님을 깨닫는 시기이다. 회사의 비전을 공유하는 문제 때문에 동업자와 갈등이 생긴 경우일 수도 있다. 일단 갈등이 표면으로 떠오르면, 두 사람의 생각이 같지 않음을 인정해야 한다. 배우자, 친구, 동업자, 팀이 절묘하게 맞아들어가고 언제나 서로를 이해할 것이라는 꿈에서 깨어나, 의견차가 자연스러운 것이고 모든 관계에서 피할 수 없는 면임을 인식하는 것이다. 아무리 서로 비슷해도 사람의 마음을 완전히 읽을 수는 없다. 우리는 인간이기에 잘못된 의사소통과 곡해는 불가피하다.

관계에서 우리가 넘어야 할 또 하나의 산은 '나 먼저'의 산이다. 이렇게 말하는 게 인간의 본성이다. "당신이 먼저 나한테 맞춰주면 그때 내가 당신한테 맞춰주지." 아이들이 먼저 차의 앞자리에 타겠다고 싸우는 것이나, 내가 텔레비전 리모컨을 쥐려고 다투는 것이나, 주변 사람들에게 뭐가 필요한지 생각하기보다 자신이 원하는 것을 얻으려고 하는 것은 마찬가지이다. "나 먼저"는 다른 사람들을 죽음의 지대에 남기고 자신은 정상을 향해 올라가겠다는 욕심 사나운 자세이다.

이런 자세는 필시 저절로 터지는 지속적인 갈등을 유발한다. 따라서 협상의 가능성을 찾아내고 양측의 필요를 충족시키는 창의적인 해결책을 강구해야 한다. 진심으로 다른 사람들을 사랑한다면, 우리의 입장과 의제를 바꾸기가 쉬워질 것이다. 이 일을 위해서 꼭 순교자가 될 필요는 없다. 무엇이 정말 중요한지, 양자가 어떻게 느끼는지, 사태가 어떻게 바뀔 수 있을지를 놓고 서로 열린 대화를 하면 되는 것이다.

험산준령의 마지막 봉우리는 가장 깎아지른 듯한 위세로 서 있는 '실수'라는 산이다. 우리는 모두 실수도 저지르고 일을 크게 그르친다. 많은 관계가 '실수'라는 산에 걸려서 영원히 깨지고 만다. 우리는 다른 누군가의 행동이나 말로 상처를 입는다. 관계에서 상처를 입으면 자기를 무장하고 더 이상은 관계를 발전시키려고 하지 않는다. 산이 너무나 험준하기 때문이다. 다시 실망하지 않도록 자신을 보호하려고 한다. 그러나 이렇게 하면 다른 길로 접어들어 엉뚱한 '나 먼저'라는 산으로 가게 된다. 그리고 곧 너무 멀리 이탈하여 관계는 끝이 나고 만다.

세 산 모두 우리의 관계들 앞에 즐비하다. 도무지 오를 수 없을 만큼 험한 산세라서 겁을 집어먹고는 포기하게 만든다. 그러나 걸림돌을 극복하는 데 무엇이 필요한지 알고 계속 올라가는 사람이 될 수도 있다. 누구도 정말 관계를 끊어버리고 싶은 사람은 없다. 사실 한 달밖에 살 수 없다는 것을 안다면, 어느 때보다 이 점이 명확해질 것이다. 우리 삶에 들어온 사람들을 진심으로 사랑하기 위해서, 우리는 이 관계의 험산들을 극복하고, 실수를 통해서 일하는 법과 자신의 작은 고집을 밀쳐버리는 법을 배워야 한다. 사랑하는 사람들 안으로 자신을 쏟아붓는 자발성과 능력을 키워야 한다. 그들이 우리와 함께 등반로에서 이탈하지 않도록 동기를 부여하고, 더 이상 함께할 수 없을 때도 끝까지 살아남도록 도와야 한다.

이런 일이 쉬운 건 아니다. 관계라는 게 하루아침에 만들어지지 않기 때문이다. 그리고 여기에는 초월적인 도움, 곧 사랑하기 위한 하나님의 능력이 가해져야 한다. 안심하라. 공급은 무제한이고, 그분의 자원에 가격 인상은 없다. 그것들은 무료이다.

'오해', '나 먼저', '실수' 가운데 최근 당신의 중요한 관계를
비틀어지게 만든 것은 무엇인가? 그 상황을 어떻게 다뤘는가?
할 수 있다면 달리 무엇을 하겠는가?

있는 그대로 용납하라

성경은 관계라는 산을 넘을 수 있게 만드는 전략들을 소개한다.
관계를 보존하고 발전시키기 위해서, 먼저 우리는 '용납'이라는 밧
줄에 매달려야 한다. 암벽 등반가들은 자일을 이용해 몸을 고정시킨
다. 암벽에서 떨어져도 몸이 아주 추락하지 않게 해주는 것이다. 용
납이라는 밧줄에 몸을 묶지 않으면 다음 단계를 오를 수가 없다.
"그리스도께서 하나님의 영광을 드러내시려고 여러분을 받아들이
신 것과 같이, 여러분도 서로 받아들이십시오"(롬 15:7). 관계에 있
어 가장 큰 어려움 중 하나는 우리가 상대방을 바꾸려고 한다는 것
이다. 다른 사람을 받아들인다는 것은 사람들을 바꾸려고 하는 대
신, 이해하려고 노력한다는 뜻이다.

말하기는 쉬워도 실천하기는 어렵다. 그렇지 않은가? 물론이다.
그러나 20년 넘게 결혼생활을 하면서 내가 터득한 비밀이 한 가지
있다. 용납이란 배우자를 바꾸려고 하는 것이 아니라 따뜻하게 지켜
봐주는 것이다. 사람을 바꾸려고 안간힘을 쓰는 한 그를 용납할 수

없다. 사람을 따뜻하게 감싸주고 지켜봐준다는 것은 이해하려는 노력을 할 만큼 그를 소중히 본다는 뜻이다. 솔직히 말해서 사람들을 있는 그대로 받아들인다는 것이 내겐 그리 쉽지 않았다. 나의 이기적인 성품 때문에 함께 일하는 사람들을 바꾸려들고, 좀 더 나처럼 만들려고 했다. 사람들을 있는 그대로 받아들인다거나, 내 실수와 성품상의 결함을 그대로 인정하면서 하나님이 사람들을 다뤄주시리라 믿는 것은 기적에 가까운 일이었다. 하지만 그분이 서로를 용납할 수 있는 능력을 주시면, 우리는 '용납'이라는 밧줄을 붙잡고 함께 더 높은 고지를 향해 오를 수 있다.

미는 힘과 끄는 힘

용납하는 과정에서 사랑으로 붙들어주는 힘이 나온다. 암벽화로 암벽에 밀착하는 것만큼 등반가들에게 중요한 일은 없다. 다른 장비가 아무리 좋아도 발 디딤이 좋지 않으면 등반을 잘할 수 없다. 튼튼한 관계를 만드는 필수조건은 작은 사랑의 행동이다. 하찮아 보이지만 다른 누군가에게는 의미 있는 행동들 말이다. 당신이 이랬다저랬다 할 때, 사람들이 중요하다고 하면서 사랑의 행동이 뒤따르지 못한다면 관계는 붕괴되고 만다. 사랑의 행동이 주변 사람들에게 가져다주는 확신과 안정감은 과소평가될 수 없다. 여기서 정상에 오를 수 있게 하는 밀착력이 나오기 때문이다.

등반가들은 암벽에 붙어 있어야 추락하지 않는다는 것을 잘 안다. 보호받기 위해서는 절대 안전한 접지점이 있어야 한다. 관계에서 절대 안전 접지점은 용서이다. 그것은 관계가 자라고 오랜 시간에 걸쳐 성숙해지게 만드는 사랑의 행동이다. 가장 좋은 관계는 용서 위에 세워진다. 관계란 실수하는 불완전한 사람들이 만들어내는 것이기 때문이다. 실수라는 산에 막혔을 때 당신을 붙잡아주는 말은 두 마디면 된다. "미안해. 용서해줘."

오해, 이기심, 실수라는 걸림돌은 모든 관계에 숨어 있는 복병이다. 우리는 이것들을 극복하고 서로에게 더 가까워질 수 있다. 용납과 사랑의 행동, 지속적인 용서를 실천한다면 가능하다. 이것은 우리의 기질과 기대를 넘어설 수 있도록 하나님의 초자연적인 사랑이 부어져야 가능하다. 하나님은 그분이 우리를 사랑하시듯 우리도 다른 사람들을 사랑하도록 반가이 도와주시며, 언제나 도와줄 의사가 있는 분이다. 하나님이 제공하는 합당한 장비들을 써서 정상에서 내려다보이는 장관을 함께 구경하거나 등반 그 자체를 즐기지 않겠는가.

1 더 건강해져야 하는 중요한 관계들은 무엇인지 진단하고 적어보라. 시간을 좀 더 함께 보내거나, 분명히 문제점으로 떠오르는데도 꺼내놓지 않았던 문제를 토의하거나, 문득 생각났다며 편지나 이메일을 보내는 등 아주 단순한 일도 여기 포함될 수 있다.

2 사랑하는 사람에게 어떻게 애정을 표현하는가? 보는 것과 말하는 것 중에 어느 것에 더 의존하는가? 심리학자들은 우리가 말하는 쪽을 선호하는 경향이 있다고 주장한다. 어떤 쪽을 선호하는지 생각해보고, 오늘 다른 방법으로도 애정을 표현해보라.

3 당신 인생에서 없어서는 안 될 사람들을 위해서 기도하라. 없으면 못 살 사람들과 어떻게 관계를 개선할 수 있을지 보여달라고 하나님께 구하라.

사각의 링, 정정당당히 갈등을 풀다

사랑의 반대는 미움이 아니라 무관심이다.
– 엘리 위젤 Elie Wiesel

사람들은 당신이 한 말은 잊기도 하지만, 어떤 기분이 들었는지는 잊지 않는다.
– 칼 W. 뷰크너 Carl W. Buechner

무하마드 알리의 게임과 〈록키〉 영화를 보며 자란 나는 늘 권투선수를 동경해왔다. 그들의 힘, 민첩함, 불굴의 정신, 결단력이 부러웠다. 싸움에 임하는 자세나 방법에 매력이 넘쳤다. 최근 내가 휴스턴 시내의 카나리토스 체육관을 찾은 데는 이런 이유가 작용했다. 나는 체육관에서 레이 슈가로소와 함께 복싱을 배웠다. 그의 목표는 체육관에서 제일 잘하는 선수들과 몇 라운드를 뛸 수 있을 만큼 훈련하는 것이었다. 그러나 내 목표는 중년이 지난 내 몸에 큰 부상을 입히지 않는 것이었다.

간신히 훈련을 마친 후 나는 권투선수들을 완전히 달리 보게 됐다. 내 상대는 봐주면서 했다지만, 그가 내 턱에 가볍게 날린 주먹 한 방으로 나는 그 주 내내 두통에 시달렸다. 그럭저럭 흉내는 낼 정도가 됐지만, 라스베이거스에서 열리는 세계 타이틀전에 출전하기는 당분간 어렵다는 걸 알게 됐다. 아니 사실을 말하자면, 레이와 선수들이 나를 링에 올리기 전에는 권투의 권자도 몰랐다.

내가 권투를 몰랐듯이, 대부분의 사람들은 갈등을 푸는 방법을 전혀 모른다. 갈등은 관계에서 불가피하다. 독특하고 불완전한 두 사람이 함께하는데 모든 면에서 서로 합의가 될 리가 없다. 왜 관계에서 나타나는 문제들을 효과적으로 다루는 법을 배워야 하는지 그 이유가 여기에 있다. 삶에서, 특히 결혼생활에서 어쩔 수 없이 부딪히는 막다른 골목들을 어떻게 직면하고 풀어갈지 가르쳐주는 사람은 없는 듯하다. 내 생각에는 결혼하기 전에 한 가지 지켜야 할 규칙이 있다. 갈등을 푸는 법에 관한 강좌를 듣는 것이다. 배우자뿐 아니라 친구, 직장 동료, 위원회, 친척들 사이에서도 자신의 입장을 고수해야 할 때와 깨끗하게 물러서야 할 때를 구별하는 것은 참 어렵다. 만약 한 달만 산다면, 이렇게 미지근하게 남아 있는 일들을 날려버리고, 사랑하는 사람들 사이에서 생긴 갈등을 풀어내는 법이 알고 싶어질 것이다.

성숙한 관계를 위한 싸움

성경은 우리에게 깨끗한 싸움에 관한 원칙들을 제시한다. 이 법칙들을 어떻게 당신의 결혼생활에 적용할지 초점을 두고 싶겠지만, 동업자, 직장 동료, 친구 관계에도 적용할 수 있다. 이 원칙들은 당신이 이길 것이라든지, 견해 차가 심할 때마다 옳은 입장에 서게 될 것이라고 보장해주지 않는다. 그러나 갈등에 직면하는 과정에서 사랑하는 사람들에게 더 가까이 가게 될 것은 확실히 보장한다.

간단하게 들리는 지침 하나가 가장 지키기 어렵다. 링 위에 서되 로프에 기대지 말라는 것이다. 때로 갈등이 열렬해지고 혼란스러워 진다. 그러나 우리는 근본적인 관계에서 링 위에 남아 있을 충분한 용기를 가져야 한다. 경기가 아무리 오래 간다 하더라도 말이다. 누군가를 진정 사랑한다면, 갈등과 더불어 찾아오는 불쾌한 감정들을 직시하고 뚫어낼 수 있는 정력을 길러야 한다. 이런 감정들은 강력하고 추잡해서, 이들을 피하기 위해서는 꽤나 노력을 기울여야 한다. 남자들은 강한 감정에 부딪치면 발을 빼곤 한다. 그런 감정들을 다루는 것을 불편해하기 때문이다. 그 결과 어떤 남자들은 문제가 막 수면으로 떠올라오면 전투 지역에서 도망쳐나온다. 무슨 대가를 치르고라도 말다툼을 피하기로 굳게 결심했기 때문이다. 여성에게는 남편이 갈등을 피해 뚝 떨어진 한적한 동굴로 들어가 버리는 것만큼 속상한 일이 없다.

우리에게는 기질이나 경험, 자라면서 보고 배운 바 등을 고려한 갈등 관리 전술이 많다. 대부분의 사람들이 다섯 가지 기본적인 싸움 유형 중 하나를 채택한다.

첫째는 무하마드 알리가 전성기 시절 구사하던 로프에 기대기이다. 경기가 팽팽하게 진행되면 알리는 로프에 기댔다가 반동을 이용해 제자리로 오곤 했다. 몸을 구부리고 단 한 번도 주먹을 내뻗지 않았다. 상대방은 '알리가 지쳤구나, 이제 잡았다' 생각하고는 로프 앞으로 다가와서 알리를 향해 주먹을 날렸다. 하지만 상대는 알리에게 충격을 주지 못했다. 알리는 로프에 기댄 채 몸을 이리저리 피했고, 상대가 지쳐서 더 이상 주먹을 뻗지 못할 때까지 힘을 비축했다. 나중에는 상대방이 자기 혼자 지쳐 떨어졌다.

로프에 기대 싸우는 선수들은 결코 해결사가 아니다. "나랑 싸우자고? 어림도 없지" 하고 말하는 사람들이다. 이들은 갈등에 얽히는 걸 좋아하지 않는다. 감정 충돌이 일어날 것 같으면 피한다. 이들의 철칙은 무슨 대가를 치르더라도 갈등은 피하고 보자이다. 이런 태도는 문제가 있다. 한사코 갈등을 피한 결과 불안한 평화는 가져오지만, 피상적이고 언제 깨질지 모르는 조바심 속에 유지되므로 결국 관계를 손상시킨다. 해결 없는 관계는 표피적인 수준에 머물고, 힘든 문제를 통과함으로써 형성되는 친밀감을 결코 키워갈 수 없다.

둘째는 혈전 불사형이다. 이런 유형은 "죽기 아니면 살기"로 싸운다. 이런 유형의 선수들은 자신이 이기고 상대가 포기할 때까지 싸운다. 혈전형들은 이렇게 말한다. "내가 제대로 보고 있어. 내 말대로 하면 돼." 이들은 보통 싸움에서 이긴다. 하지만 관계는 순식간에 얼어붙는다. 상대방이 목소리를 잃고 결국에는 시도조차 포기하기 때문이다.

셋째는 엄살형이다. 이런 선수들은 일찌감치 수건을 던진다. 지체 없이 기권한다. 다운을 당하거나 경기를 죽쑤어놓고도 무골호인, 순교자처럼 보이려고 한다. 이렇게 함으로써 거짓 평화를 만들 수 있지만, 항상 져주는 사람은 말로 못할 쓴 마음을, 그러지 않은 사람은 위험한 교만을 지닐 수 있다. 건강하게 싸우는 법이 아니다.

넷째는 원투를 날리는 형이다. 이들은 주고받는 식의 해결책을 따른다. 너도 반 이기고, 나도 반 이기자는 식이다. 내가 져주니까 너도 져줘야 한다. 다른 방법들에 비해서는 좀 더 건강하고 효율적이다. 최소한 링에 남으려는 의지와 양쪽 모두가 승자가 될 수 있다는 기대가 있기 때문이다.

하지만 가장 좋은 유형은 다섯째인 스파링 파트너형이다. 팀 동료가 되기로 하고 상대방을 돕는 사람들이다. 스파링 파트너는 링을 떠나지 않고 로프에 기대지도 않는다. 아무리 불쾌해도 링에 남아서 판정이 내려질 때를 기다린다. 이것이 양쪽을 위해서 최선이라고 생각한다. 스파링 파트너는 논쟁의 주제보다 관계가 더 중요함을 안다. 그리고 결과보다는 과정이 더 핵심적이라고 생각한다.

시간이 다 됐고 이제 남은 날들을 헤아리는 순간이 됐다면, 사랑하는 사람들과 진심으로 화해하고자 바라지 않겠는가? 유일한 방법은 링에 머무는 것이다. 너무 늦기 전에 풀지 못한 갈등을 정리하는 것이다. 살 날이 얼마 남지 않았음을 아는 사람들을 만나본 내 경험으로 볼 때, 화해는 사랑하는 사람에게 줄 수 있는 가장 좋은 선물 중 하나이다.

❋ 자기 성찰을 위한 질문 ❋
Make it Count Moment

당신은 어떤 유형의 선수인가? 어떻게 그런 유형을 갖게 됐는가?
당신의 부모들은 갈등을 어떻게 풀었는가?
부모의 방식이 당신에게 영향을 끼쳤는가? 한 달만 살 수 있다면,
갈등을 다루는 방법을 어떻게 바꾸겠는가? 왜?

정당한 싸움의 기본 규칙들

관계를 더 원숙하게 만들기 위해서 링에 남기로 했다면, 정정당당하게 싸우겠다고 결심해야 한다. 권투에서는 심판이 두 선수를 링 중앙으로 불러서 말한다. "좋습니다. 멋진 경기를 해봅시다. 기본 규칙 알지요? 벨트 아래를 가격하면 안 됩니다. 너무 붙지 마세요. 발을 걸어서도 안 됩니다." 마이크 타이슨의 경우라면 "물어서도 안 됩니다"라는 조항이 붙었을 것이다. 규칙은 이미 정해져 있다. 이 규칙은 양 선수의 기대와 행위를 규정한다.

친구나 동료와 싸우기 전에, 기본 규칙들을 세워야 한다. 넘지 말아야 할 선을 만드는 것이다. 동료와 털어놓고 말하기 전에, 희생양을 만들려는 대신 함께 해결책을 찾으려 한다는 점을 상기시켜야 한다. 친한 친구와 문제를 풀려고 마주 앉기 전에, 우정을 깨려는 게 아님을 분명히 해야 한다. 당신이 이런 대면에서 비롯되는 불쾌한 감정을 기꺼이 참는 까닭이, 관계를 소중히 여기고 계속 이어지길 바라기 때문임을 상대가 알아야 한다.

경기 시작 전에 권투선수들은 턱을 보호하려고 마우스피스를 착용한다. 우리도 마우스피스를 물어야 한다. 바울은 에베소에 보내는 편지에서 최상의 마우스피스가 무엇인지 말하고 있다. "나쁜 말은 입 밖에 내지 말고, 덕을 세우는 데 필요한 말이 있으면 적절한 때 해서, 듣는 사람에게 은혜를 끼치십시오"(엡 4:29). 말은 날카로워서 상대를 깊이 벨 수 있다. 이런 상처는 오래 가고 잘 아물지 않는다. 우리는 스스로 말을 절제해야 한다. 특히 싸울 때는 더 그렇다. 현재의 갈등을 넘어 관계를 세우고자 한다면 그래야 한다. 대화의 기술에는 옳은 것을 제때 말하는 것뿐 아니라 그른 것을 말하지 않는 법도 포함된다는 격언이 있다. 갈등의 본질을 숨기라는 뜻이 아니다. 그것을 무시하거나 그냥 넘어가서는 안 된다. 속마음과 느껴지는 감정을 솔직하게 드러내야 한다. 불꽃이 튀더라도 할 수 없다. 처음부터 어떤 말은 하지 않기로 합의하라. '이'로 시작하는 말은 입 밖에 내지 말라. 배우자와 논쟁할 때 이혼이란 말은 마치 수류탄에서 핀을 뽑은 것과 같다. 저속하거나 마음을 후벼 파는 말을 하지 않고도 감정을 충실하게 전할 수 있다. 그런 말들은 의사소통을 막는다. 갈등은 의사소통을 통해서 풀릴 수 있다.

마우스피스를 문 후에는 공격을 하지 말라. 이것이 공정한 경기를 위한 기본적인 규칙이다. 서로를 공격하지 말고 문제를 공격하라. 이렇게 말하지 말라. "당신이 그랬어. 당신 잘못이야. 당신은 늘 그렇게 거짓말만 해." 비난하고 욕할 때 상대방의 벽은 더 높이 올라간다. 그러면 당신은 그 벽을 넘어설 수 없다. 두 사람 모두가 공격적이면 화해에 이를 수 없다. 게다가 이 벽을 향해서 미사일 발사 준비를 한다면 두 사람은 가까워지기는커녕 간극만 더욱 커진다.

공격하지 말라. 그 대신 자신의 감정을 털어놓아라. 저질러진 실수들에 두 사람 모두가 책임을 느낀다면, 두 사람은 상처를 입고 돌아서서 후회하는 대신 스파링을 통해 서로 성장하게 된다. 그러니까 자기 감정에서 출발하라. 누구도 당신이 느끼는 감정을 무시할 수 없다. 그런 감정은 당신이 느끼는 것이라는 이유만으로도 정당하다. 핵심은 갈등에 기름을 끼얹지 않으면서도 감정을 표현하는 것이다.

또 다른 전략은 옛날 일들을 지금 벌어지고 있는 갈등에 끌어들이지 않는 것이다. 다른 사람과의 관계에서 차곡차곡 쌓아놓은 억울한 일, 원한, 실망의 보따리를 풀고 싶은 유혹이 얼마나 큰가. 하지만 그렇게 하면 지금 불거지고 있는 갈등에서 눈길을 다른 데로 돌리게 된다. 지금 부딪치고 있는 문제에 집중하고 해결을 볼 때까지 거기에 머물러 있어라. 옛날 일을 들출 때, 상대방이 히스테리에 가까운 반응을 보인다고 놀라지 말라.

이것들이 기본 규칙이다. 오래 전부터 내려오는 지침이다. 정정당당하게 싸우기로 결심하라. 그러면 훨씬 더 빨리 해결을 보고 관계도 더 건강해진다는 데 놀라게 될 것이다. 링에 남아서 당면한 싸움에 전력하라. 정당한 싸움에 집중하라.

❖ 자기 성찰을 위한 질문 ❖
Make it Count Moment

사랑하는 사람과 정정당당하게 싸우는가? 당신은 어떤 기본 규칙을
가장 지키지 못하는가? 다시 말해서 언제 벨트 아래를 가격하는가?
이런 작전을 쓰면 상대방은 어떻게 반응하는가?

적절히 화내는 법

결혼생활에서는 링 위에서 정정당당하게 싸우는 게 정말 중요하다. 그러면 두 사람 모두가 만족하는 "우리만의 해결책"을 내고 관

계를 더 돈독히 할 수 있다. 하지만 가끔 합의할 수 없는 경우에 직면하게 될 수도 있다. 이런 상황에서는 해결이 아니라 화해에 주력하라. 모든 사항 하나하나에 합의하는 것보다 관계가 더 중요함을 기억하라. 따라서 반대도 합의할 수 있어야 한다.

모든 사항 하나하나를 따지지 않고도 서로 손잡고 걸어갈 수 있다. "지혜는 … 평화스럽고, 친절하고 … 편견과 위선이 없습니다"(약 3:17). 원숙한 관계라면 가끔 있는 다툼 정도를 잘 처리할 수 있다. 떨어져야 할 때 잘 떨어지는 것이다. 도저히 합의하지 못할 일이 있기도 하다. 아무리 주님을 사랑하고 두 사람이 서로 사랑한다 해도, 모든 것에 다 동의할 수는 없다. 하나님이 당신들을 서로 다르게 만드셨기 때문이다. 옳고 그름의 문제가 아니다. 인생을 다른 각도에서 보는 문제일 뿐이다.

마음을 열기로, 다른 사람의 견해를 받아들이기로 했다면, 합의하지 않기로 합의할 때조차 서로를 존경할 수 있다. 이것은 부정적인 의미의 절충이 아니다. 합의하지 않기로 합의하고 그냥 평온을 유지한 채 지나가자는 식의 미봉책도 아니다. 떨어짐은 갈등이 일어났을 때 서로가 가지고 있는 독특한 관점을 허용하고, 나아가서는 그런 관점을 장려하는 조처일 수 있다.

당신이 할 수 있는 가장 최선의 일은 평강의 왕을 링 위로 모셔오는 것이다. 건강한 결혼에는 세 사람이 필요하다. 남편, 아내, 그리고 하나님이다. 그분을 당신 진영으로 모시고 와서 "하나님, 이 싸움에서 내가 이기게 해주세요"라고 말하면 안 된다. 그분이 전체를 다 보실 수 있게 해야 한다. 그분은 당신의 가장 깊은 필요들을 채워주실 수 있는 유일한 분이기 때문이다. 그분을 싸움의 현장으로 모신다고 해서 당신이 소극적이 되거나 무조건 입을 다물어야 하는 것은 아니다. 예수님도 화를 내셨고 감정을 드러내셨다. 그러나 그분은 하나님의 완전한 아들로서 결코 죄를 짓지 않으셨다. 이분을 보면 화 자체가 나쁜 것은 아님을 알게 된다. 화가 꼭 죄는 아닌 것이다. 관계에 대해서 깊이 고민할 때 당신이 낼 수 있는 가장 적절한 감정이 화일 수도 있다. 그러나 우리는 화를 잘 다뤄야 하고 그것을 예수님처럼 써야 한다. 예수님은 화도 아버지의 뜻을 이루고 다른 사람들을 사랑하는 일에 쓰셨다. 열쇠가 여기 있다. 그분과 매일 동행하는 법을 배우는 것이다. 화해하고 갈등을 극복하며, 정정당당하게 싸우는 비결이 여기 있다. 예수님처럼 되는 것이다.

1 사랑하는 사람과 부딪쳤던 가장 최근의 갈등을 적어보라. 관찰자, 아니 해설자 입장에서 그 싸움을 분석해보라. 정당한 싸움이었는가? 기본 규칙들을 지켰는가? 상대방의 싸움 방식은 어땠는가? 누가 이겼는가? 깨끗한 승부였는가?

2 한 달만 살 수 있다 해도, 링 위로 올라가야 할 갈등의 관계가 남아 있겠는가?

3 오직 주님만이 채워주실 수 있는 필요들을 다른 사람들이 채워주길 바라고 있지 않은지 시간을 내서 기도하라.

사포, 모서리를 갈다

만나는 사람들은 모두 뭔가를 두려워하고, 누군가를 사랑하며, 뭔가를 잃어버린 사람들이라는 점을 기억하라.
– H. 잭슨 브라운 주니어 H. Jackson Brown Jr

앙갚음해야 할 유일한 사람은 당신을 도와준 사람이다.
– 존 사우다드 John E. Southard

앞 장을 읽고 이렇게 생각했을지도 모르겠다. '그래, 갈등을 풀면 좋은 거지. 하지만 내가 상대하는 사람들이 얼마나 나를 열받게 하는지 모르는군. 식구가 원수라는 말도 있지. 식구들을 사랑하지만 나를 미치게 한다고.' 아무리 용납하려고 해도 사랑하기 힘든 사람과 잘 지내기 어려운 사람들은 늘 있기 마련이다. 이게 인간의 본성이다. 그러나 한 달밖에 살지 못한다면, 우리를 성나게 하는 문제의 표면 너머를 보려고 할 것이다. 관계를 개선하기 위해서는 관계를 바라보는 눈을 교정해야 한다.

목공이나 가구의 마감에 사포질이 꼭 필요하다. 하지만 사포로 당신의 피부를 문지르면 따갑고 아플 것이다. 살갗이 벗겨지고 피가 날 수 있다. 살다보면 이렇게 아픔과 괴로움을 끼치는 사람들이 있다. 이들은 우리의 신경을 건드린다. 엉뚱한 곳을 문지른다. 살갗에 사포질을 하는 것이다.

직장에서 하루도 빠지지 않고 이런 사람들을 만날 수 있다. 심지어 당신과 한 집에서 살 수도 있다. 당신을 가장 화나게 하는 사람이 가장 사랑하는 사람일 수도 있다. 그러면 당신은 주변에 있는 사람들을 얼마나 괴롭히고 있는지 잠시 생각해보겠는가? 당신도 가족들과 친구들 사이에서 사포질을 해대는 사람일 수 있다. 아니 사실은 우리 모두가 사포질하는 사람이다. 우리는 시시때때로 다른 사람들을 열받게 한다. 그러나 이런 일도 우리 인생을 향한 하나님의 계획 안에 들어 있다.

나는 잘못 쓰지 않았다. 사포질하는 사람들은 당신 인생을 향한 하나님의 계획의 일부이다. 그분이 당신 인생에 사포질하는 사람들을 허락하셔서 그분의 목적을 위해 더 예리한 도구로 만드신다. 바울은 이렇게 말한다. "우리는 하나님의 작품입니다. 선한 일을 하게 하시려고, 하나님께서 그리스도 예수 안에서 우리를 만드셨습니다 (엡 2:10). '작품'에 해당하는 그리스어는 '미술품이나 명작'이라는 뜻이다. 하나님은 그분의 놀라운 계획을 완수하는 완전한 도구로 당신을 다듬어가신다.

우리를 한숨 쉬게 만드는 어떤 관계들에 환상적인 비틂을 가할 수 있다. 그런 관계들 역시 우리의 유익을 위해 허용되었다. 우리의 뾰족한 모서리를 부드럽게 갈아 없애고 좀 더 그리스도 닮은 사람으로 만들기 위해서이다. 이 말은 조금도 흠 잡을 데 없이 영적인 말이다. 하지만 문제는 피를 흘리면서까지 어떻게 잘 지내느냐는 것이다. 어떤 사람들은 아무리 함께 하려고 해도 아픈 곳을 긁는다. 그들이 조금만 더 우리와 비슷하다면, 얼마나 조화롭고 편안하겠는가?

하지만 이런 생각은 전혀 비현실적일 뿐더러, 하나님이 우리에게 원하시는 존재가 되는 길을 가로막고 방해할 수 있다.

❖ 자기 성찰을 위한 질문 ❖

Make it Count Moment

현재 당신의 삶에서 사포질을 해대는 사람은 누구인가?
가족, 동료, 상사, 직원, 친구, 이웃 중 누구인가? 이들과 얼마나
자주 부딪치는가? 이들과 평소에 어떻게 지내는가?

우리를 괴롭게 하는 사람들

성경은 사포질하는 사람들과 잘 지내면서 관계에 지속적인 영향을 미칠 수 있는 하나의 지침을 제공한다. 쉽지는 않지만 이 원칙을 실행함으로써 관계의 역동성을 극적으로 변화시킬 수 있다. 사포질하는 사람들과의 관계를 잘 참아내고 그 안에서 성장해야 한다면, 사람들과 그들의 행동에 관한 위대한 목수(예수)의 관점을 알아둘 필요가 있다. 살면서 만나게 되는 까다로운 사람들을 새로운 시각에서 보는 법을 배우는 것이다.

이 과정은 다른 사람들이 어떻게 당신을 귀찮게 하는가를 밝혀내는 것으로 시작된다. 모든 사람은 저마다 독특하고 모든 관계는 전부 특별하다. 하지만 관계상 괴로움을 주는 사람들을 유형화하는 것도 도움이 된다. 첫 번째 유형에 해당하는 사람들은 줄자이다. 이

들은 언제나 당신이 모자라다는 것을 알려준다. 그칠 줄 모르는 완벽주의자들인 이들은 다른 이들에게 기준을 들이대야 직성이 풀린다. 그들은 재고 또 잰다. 다른 이들이 정해진 기준에 이르지 못한다는 것을 확인해야 한다. 한마디로 자신의 정의 기준으로 다른 사람들을 판단한다.

두 번째 유형의 사람은 망치이다. 여기에 속하는 사람들은 긴 화물열차 만큼이나 불쑥 돌출하는 경향이 있다. 자신의 의견을 다른 사람들에게 강요하고 자신의 방법만 고집한다. 이런 사람이 나타나면 사람들은 살얼음판을 걷는 기분이 된다. 언제 망치가 내려쳐질지 모르기 때문이다! 이들은 목소리가 크고 까다로우며 교활하고 조작에 능하지만, 자신의 의견을 관철시키기 위해 고집을 굽히지 않는다.

다음으로는 다른 이들을 깎아내리는 일에 천부적인 재능이 있는 실톱들이다. 논쟁을 하면 이들은 무슨 말을 해야 가장 상처를 줄 수 있는지 귀신처럼 안다. 빈정대는 말, 직선적인 말도 잘하지만, 무엇보다 사람들을 사무치게 후벼파고 쓰러뜨려 피 흘리게 만들고 돌아서는 불가사의한 능력이 있다. 실톱들은 늘 언쟁에서 이긴다. 옳아서가 아니라 상대가 꼼짝 못하는 곳을 후빌 줄 알기 때문이다.

당신의 삶에서는 무엇이 바이스(쇠붙이를 움직이지 못하게 꽉 물려놓는 기구 – 옮긴이) 손잡이인가? 이 손잡이를 언제 풀어야 할지 모르는 사람들이 있는가? 바이스 유형의 사람들은 달라고만 하면서 주변 사람들을 쥐어짠다. 이들은 사회적, 관계적 경계선이라고는 도무지 알지 못한다. 이런 위기를 일으키는가 하면 금세 다른 위기를 만든다. 언제나 후원과 격려를 요청한다. 이런 잠금쇠가 당신의 삶을 옥죄면, 다른 모든 관계에도 영향이 미친다.

인생의 공구함에서는 그라인더도 만나게 된다. 욱하고 성질을 부리는 사람들로서 자리를 박차고 일어나 불꽃을 튀길 기회만을 기다린다. 그라인더 옆에는 도끼가 놓여 있다. 이 사람들이 지나간 자리에는 벤 자국이 크게 남는다. 이들은 부정적인 경향이 있다. 항상 불평을 늘어놓고 다른 사람들의 희망과 계획을 주저앉힐 방법을 찾는다. 과거의 상처를 붙들고 늘어지면서 훨씬 더 오래 불평한다. 잘 알겠지만 이쪽 사람들은 유감스러웠던 일을 털어버리는 법을 알지 못한다.

마지막으로 결코 만만하게 볼 수 없는 사람들, 줏대 없는 이들이 있다. 일관성이 없고 연체동물처럼 흐느적거린다. 사람들을 만족시키려고 늘 합의하지만, 카멜레온처럼 말을 바꾸기 때문에 이 사람들의 정체나 속마음을 알지 못한다. 이들은 사람들의 기분을 맞추기 위해 언제나 비굴할 정도로 "예"라고만 한다.

위에 열거한 부류들을 보면서 이런 생각이 떠오를 수도 있다. 이렇게 많은 부류의 짜증나는 사람들과 어떻게 친하게 지낸단 말인가? 혹은 내가 당신 가족 모두를 긴장 유발자로 몰아붙인다고 생각할 수도 있다! 어떤 경우든 이런 공구 하나하나가 끼칠 수 있는 피해 너머를 보고, 어떻게 의미심장한 미래를 함께 구축할 수 있는지 결정하는 법을 배워야 한다.

앞에서 사포질하는 사람으로 열거했던 이들을 다시 떠올려보라.
그들은 위에서 묘사한 공구 중 어느 유형인가?
어떤 공구가 당신을 가장 괴롭히는가? 왜 그런가?

먼저 나부터 돌아보라

내가 아는 어떤 사람도 정상적이지 않다. 당신도 정상이 아니다. 나도 정상이 아니다. 우리는 모두 별나다. 세상에는 당신과 같은 사람은 단 한 사람도 없다. 우리는 많이 다르지만, 같은 공구함에 들어 있다. 하나님의 의도대로 오래가는 관계를 만들기 위해서 서로 노력하는 대신 비난만을 날리려는 유혹에 자주 빠진다. 다른 사람들의 결함과 결점을 지적하는 게 쉽지 자신의 그것을 보는 게 쉽지 않다.

예수님은 이것을 지적하셨다. "어찌하여 너는 남의 눈 속에 있는 티는 보면서, 네 눈 속에 있는 들보는 깨닫지 못하느냐? 네 눈 속에는 들보가 있는데, 어떻게 남에게 '네 눈에서 티를 빼내 줄 테니 가만히 있거라' 하고 말할 수 있겠느냐? 위선자야, 먼저 네 눈에서 들보를 빼내어라. 그래야 그때 눈이 잘 보여서, 남의 눈에서 티를 빼줄 수 있을 것이다"(마 7:3-5).

우리는 다른 모든 사람의 눈에서 티를 찾아내는 일에 관해서는 대단한 시력을 가지고 있다. 다른 사람의 삶에서 아주 작은 티, 실

수, 문제, 죄, 성격적인 결함까지 찾아내고 참지 못하여 지적한다. 우리는 이렇게 주장한다. "아니, 또 문제를 일으키는 겁니까?" 예수님은 이렇게 말씀하신다. "그러나 진짜 문제는 이거란다. 너는 구슬만한 티를 눈에 가지고 있으면서 다른 사람 눈의 티를 빼려고 하는구나." 톱밥 가루가 아니라 나무 조각이 눈에 든 사람이 이렇게 말한다. "거참, 당신 문제를 발견하셨소? 이런, 내가 당신 같지 않아 다행이오." 다른 사람의 티를 지적하는 일에 너무 열심인 나머지 자기 삶에서 판자를 꺼내는 일을 잊어버린 것이다.

예수님이 톱밥 가루는 괜찮다고 하신 게 아니다. 오늘날 많은 사람들이 어떤 것을 죄라고 지적하면 쉽게 판단한다고 몰아붙인다. 이건 아니다. 우리는 사람들의 눈에 있는 티를 봐야 하고, 그리스도의 능력으로 그것을 꺼내줘야 한다. 우리의 역할은 판사가 아니라 치유 대행인이다. 그런데 그들에게 가서 이렇게 말하는 것이다. "당신 눈에 티가 들었소이다. 내가 도와줄 테니 빼시오." 그러면서 우리 눈에서 빼낸 전봇대로 사람들의 뒤통수를 갈긴다. 그 사람들은 질겁하며 이렇게 생각한다. '고맙지만 됐어요. 그런 걸로 정수리를 맞느니 톱밥 가루 정도는 참고 살지요.'

우리는 다른 사람의 허물을 너무나 빨리 지적하면서도 자신에게서 드러나는 약점에는 눈을 감아버린다. 만약 자신의 단점을 바라보면서 하나님이 허물, 성격적 결함, 실수를 직면할 용기를 주시도록 간구한다면, 다른 사람들의 작은 조각을 찾아주는 일에 그렇게 열을 올릴 까닭이 없다. 다른 사람들을 바꾸려는 일을 잊고 하나님이 나를 바꾸시도록 한다면, 사람들은 내게 훨씬 더 마음을 열 것이다.

성품을 단련하라

톱밥에 상당한 열기와 압력을 가하면, 압축합판이라고 알려진 단단한 건축자재가 된다. 무슨 소재로 만들어졌는지는 몰라도 집안 여기저기에 이 합판이 쓰인 것을 볼 수 있다. 압축합판은 건축 현장에서 많이 쓴다.

하나님이 사포질하는 사람들과 온갖 공구들을 우리 삶에 허락하시는 이유는 한 가지이다. 우리가 더 강해지도록 열기와 압력을 가하시기 위해서이다. 그분은 우리의 안락이 아니라 성품에 훨씬 더 많은 관심을 가지고 계시다. 바울은 합판 제조 공정을 이런 말로 표현한다. "그뿐만 아니라, 우리는 환난 가운데서도 자랑을 합니다. 우리가 환난은 인내를 낳고, 인내는 품격을 낳고, 품격은 희망을 낳는 줄을 알고 있기 때문입니다"(롬 5:3-4).

불편하고 불안하지만 하나님은 어떤 사람들을 의도적으로 허락하셔서 우리의 모난 성품을 갈아 없애게 하신다. 이렇게 하여 우리는 좀 더 예수님을 닮게 된다. 우리의 성품을 강하고 견고하게 하시려는 것이 그분의 계획이다. 그래서 사람들을 보내 압력을 가하게 하신다. 우리에게 비난을 날리는 사람들조차 우리를 가르치고 우리의 성장을 도울 수 있다. 우리에게 쏟아지는 모든 비판을 다 받을 필요는 없다. 그 중에서 골라서 들으면 된다. 그러나 유형을 지어서 귀를 막는 일은 없어야 한다. 비판에 대해서는 껌을 씹는 식의 접근이 좋다. 씹되, 삼키지는 않고 뱉는 것이다. 비판이 들어오면 곱씹어 생각하라. 10퍼센트 정도만 흡수하라. 비판에서 배우고 나머지 90퍼센트는 뱉어버리라. 전부 삼키지는 말라. 비판의 계기가 당신을 성장시키게 하라.

하나님은 당신이 사포질하는 사람들을 통해서 배우길 원하신다. 이유가 있어서 그들을 거기에 두셨다. 어떤 사람들은 당신의 인생에 망치를 들고 나타난다. 하나님이 그 망치를 허용하신 것은 당신이 더 강해져서 아무에게나 "예예" 하면서 약하게 밟히는 대신 맞서 일어설 수 있는 사람이 되게 하기 위해서일 것이다. 하나님은 당신이 더 강한 리더로 일어서길 바라시고, 그래서 불편하기는 하지만 망치 앞에 설 기회를 주시는지도 모른다.

줄자를 들고 나타나는 사람을 만날 수도 있다. 하나님이 그 줄자를 허용하신 것은 사람 대신 그분을 바라보게 하기 위해서가 아닐까? 하나님은 분노, 공포, 짜증으로 몸이 비틀리는 순간에도 겸손히 그분을 의존하는 자세를 가지라 하신다. 관계를 새로운 관점에서 보기 위해서는 하나님이 우리의 삶에 주려고 하시는 긍정적인 혜택에 눈을 떠야 한다. 다음에 누군가가 당신을 골탕 먹이면, 잠시 심호흡을 하고 하나님께 몇 가지를 여쭤보라. "하나님, 무엇을 가르쳐주려고 하십니까? 제 성품에 무엇을 더하려 하십니까? 리더십에 대해 배우길 원하십니까? 인생에 대해 무엇을 보여주려고 하십니까?"

끝으로 하나님이 어떤 목적을 갖고 까다로운 사람들을 당신 인생에 두신 것처럼, 같은 이유로 당신을 그들의 인생에 두셨음을 깨닫는다면, 인생에서 만나는 가시 같은 사람들에 대해 전혀 새로운 관점을 갖게 될 것이다. 그분은 당신이 그분의 사랑, 오래 참으심, 자비를 드러내는 인생이 되길 원하신다. 당신은 아마 그들이 볼 수 있는 유일한 예수의 얼굴일지도 모른다. 당신만이 보여줄 수 있는 방법으로 그분의 사랑을 보여주는 게 하나님이 원하시는 것이다.

결심 다지기

① 공구 유형에 대해서 다시 살펴보라. 당신은 주변에서 마주치는 사람들에게 어떤 공구의 모습으로 다가서고 있는가? 우리가 다양한 용도로 쓰이는 다목적 공구이거나 기질에 따라서 상황과 주변인에게 다르게 반응하는 존재임은 확실하다. 당신이 맺고 있는 여러 관계에 따라 전혀 다른 수세적·공세적인 반응이 나옴을 잘 생각해보라.

② 다른 누군가의 인생에서 문제들을 지적하고 싶은 충동이 자주 드는가? 거의 안 든다, 가끔 든다, 자주 든다로 대답하라. 대개 무엇이 다른 사람들의 티를 자세히 들여다보고 싶은 동기를 제공하는가? 다른 사람의 티에 대해 말하기 전에 당신 자신의 인생에 든 송판을 치워달라고 하나님께 차분히 기도하라.

③ 당신을 지겹게도 갉아대는 사람에 대해 말해보라. 과거에 그와의 관계를 어떻게 하고 싶었는가? 이제 당신이 한 달만 살 수 있다면, 그에게 무엇을 말하고 싶은가? 오늘 그 말을 하지 못하도록 막는 것은 무엇인가?

선물, 감사를 표하다

감사는 풍성한 생명을 여는 열쇠이다. 감사는 현재 가지고 있는 것을 충분히, 아니 더 많이 느끼게 한다. 부정을 수용으로 바꾸고, 혼돈을 질서로, 혼란을 명쾌함으로 돌려세운다. 한 끼 식사를 풍족한 잔치로, 평범한 집을 오순도순 정이 흐르는 가정으로, 나그네를 친구로 바꾼다.
– 멜로디 비티 Melody Beattie

가슴으로 우리가 지닌 보화를 느낄 그때, 그런 순간만이 살아 있다고 말할 수 있다.
– 손튼 와일더 Thornton Wilder

따끈한 애플파이, 습기라곤 조금도 없는 가을 밤 장작 타는 냄새, 성탄절 아침 기쁨에 겨워 소리 지르는 꼬마들의 함성, 산 너머로 지는 태양, 발가락 사이를 간질이며 빠져나가는 해변의 모래, 가족과 가까운 친구들과의 맛있는 식사 시간.

살 날이 정해져 있는 사람은 그렇지 않은 사람이 당연시하고 지나가는 작고 아기자기한 순간들의 중요성을 안다. 이들은 매일 감사하는 마음으로 눈 뜨는 것이 무엇인지 안다. 만성적인 통증에 고통을 느끼면서도 모닝커피 한 잔을 마시거나 배우자의 손을 꼭 잡고 만면에 웃음을 띠는 사람들이 있다. 하루를 더 살 수 있게 된 것을 감사하는 것이다! 매일 사소한 일들 속에서 삶을 끌어안을 또 다른 기회가 주어졌기 때문이다.

영미인들은 문화적으로 자주 감사를 말한다. 그러나 감사의 실천은 발견하기 어렵다. 매체와 광고가 소비자 중심적인 사고를 부추기고, 비교하기 좋아하는 인간적인 경향성이 섞여 감사와 동떨어진 모습을 만들어낸다. 가진 것만으로는 충분하지 않다는 말을 믿기도 한다. 그러면서도 다음번 전자제품, 다음번 명품 구두, 다음번 열대 지방 휴가에 자동으로 손을 뻗거나 다음번 낭만적인 관계가 우리를 채워 주리라 믿는다. 그러나 물질, 짜릿한 경험, 심지어는 다른 사람들조차 우리 인생의 영적인 갈증을 풀어주지 못한다.

오로지 하나님만이 그분의 생명수로 우리의 가장 깊은 갈증을 풀어주실 수 있다. 앞에서 보았듯이, 먼저 그분을 바라볼 때 주변에 있는 사람들에게 우리 자신을 좀 더 내어줄 수 있다. 키케로의 관찰은 현명함이 돋보인다. "감사는 가장 큰 미덕이며 다른 모든 미덕들의 어버이이다." 감사하는 마음이 될 때 자족하게 되고 오직 그분만이 공급하실 수 있는 평화로 가득 찬다. 이미 가지고 있는 것에 감사하면 더 갖지 못해 안달하는 마음이 생기지 않을 것이다.

◈ 자기 성찰을 위한 질문 ◈
Make it Count Moment

유족한 순간을 맛보기 위해 바쁜 일상을 뒤로 한 것이 마지막으로 언제였는가? 휴가를 떠나 가족들과 함께 즐기던 때나 명절이었는가? 이런 순간을 좀 더 누리지 못하도록 막는 것은 무엇인가?

감사하는 마음을 표현하라

누가복음 17장에서 보듯 두 번째 기회를 얻은 사람조차 모든 좋은 것들의 주인에게 감사드리길 잊어버린다. "예수께서 예루살렘으로 가시는 길에, 사마리아와 갈릴리 사이를 지나가시게 되었다. 예수께서 어떤 마을에 들어가시다가, 나병 환자 열 사람을 만나셨다. 그들은 멀찍이 멈추어 서서, 소리를 질러 말하기를 '예수 선생님, 우리를 불쌍히 여겨 주십시오' 하였다"(눅 17:11-13). 이 열 명의 남자들에게는 공통점이 하나 있었다. 그들이 정말 딱한 처지였다는 것이다.

예수님 당시에는 나병이 가장 혐오스러운 병이었다. 이 병은 반점으로 시작된다. 그러다가 덩어리가 딱딱하게 잡히고 나중에는 더 커져서 알아볼 수 없을 정도로 형상이 뒤틀린다. 그 다음에 손가락과 발가락이 툭툭 떨어져나간다. 마지막에는 의식불명이 되고 죽음에 이른다. 너무나 고통스럽고 무서운 죽음이다.

예수님 당시에 나병은 이렇게 찾아왔다. 먼저 사형선고가 내려진다. 한 번 나병으로 판명이 나면 환자는 집, 가족, 친구들로부터 격리된다. 성 밖으로 쫓겨나는 것이다. 나병 보균자는 병에 걸리지 않은 사람에게 오십 보 이상 다가갈 수 없었다. 그렇게 했다간 돌에 맞아 죽었다.

다시는 사람이 만질 수 없게 되는 것을 상상할 수 있는가? 아이를 안을 수도 없다. 무등 태울 수도 없다. 배우자를 안아볼 수도 없다. 이 열 명의 남자들은 수년간 이런 일들을 겪었다. 그 중 일부는 아마

어렸을 때부터 나병에 걸렸을 것이다. 이 병은 발병해서 진행되는데 오래 걸린다. 모든 일을 다 시도해보고 아무 효험이 없자 그들은 희망의 끈을 놓아버렸다. 그때 놀라운 일이 벌어졌다. 나사렛에서 온 목수, 메시아라 불리는 분을 만난 것이다. "예수께서는 보시고, 그들에게 말씀하셨다. '가서, 제사장들에게 너희 몸을 보여라.' 그들이 가는 동안에 몸이 깨끗해졌다"(눅 17:14).

나병이 낫는다는 것은 놀랄 만치 희귀한 일이었다. 하지만 전에도 나병이 치유되었던 것은 분명하다. 율법이 나병이 나은 사람은 제사장에게 가서 보이라고 했기 때문이다. 제사장은 나병환자가 깨끗해졌는지 여부를 결정하고, 가족과 친구, 마을로 돌아올 수 있도록 허락했다. 예수님이 다 낫기라도 한 양, 열 명의 나병환자들을 제사장에게 보내신 것은 몹시 어리둥절한 일이었다. 그분은 그들의 믿음을 시험하신 것이다. 그들이 예수님을 그분 자신의 말 그대로인 분으로 믿을까? 그들은 순종했고 시험을 통과했다.

자, 이 남루한 행색의 남자들이 성전을 향해 걸어가고 있다고 상상해보라. 이들은 피부에 번져 있던 반점이 완전히 사라지는 것을 똑똑히 보았다. 그리고 곧 자신들이 나았음을 깨달았다. 이제 집에 갈 수 있게 됐다! 이런 믿기지 않는 선물을 받다니. 그들은 경중경중 뛰면서 소리를 질렀다. 아마 오늘날의 하이파이브였을 것이다. 기쁨에 겨워 어쩔 줄 모르던 그들은 서둘러 제사장에게, 집으로, 잃어버렸던 삶을 향해서 달려갔다. 그런데 그 중 한 병자가 걸음을 멈췄다. "잠깐, 여보게들, 난 돌아가서 이 일을 행하신 분에게 감사를 드려야겠어. 이 놀라운 선물을 주신 분에게 사의를 표해야 할 것 같아." 나머지 사람들은 이렇게 말했을지도 모른다. "무슨 소리야? 가족들을 찾아봐야지. 그동안 얼마나 보고 싶었는데." 하지만 그 사람은 이렇게 대꾸했을 것이다. "맞아. 하지만 돌아가서 예수님께 감사드리고 싶어."

감사는 삶을 풍요롭게 한다

어쩌면 이 이야기에서 가장 중요한 대목은 다음일 것이다. "그런데 그들 가운데 하나는 자기의 병이 나은 것을 보고, 큰소리로 하나님께 영광을 돌리면서 되돌아와서, 예수의 발 앞에 엎드려 감사를 드렸다. 그는 사마리아 사람이었다. 그래서 예수께서 말씀하셨다. '열 사람이 깨끗해지지 않았느냐? 그런데 아홉은 어디에 있느냐? 하나님께 영광을 돌리러 되돌아온 사람은, 이 이방 사람 한 명밖에 없느냐?'"(눅 17:15-18). 이 사람은 다른 나라 출신이었다. 하지만 예수께 감사드리기 위해 돌아온 유일한 사람이었다. "그런 다음에 그에게 말씀하셨다. '일어나서 가거라. 네 믿음이 너를 구원하였다.'" 이 사람은 우리가 매일 당연시하는 그것을 얻었다. 그는 새로운 삶을 얻었다. 내일을 기다리며 살게 된 것이다. 하지만 그는 그것이 하나님이 주신 고귀한 선물임을 깨달았다. 그래서 돌아가 예수께 감사드렸다. 이 이야기에서 받아들이기 어려운 대목은 그가 유일한 사람이었다는 것이다. 열 명 중에서 감사를 표현한 사람은 단 한 사람이었다. 그는 돌아와서 그리스도의 발 앞에 엎드렸다.

감사는 우리를 180도 바꾸는 힘이 있다. 이 나병환자는 몸만 나은 게 아니다. 그는 영적으로도 치유받았다. 감사에는 우리를 영적·정서적·관계적으로 고치는 힘이 있다. 감사의 태도는 우리 가슴을 하나님을 향해 열어준다. 우리가 세상을 있는 그대로 볼 수 있게, 인생을 충만하게 살 수 있게, 숨 쉴 때마다 즐거워할 수 있게 해준다. 이것이 감사의 위력이다. 그러나 이런 세 가지 질문을 던지시는 그분의 마음이 얼마나 아팠을지 짐작할 수 있다. "열 사람이 깨끗해지지 않았느냐? 그런데 아홉은 어디에 있느냐? 내게 감사하러 되돌아온 사람은, 이 사람 한 명밖에 없느냐?"

돌아와서 예수께 감사드리지 않은 나머지 아홉 사람을 가차 없이 비난하기에 앞서, 우리 자신의 삶을 돌아봐야 한다. 그렇게 많은 것들을 당연시하도록 만드는 우리의 마음에는 도대체 무엇이 있는가? 그토록 원하던 것을 갖고 나면 하나님께 감사드릴 줄 모른다. 궁지에 몰려서야 필요한 것을 공급해달라고 하나님께 애원한 적이 얼마나 많은가? 우리는 이렇게 말한다. "하나님, 무슨 일이라도 하겠습니다. 이번 한 번만 도와주세요. 여생을 바치겠습니다." 원하는 순간 원하는 바로 그것이 아니라도 결국 그분이 길을 열어주신다. 그러면 우리는 감사를 잊어버린다.

바로 그날 열 명이 선물을 받았다. 그 중 한 사람만이 포장지를 벗겼다. 열 명이 그날 생명을 받았지만, 오직 한 사람만이 이 땅에서 주어진 시간보다 자기 인생에 더 귀한 무엇이 있음을 깨달았다. 감사가 하는 일이 바로 이것이다. 감사는 당신을 변화시킨다. 감사는 하나님을 향하여 당신의 가슴을 열고 그분이 주시려는 모든 복을 다

받을 수 있게 한다.

〈그린치는 어떻게 성탄절을 훔쳤는가? How the Grinch Stole Christmas?〉

(괴물 그린치가 후빌 마을의 성탄절을 시기하여 성탄절을 훔쳐가버리려 한

다는 고전 만화 - 옮긴이)라는 이야기에서 내가 제일 좋아하는 대목은

그린치가 성탄절의 참 의미를 알고 나서 이런 대사가 나오는 장면이

다. "그날 그린치의 마음이 세 치는 더 자랐다고 합니다." 감사는 우

리의 마음을 이렇게 키운다. 우리가 아끼는 삶의 소소한 풍경들을

시야에 꽉 채운다. 우리를 즐겁게 하는 소박한 일들, 무엇보다도 하

나님이 우리의 삶에 넣어주신 사람들이 아마 시야에 들어올 것이다.

다시 말해서 감사는 삶을 즐길 수 있는 능력을 키워준다.

━━━━━ ◈ **자기 성찰을 위한 질문** ◈ ━━━━━

Make it Count Moment

지금까지 살아오면서 당신은 감사하기 위해 돌아온 사람이었는가,

아니면 갈 길로 간 나머지 아홉 명이었는가? 주변 사람들이

당신의 인생에 기여한 바를 두고 얼마나 자주 감사하는가?

한 달만 살 수 있다면 오늘 누구에게 감사하고 싶은가?

삶을 기뻐하는 마음

불평은 정반대의 효과를 낸다. 불평은 우리 가슴을 좁아들고 차

가워지게 한다. 하나님의 지혜와 복이 인생으로 쏟아져 들어오는 것

을 막는다. 감사하는 마음의 반대는 사실 불만, 불평, 트집, 부정의 마음이다. 하나님은 부정적인 태도를 못마땅하게 여기실 것이라고 생각한다. 그것은 그분에게서 받을 것을 다 받아낸 다음 그분의 얼굴을 후려치는 소행과도 같다.

예수님이 만난 나병환자 열 명 중 하나라는 숫자를 떠올리면서 이 비율이 오늘날에도 똑같지 않을까 생각했다. 아마도 10퍼센트의 세상 사람들이 사는 것처럼 살고 있을 것이다. 이 사람들은 하나님이 주신 선물에 정녕 감사해한다. 그들의 눈은 삶의 신성한 선물을 주목하고 있다. 매일 새로운 날을 축하하고 그것을 위해 하나님께 진심으로 감사드린다. 숨 쉴 때마다, 매순간마다, 기회가 될 때마다 삶을 기뻐하는 데 열심이다.

하지만 세상 사람의 90퍼센트 정도는 살면서 받은 복을 놓고 하나님께 진지하게 감사하거나, 인생이라는 풍족한 선물을 받으려 하지 않는다. 결코 그러지 않는다. 가끔 나는 그 10퍼센트에 들어간다. 눈을 크게 뜨고 맞이하는 매순간에 감사한다. 감사의 심정으로 충만한 삶을 산다. 그러나 많은 경우 나는 90퍼센트의 사람이다. 여기에서 저기, 이 일에서 저 일로 바삐 옮겨 다닌다. 시급해 보이는 수많은 활동들을 하느라 쏜살같이 달린다. 결국 점점 근시가 돼 개구리처럼 우물 안의 세계만 본다. 인생의 큰 그림은 벌써 잃어버렸다.

한 달만 살 수 있다면, 진액을 빨아들이는 심정으로 살고 싶을 것이다. 사랑하는 사람들과 마음껏 웃고 어깨를 걸고 싶을 것이다. 다른 사람들에게는 하찮게 보여도 당신의 심령을 밝고 가볍게 하는 작은 일들에 감사하고 싶을 것이다. 그리고 이런 일들을 겪게 하신 하나님께 감사하고 싶을 것이다. 극장 입구에서 풍겨오는 고소한 팝콘 냄새, 산정에서 내려다보는 아름다운 풍경, 어머니가 해주신 닭요리, 나를 안는 고사리 같은 아이 손의 감촉 등 풍요로운 순간으로 복을 누린다. 우리 주변의 모든 것들로 인해 감사할 때, 우리의 사랑이 커진다. 하나님께 감사를 표현할 때, 후회 없는 인생, 충만한 인생을 누릴 수 있는 능력이 커진다.

결심 다지기

1 평소에 당연하게 생각하던 작은 일 대여섯 가지를 적어보라. 길가에 핀 꽃의 향내를 맡으며 삶을 아름답게 해주는 작은 것들에 대해 하나님께 감사드리라.

2 목록 중 하나를 뽑아서 오늘 실행해보라. 좋아하는 음식을 음미하는 것, 한동안 듣지 못했던 음악을 듣는 것, 갓 내린 커피 향을 맡아보는 것 등이 될 수 있다. 무엇을 고르든 정말 즐겨보라.

3 감사하고 싶은 사람들의 목록을 만들어보라. 가족과 친구처럼 당연한 사람들 말고, 매일 당신의 삶을 유익하게 하지만 쉽게 지나쳐버릴 수 있는 사람들을 생각하라. 어린 시절의 선생님, 직장의 임시직원, 통근길의 버스 기사, 커피 전문점의 바리스타 등이다. 이들에게 감사를 표현할 수 있는 방법을 찾아보라.

소통, 가슴을 열다

하고 싶은 말을 하라. 말하고 싶고 말할 기회가 있을 때 하라. 하지 않은 일, 놓쳐버린 기회, 하지 않은 말 때문에 가슴을 치며 후회하는 법이다.
— 짐 켈러 Jim Keller

우리를 그분처럼 만드시기 위해 그분은 우리처럼 되셨습니다.
— 성 아타나시우스 Saint Athanasius

1876년 알렉산더 그레이엄 벨은 전화라고 불리는 볼품없는 발명품에 대고 처음으로 몇 마디 말을 했다. 그때 이 소통의 선이 우리 모두를 이어주며 세상이 줄어들 것이라고는 누구도 상상할 수 없었다. 이로움을 만들어낸 모든 위대한 발명이 그렇듯이 전화 역시 복잡한 상황을 만들어냈다.

오늘날 우리에게는 위성전화, 화상전화, 무선전화, 이동통신, 핸즈프리 통신 능력이 있다. 누구든, 어디서든, 언제든 소통이 가능한 반면, 진정한 연결이 얼마나 자주 일어나는지는 의문이다. 남편과 아내, 부모와 십대 자녀, 상사와 부하직원, 동료와 친구들 사이에서 소통선은 비상 신호만 켠 채 두절되고 있다. 사람들은 늘 말하고 있지만 표현되지 않는 메시지를 이해하기는커녕, 서로의 말을 듣고 있는 것 같지도 않다.

전문가들은 우리가 하는 의사소통의 80퍼센트가 얼굴 표정, 손

짓, 몸짓 등 비언어적이라고 말한다. 누군가와 전화로 말할 때, 전하려는 내용의 약 20퍼센트 정도만 표현되는 셈이다. 휴대전화를 던져버리라는 뜻은 아니다. 하지만 딱 한 달만 살 수 있다면, 주변 사람들과 말길을 트며 살아가는 일에 관해 진지하게 생각해봐야 할 것이다.

당신의 인생에서 소중한 사람들에게 사랑을 전하기 위해서는, 당신이 가장 중요하게 생각하는 바를 말해줘야 하고, 그들에게 용서를 구해야 한다. 그리고 함께 보낸 시간이 추억으로 떠오르게 해줘야 한다. 어쩌면 처음으로, 사랑하는 사람들이 당신을 향해 가식 없이 쏟아놓는 말들을 들어야 한다. 오해를 풀고 막힌 말길을 뚫어야 한다. 우리에게 남은 시간이 불과 네 주 정도라면, 무너진 말길을 고쳐 뚫리게 해야 한다. 가정, 일터, 교회, 학교에서 수많은 말들이 오가지만, 진정으로 서로 연결되기 위해서는 무엇보다 가장 강력한 '말씀'에서 시작해야 한다.

❖ 자기 성찰을 위한 질문 ❖

Make it Count Moment

지금 말길이 완전히 붕괴된 관계가 있는가? 소통의 부족,
잘못된 소통, 말과 행동의 불일치 중 무엇 때문에 붕괴됐는가?
그 사람에게 어떻게 반응했는가?

열린 마음으로

외국어를 배워봤다면, 의도한 의미의 상당 부분이 번역과정에서 변하거나 없어진다는 것을 알 것이다. 같은 언어를 사용하더라도, 이런 일이 일어날 수 있다. 그래서 맥락 속에서 이해하는 일이 중요하다. 주변 사람들은 우리가 왜 그들과 의사소통을 하려는지 알아야 한다. 의도를 제대로 알 수 있는 유일한 길은 마음을 드러내는 모험을 감수할 때뿐이다. 옛날 교환수가 전화를 연결해주던 때처럼, 신호음이 가게 만들려면 먼저 관계라는 통화 신청을 해야 한다. 입을 벌려 말하기 앞서 먼저 마음을 열어야 한다. 오스왈드 챔버스는 이렇게 말했다. "외향적인 사람과 행동가적인 사람을 결정하는 요소는 그들 안에 있는 보이지 않는 영적 요소이다."

열린 마음으로 말하는 것이 무엇인지 단적으로 보여주는 사례는 이것이다. 이 때문에 역사의 방향이 바뀌었고 지금도 수많은 사람들의 삶의 방향을 바꾸고 있다. "말씀이 육신이 되어 우리 가운데 사셨다. 우리는 그의 영광을 보았다. 그 영광은 아버지께서 주신 독생자의 영광이며, 그 안에는 은혜와 진리가 충만하였다"(요 1:14). 예수님은 우리와 소통하시기 위해 하늘에 있는 집을 떠나 이 땅으로 오셨고, 자신의 마음을 우리에게 터놓기 위해 인간의 육체를 입으셨다. 그분은 마음을 여셨고 전적으로 약한 모습이 되셨다. 배척을 무릅쓰셨고, 실제로 많은 사람들, 특히 권력자들에게 오해를 사셨다.

왜 이 일을 하셨는가? 한 가지 이유에서이다. 우리에게 하나님이 어떤 분인지 알게 하시려는 까닭이었다. 그래서 그분은 가능한 가장 효과적인 방법으로 우리와 말길을 트셨다. 그분은 모든 언어 장벽을 뛰어넘는 말씀이시다. 사랑하는 사람들을 향해 마음을 열어놓을 때까지, 말길이 트이는 경험을 하긴 어려울 것이다. 말이 흘러나가기 전에 마음이 열려야 한다. 배척을 각오할 정도로 과감히 연약함에 놓여야 한다.

주변 사람들에게 마음을 여는 가장 핵심적인 방법은 시간을 나누는 것이다. 할 일이 산더미처럼 쌓인 삶을 살면서 우리는 사람들과 효율적으로 관계하려는 나머지 시간, 에너지, 돈을 절약할 수 있는 방법을 쉽게 택한다. 그러나 효율만을 생각하고 관계의 소통을 어설피 하면, 오히려 효율성이 모두 날아가 버린다. 관계는 효율성의 법칙을 따라 맺어지거나 성장하는 게 아니다. 적절한 소통을 위해서는 시간이 필요하다. 배우자와 보내는 둘만의 시간, 아이들과 함께하는 활동과 나들이, 친구들과의 식사와 여흥, 동료들과 팀워크를 다지는 시간 말이다. 관계를 위한 비용을 인색한 마음으로 지불하고 있다는 게 문제이다. 사무실에서 보내야 할 시간이 길어지며 바빠지면 제일 먼저 줄이는 게 이런 시간이다. 하지만 남아 있는 날을 하루하루 세고 있는 형편이라면, 이런 데 시간을 더 많이 들이고 싶은 게 인지상정일 것이다.

시간도 함께 보내야 하지만 고민도 함께 나눠야 한다. 내 마음을 들여다보는 사람들에게는 내 필요도 터놔야 한다. 우리는 《녹슨 갑옷을 입은 기사*The Knight in Rusty Amor*》에 나오는 인물처럼 굴 때가 많다. 겁을 모르는 기사는 용들을 무찌르기 위해 말을 타고 진격해서 치열한 전투를 벌인다. 그런데 집으로 돌아와서는 갑옷을 어떻게 벗는지 모른다. 갑옷을 벗는 법을 배워야 한다. 그래야 다른 사람들과 어울릴 수 있다. 물론 갑옷은 꼭 입어야 한다. 그러지 않으면 꼭 싸워야 하는 전투를 치를 수 없다. 사회적이고 직업적인 경계 설정은 필요하다. 그러나 동료, 부하직원, 상사, 남편, 아내, 십대 자녀 등 어떤 관계든 새로운 도약을 원한다면, 갑옷을 벗어야 할 때를 알고 약해질 때 약해져야 하며 동시에 가슴을 열고 당신의 필요를 드러내야 한다.

당신이 지도자이고, 섬기는 사람들이 당신과 이어지길 원한다면, 당신만큼 열심히 일하고 끝까지 충성스럽길 바란다면, 때로 그들에게 기꺼이 가슴을 열 수 있어야 한다. 당신의 실수를 인정하라. 무엇이 필요한지 말하라. 정말 무슨 생각을 하는지 나누라. 자신의 약점을 터놓을 수 있을 만큼 리더가 강할 때 사람들은 뭉친다. 입을 열기 전에 마음을 열라. 의사소통에 어떤 차이가 생기는지 그야말로 입을 다물지 못할 것이다.

말이 전하지 못하는 것

메시지를 전하려고 입을 열기 앞서 들을 줄 알아야 한다. 우리는 자주 고개를 까딱거리며 다른 사람들에게 주목하고 있는 양 보이기 위해 노력을 다한다. 그러나 사실은 그 순간에 다음 말을 준비하거나, 점심에 먹고 싶은 음식을 생각하거나, 운동이 끝난 아이를 몇 시에 데리러 가야 하는지를 생각한다. 누군가의 마음속 상처를 볼 수 있을 정도로 말 속에 담겨 있는 의도를 들어야 한다. 상담가, 목사, 사회사업가만 주변 사람들의 상처를 알 수 있는 것은 아니다. 당신의 입장에서 어떻게 보이든 간에, 사람은 모두 상처가 있다. 사랑하는 사람들이 하는 말의 심층을 듣는다면, 상처가 무엇인지 알 수 있을 것이고 더 깊은 차원에서 사람들과 이어질 수 있을 것이다.

듣는다는 것은 다른 사람의 눈을 보면서 그들이 진정으로 아끼는 것, 관심, 꿈을 발견해내는 것이다. 우리 아들이 서너 살쯤 됐을 때, 신문을 읽고 있는 내게 와 말을 건네곤 했다. 아이는 신문을 걷어치우고 내 턱을 부드럽게 잡았다. 그리고 내 눈이 자기 눈과 마주치도록 내 얼굴을 돌렸다. 내가 자기에게 오롯이 주목하길 바랐던 것이다. 눈길을 받으며 말하고 싶었기 때문이다.

비단 내 아들만이 아니다. 하나님은 우리를 전적으로 이해받기 원하는 존재로 지으셨다. 우리는 성공한 사람이나 전부를 가진 사람이 아니라 있는 그대로 보이길 원한다. 우리의 마음을 들여다보는 누군가를 원한다. 우리의 있는 그대로를 다 보고도 여전히 우리를 사랑하는 누군가 말이다. 배우자, 자녀, 친구, 팀원, 직장 동료들은 우리가 그들에게 집중하고 마음과 함께 쫑긋 귀를 세움으로써 자신들을 존경해주길 바란다. 자신을 다 들여다보고도 여전히 사랑해주길 바라는 것이다.

스스로 생각할 때 당신은 잘 들어주는 사람인가? 왜 잘 들어주는가?
남의 말을 잘 못 듣는다면 왜 그런가? 당신이 아끼는 사람들의
말을 좀 더 귀를 세우고 듣지 못하게 만드는 요인은 무엇인가?
얼마나 집중해서 사람들의 말을 들어주는가?

진실은 신뢰와 통한다

생의 마지막을 맞은 몇몇 사람들을 지켜봤다. 솔직히 말해서 그
들이 어떤 삶의 동기를 지니고 있는지 보았다고 해도 과언이 아니
다. 앞으로 남은 날이 얼마인지 안다면, 진실하지 않은 어떤 것에도
낭비할 시간이 없을 것이다.

관계는 너무나 중요하기에 에둘러 말한다든지, 등 뒤에서 수군거
린다든지, 거짓으로 말하는 등의 일을 해선 안 된다. 직선적으로 말
할 때 존경을 얻는다. 예수님 자신이 "은혜와 진리가 충만"(요 1:14)
한 말씀이시듯, 우리는 정직하고 당당해야 한다. 패트릭 렌치오니
Patrick Lencioni는 《팀의 다섯 가지 역기능 *The Five Dysfunctions of a Team*》에
서, 현대인은 직장에서 진실을 말하거나 솔직한 감정을 나누지 않는
다고 결론내렸다. 가십을 퍼뜨리고 뒤에서 찌르거나, 반대 의견을
가지고 있으면서도 속으로만 끙끙댈 뿐, 진실을 말하는 사람은 드물
다는 것이다. 왜 그런가? 점잖게 행동하고 다른 사람들이 듣기 원하

는 대로 말하는 것이 훨씬 더 쉽기 때문이다. 모든 사람이 쾌활하게 행동한다. 가슴 밑바닥의 진실을 나눌 마음이 없기 때문이다. 렌치오니는 이런 경향이 조직 내 신뢰 결여를 보여준다고 주장한다.

위대한 조직뿐 아니라 위대한 관계는 신뢰 위에 세워진다. 그리고 신뢰는 진실을 말함으로써 구축된다. 진실을 말하면 말할수록, 모든 사람이 정직해질 수 있는 분위기를 조성한다. 이런 분위기는 탁 트인 말길을 만들어주고, 이런 말길 안에서 성공적인 사업, 아름다운 가정, 견고한 결혼생활이 세워진다. 모든 위대한 것들은 신뢰의 초석 위에만 세워지기 때문이다. 에베소서 4장 15절에는 이런 말씀이 있다. "우리는 사랑 안에서 진리를 말하면서, 모든 면에서 자라나서, 머리이신 그리스도에게까지 이르러야 합니다." 진실을 말하려는 의지도 있어야겠지만 우아하게 화내는 법도 알아야 하겠다. 화가 났을 때, 화났다고 말해야 한다. 상처를 입었으면, 상처가 됐다고 드러내야 한다. 반대 의견이 있으면, 나눠야 한다. 그러나 진실을 나누는 모습은 말 자체만큼이나 중요하다.

당신이 진실을 말함으로써 다른 사람들을 존중한다면, 사람들이 당신이나 당신이 내린 결정과 행동에 대해 받아들이기 어려운 점을 지적한다 하더라도, 그들을 소중히 여길 수 있다. 당신이 동의하지 않는다 하더라도, 사람들에게 반응하는 모습으로 장차 의사소통이 개선될 수 있다는 메시지를 보낼 수 있다. 진실은 때로 무척 어수선하다. 그러나 언제나 신뢰를 세우고 관계의 기초를 튼실하게 해준다.

진정한 의사소통

위성전화 기술을 보면 입이 다물어지지 않는다. 여행 중 이 작은 기계를 쓰면 우주공간에 떠 있는 큰 위성에 연결이 되고 휴스턴에 있는 내 집으로 전화가 걸린다. 지구 저 반대편에 가 있다 해도, 우리 아이들의 목소리를 들을 수 있다. 사랑하는 사람들과 멀리 떨어져 있다고 느껴질 때, 사실은 정서적인 거리감 때문에 마음이 아픈 법이다. 하나님은 벌어진 틈을 메우길 원하신다. 그분은 당신이 소중한 사람들과 연결시켜달라고 호소하길 원하신다. 그분은 그들의 마음을 열어주실 것이다. 그리스도는 바로 이렇게 당신과 연결되신다. 당신을 그분의 아버지께 연결시키시는 것이다. 하늘에 계신 아버지와 먼저 연결될 때 인생에서 만나는 사람들과 훨씬 더 잘 의사소통할 수 있다. 결혼해서 부부가 하나님을 향해 성장하면, 서로를 향해 더 성숙해질 수 있다. 하나님을 향해 자라날수록, 그분에게 붙어 있을수록, 하나님은 우리가 소통하려는 사람들에게 더 선명한 신호를 보내주신다. 관계가 붕괴되는 순간, 어찌 해야 할 바를 모를 상황일 수도 있다. 하나님께 신호를 보내라. 그 사람의 마음을 열어 달라고, 해야 할 말을 달라고 요청하라.

하나님은 이렇게 말씀하신다. "네가 나를 부르면, 내가 너에게 응답하겠고, 네가 모르는 크고 놀라운 비밀을 너에게 알려 주겠다"(렘 33:3). 우리가 그분을 부를 때 통화중이라는 신호음을 듣는 법이 없다. 그분은 결코 우리를 기다리게 하지 않으신다. 뭐라고 해야 할지 모를 때, 사랑하는 사람들을 아프게 할 수 있는 어려운 문제들에 직면할 때, 사람들이 얼마나 소중한지 말해야 할 때와 장소를 가려야 할 때, 그분께 도움을 구할 수 있다. 솔직하게 아뢰라. "하나님, 제가 아내를 얼마나 사랑하는지 말할 수 있게 해주세요." "주님, 지금 이 서먹함을 뚫고 다가가길 원한다고 십대 자녀들에게 말할 수 있게 해주세요." "하늘에 계신 아버지, 제가 친구에게 거짓말을 했습니다. 그에게 무슨 말을 해야 할지 도와주세요."

이게 아닌데 싶은 식으로 관계가 돌아가고 있다면, 인생에서 가장 소중한 사람들과 소통하는 일에 더 노력해야 한다. 하나님은 당신을 돕길 원하신다. 그 정체를 뚫어버릴 수 있게 해주신다. 그래서 서로의 심장에서 들려오는 소리를 들을 수 있게 해주신다. 당신이 해야 할 유일한 일은 이것이다. "여러분 가운데 누구든지 지혜가 부족하거든, 아낌없이 주시고 나무라지 않으시는 하나님께 구하십시오. 그러면 받을 것입니다"(약 1:5).

진정한 의사소통은 연결하고 나누고 이해하는 것이다. 살아오면서 껴입게 된 겹겹의 갑옷들을 정녕 벗어던지기 원한다면, 우리가 누구인지 모험을 감행하면서라도 드러내야 한다. 귀를 기울이고 들어야 한다. 그들의 꿈이 무엇인지 식별해내는 일뿐 아니라 다른 사람이 말로 표현하지 않은 필요를 찾아내줘야 한다. 진실을 나누고 의사소통의 통로들을 열어달라고 하나님께 요청드릴 때, 당신의 인생은 보람 있고 투명하고 튼튼한 관계 속에서 풍요로워질 것이다.

① 휴대전화기의 단축번호에 입력된 사람들은 누구인가? 그들 가운데 누가 당신에게 가장 소중한가? 다른 사람들에 비해서 그에게 얼마나 자주 전화하는가? 얼마나 진실되게 소통하는가?

② 소중하지만 멀리 있는 사람들에게 편지나 이메일을 쓰고 전화를 걸라. 함께한 마지막 시간이 언제인지 떠올려 보라. 함께한 그 시간이 당신에게 얼마나 값진 것인지 그들에게 말하라.

③ 하루 동안 미디어 금식을 하라(텔레비전, 라디오, 컴퓨터, 신문 금지). 산만함이 줄면서 당신 인생에서 소중한 사람들의 목소리를 들을 수 있게 될 것이다. 이 금식이 끝난 후 어떤 영향이 있었는지 적어보라.

Learn Humble

겸손히 배우라

제3주

스타 파워, 자신의 참 결을 찾다

달에 닿기 위해 애써보라. 설령 못 미친다 하더라도 어느 별엔가는 닿아 있을 테니까.
– 레스 브라운 Les Brown

우리 각자의 삶에는 행동 개시를 기다리는 영웅의 면모가 다 들어 있다.
– H. 잭슨 브라운 주니어

나는 밤하늘을 올려다보기 좋아한다. 맑은 여름밤의 하늘을 올려다보면 수백, 수천의 빛나는 보석들이 어둠속에서 빛을 발하고 있다. 이 순간 내가 얼마나 왜소한지, 하나님이 얼마나 광대하신지 깨닫게 된다. 왜 내가 그분에게 소중한 존재로서 70억 인구의 바다로 사라지거나, 북극성처럼 은하수의 빛으로 섞이지 않는지 궁금해진다.

시편이라고 알려진 시들 중 한 편을 보면, 다윗 역시 같은 질문이 있었음을 알게 된다. "주께서 손수 만드신 저 하늘과 주께서 친히 달아 놓으신 저 달과 별들을 봅니다. 사람이 무엇이기에 주께서 이렇게까지 생각하여주시며, 사람의 아들이 무엇이기에 주께서 이렇게까지 돌보아주십니까? 주께서는 사람을 하나님보다 조금 못하게 지으시고, 그에게 영광과 존귀의 왕관을 씌워 주셨습니다"(시 8:3-5). 여기 당대의 명사가 있다. 하나님이 손수 무명의 자리에서 택하셔서 이스라엘의 왕으로 기름 부으신 사람이다. 그가 왜 하나님이 자기를 지으셨는지 묻고 있다. 다윗은 이렇게 말하는 것이다. "하나님, 당신이 지으신 모든 것들을 보니 나는 먼지 같다는 생각이 듭니다. 나는 누구이며 내 자리는 어디입니까? 인생의 거대한 계획 가운데서 나의 위치, 있어야 마땅한 곳, 좌표는 어디입니까?"

하나님이 다윗에게 응답하신 것은 우리에게도 똑같이 적용된다. 하나님은 우리에게 거듭 강조하신다. "너는 내게 너무나 소중한 존재다. 네 인생을 향해 어마어마한 계획을 가지고 있다. 내가 너를 지을 때 구체적인 이유가 있었단다." 그분은 우리를 친밀하게 아시기에 군중 속에서도 놓치지 않으신다. 우리를 잊어버리시거나 그저 떠내려가게 두지는 않으신다.

겸손히 배우라. 어느덧 3주째에 들어섰다. 가장 기본적인, 아니 늘 떠오르는 질문, '나는 정녕 누구인가?'에서 출발한다. 우리는 인생을 통해서 하나님의 성품과 우리를 향한 그분의 사랑을 배워간다. 그럼으로써 우리 자신에 대해서도 배운다. 남은 시간이 4주건 40년이건 우리는 평생 배우는 사람들이다. 여러 가지 일들, 환경, 시련, 승리를 통해서 변하고 성숙해간다.

우리가 무엇을 위해 존재하는 사람인지 어떻게 알 수 있는가? 이 질문을 난생 처음 던지든 수년간 고민해왔든, 출발점은 동일하다. 천문학자가 밤하늘을 보기 위해서는 전파망원경을 봐야 하는 것처럼, 당신도 가까이에서 봐야 한다. 당신이 누구인지, 무엇을 위해 지어진 인생인지 전모를 파악하기 위해서는, 피조물인 당신의 근원부터 살펴봐야 한다.

자신의 정체성과 인생의 좌표가 몹시 궁금했던 적은
언제인가? 어떤 환경 속에서였는가?
그것들이 당신에게 어떤 영향을 주었는가?

지적 설계자

우리는 하나님의 형상으로 지음받았다. 우리의 성품을 이해하기
위해서는 그분의 성품을 들여다봐야 하는 게 정상이다. 로마인들에
게 보내는 편지에서 바울은 이렇게 썼다. "이 세상 창조 때로부터,
하나님의 보이지 않는 속성, 곧 그분의 영원하신 능력과 신성은, 사
람이 그 지으신 만물을 보고서 깨닫게 되어 있습니다"(롬 1:20). 바
울은 피조물과 창조주를 연결시킨다. 인간이 주위를 둘러보면 하나
님이 계시다는 증거를 발견한다는 것이다.

1995년에 과학자들은 허블망원경을 어두운 우주 공간의 한 부분
에 고정시켰다. 북두칠성의 손잡이 부분에 있는 한 점에 초점을 맞
춘 것이다. 과학자들은 허블의 선명도와 범위를 시험해보려고 화상
을 받아보고는 충격을 받았다. 그 작은 빈 공간은 그냥 비어 있지 않
았다. 사진 판독 결과 전에 알지 못했던 천 개 정도의 알려지지 않은
은하수가 있었다. 이제 과학자들은 가시 우주에 1,250억 개 이상의
은하수가 있다고 추정한다. 그 은하수 하나하나에는 수백만 개의 별

들이 있다. 넋이 나갈 지경이다! 내 작은 머리로는 저런 숫자를 이해할 수 없다. 만약 이것이 우리가 알고 있는 창조 세계의 크기라면, 창조주는 얼마나 더 크시겠는가? 이러한 아름다움, 능력, 정교함을 만들어내셨다면 그분은 얼마나 큰 능력과 상상력을 소유하셨겠는가?

이 땅에서 창조의 복잡성을 볼 때, 그 배후의 지적 설계자가 모든 것을 지었다는 게 분명해진다. 나방의 일생이든 두뇌의 작용방식이든 창조에 대해 배우면 배울수록, 창조주가 계심을 확신하게 된다. 프린스턴에서 생물학을 가르치는 에드윈 콘클린Edwin Conklin 교수는 생명이 우연히 출현할 확률은 인쇄 공장이 폭발해서 사전이 나올 확률에 비교될 수 있다고 말한다. 창조 세계의 복잡성, 아름다움, 효율성을 보면 우연히 이렇게 된 게 아님을 알 수 있다. 창조주가 있어야 한다. 하나님이 있다고 믿는 것보다 무신론자가 되는 데 더 많은 믿음이 필요하다는 것은 참으로 역설이다.

창조주가 없다고 해보자. 그러면 우리는 자연의 변덕스러운 발생에 의해서 우연히 이곳에 있는 것이다. 우리의 정체성과 이 땅에서의 목적을 이해하기 위해 이 책을 더 읽을 필요도 없다. 창조주가 없다면 숭고한 의미나 더 큰 목적도 없는 것이다. 사는 동안 그냥 즐기기 위해 여기 있는 것이다. 묻지 말고 살아라, 즐겨라, 걱정하지 말아라, 인생의 의미 같은 것은 찾지 말아라! 그런 것들은 존재하지 않는다. 창조주가 없다면, 우리는 기본적으로는 호기심이 좀 많은, 자기를 의식할 줄 아는 동물에 지나지 않는다.

하지만 좋은 소식이 있다. 창조 세계 여기저기에 의도적인 지문이 남아 있다. 원 설계자가 있다는 것이다. 그 증거는 바로 우리 눈

앞에 있다. 그것은 마치 숨은 그림이 튀어나올 때까지 도안을 응시하고 있어야 하는 매직아이와도 같다. 어떤 사람들은 삼차원을 금방 보지만, 눈을 가늘게 뜨고 제법 긴 시간을 응시하며 끙끙거리는 사람도 있다.

창조 세계를 볼 때 창조주가 보인다. 그분이 어떤 창조주인지 본다. 그분의 인격, 권능, 즐거움이 보인다. 그분이 얼마나 독특함과 다양성을 좋아하는지 알게 된다. 오리너구리나 왕나비를 생각해보라. 아니, 당신 자신의 몸을 생각해보라. 하나님이 다양함을 좋아하신다고 못 믿겠거든 가까운 시장에 가보라. 질릴 만큼 다양한 사람들이 오가는 모습을 지켜보라. 우리는 바로 놀라운 상상력의 산물이다.

하나님의 자녀라는 정체성

우리가 그분의 형상을 따라 지어진 그분의 걸작품이라면, 우리가 누구인지, 우리의 진정한 가치가 무엇인지 알려고 왜 애를 써야 한단 말인가? 조금 오래되기는 했지만 디즈니의 만화영화 〈라이온 킹〉에서 제시된 답을 찾았다. 어린 사자 심바를 기억할 것이다. 그는 왕국의 후계자이다. 심바는 자기 아빠 무파사를 죽음으로 몰고 갔다는 누명을 쓰고 죄책감과 두려움에 도망을 친다. 그 후 왕이 되려는 꿈은 접었다. 어느 날 황야에서 무파사가 환상 중에 나타나 이렇게 말한다. "심바야, 너는 날 잊었구나." 심바가 대답한다. "아니에요, 아빠. 아빠를 어떻게 잊을 수 있겠어요?" 심바의 아빠는 말한다. "넌 네가 누군지 잊어버렸구나. 그렇다면 날 잊은 거야. 네가 누군지 기억하렴. 너는 내 아들, 진정한 왕이란다."

나는 이 장면을 좋아한다. 우리의 정체성에 관한 핵심적인 진리를 놓치지 않고 붙들게 해주기 때문이다. 하나님은 당신과 나에게 이렇게 말씀하신다. "네가 누군지 기억해라. 너는 내 자녀다. 너는 진정한 왕의 자녀다." 오늘날 수많은 사람들이 자기의 창조주를 잊어버렸다. 그래서 인생의 목적과 의미를 완전히 놓치고 말았다. 그들은 사는 게 아니다. 그냥 숨이 붙어 있을 뿐이다. 그들은 인생의 좌표를 모른다. 자신이 누구의 피조물인지 잊었기에 자신의 정체성 또한 잊었다.

이들은 자신의 진정한 정체성을 시야에서 놓쳤다. 하이테크 컴퓨터 시대에 사는 우리는 신분 도용의 위험과 방지책에 대해 상당한 정보를 가지고 있다. 안전한 웹사이트를 선택하고, 암호화하는 등 우리의 중요한 신상정보와 신분을 훔치려는 해커를 막는 안전대책을 세운다. 그러나 신분 도용은 새로운 현상이 아니다. 이것은 성경에 나오는 원수의 가장 오래된 전략이다. 원수는 우리의 정체성에 대한 의식을 훔쳐가려고 한다. 하나님의 목적은 우리가 제대로 사는 것이지만, 사탄은 우리가 그 목적에 못 미치도록 만드는 계획을 가지고 있다. 그 도둑의 계획은 훔치고 죽이고 파괴하는 것이다. 그자는 당신의 신분을 훔치고, 당신의 꿈과 인생의 목적을 짓밟아버릴 수 있다. 우리는 늘 조심해야 한다. 우리는 지금 광활한 전장의 한가운데 서 있다. C. S. 루이스가 말한 대로이다. "우주에서 중립지대란 없다. 어디든 어느 때든 하나님의 소유이고 사탄은 그것을 빼앗으려 한다."

사탄은 우리에게 와서 이렇게 속삭인다. "넌 가치가 없어. 너 같은 자를 쓰시지 않아. 아니, 하나님은 너를 외면하셔. 네가 일을 망쳐버렸기 때문이지. 그것도 여러 번 망치고 또 망쳤기 때문이지. 넌 가치 없는 인간이야. 하나님은 널 선반 위에 얹어놓고 잊어버리셨어. 네가 제대로 살지 못했기 때문이지. 너는 재능도 없어. 경건하지도 않아. 똑똑하지도 않아. 헌신돼 있지도 않아. 의지력도 없어." 어디서 많이 듣던 소리 아닌가?

우리의 원수는 우리가 어떤 존재인지에 관한 확신을 손상시키려고 한다. 그러나 하나님은 늘 우리에게 말씀하신다. "네가 누구로 인해 지어졌는지 기억해라. 너는 나의 자녀다. 너는 왕의 자녀다. 이것이 너의 진정한 정체성이다. 너는 용서받았다. 너는 내 안에서 의롭다. 너는 내게 소중하다. 네가 내게 너무나 소중해서 나는 이 땅에까지 왔다. 그리고 널 위해서 죽었다. 네가 너무 소중해서다. 내 목숨을 버릴 만큼 너는 가치 있다. 너를 그만큼 사랑한다."

❧ 자기 성찰을 위한 질문 ❧

Make it Count Moment

원수가 당신의 신분을 도용하려고 했던 때는 언제인가?
자신에 대해 실망했을 때 어떤 생각이 마음속에 떠올랐는가?
다음에 사탄이 이런 공격을 가해올 때는 어떻게 반격하겠는가?
이런 순간에 어떻게 당신의 진정한 정체성을 붙들겠는가?

독특함을 인정하라

우리의 창조주께서 정교하고 아름답고 세밀한 설계자이심을 깨달았다면, 우리 자신에게로 눈길을 돌릴 수 있다. 망원경을 우리에게 돌려서 우리의 진정한 정체성을 발견하는 것이다. 우리가 그분의 목적을 완수하기 위해 어떻게 지어졌는지 보자. "우리는 하나님의 작품입니다. 선한 일을 하게 하시려고, 하나님께서 그리스도 예수 안에서 우리를 만드셨습니다. 하나님께서 이렇게 준비하신 것은, 우리가 선한 일을 하면서 살아가게 하시려는 것입니다"(엡 2:10).

이런 발견을 하고 그 빛 아래서 살아가기 위해서는, 자신의 힘을 끌어올려야 한다. 도널드 클리프턴Donald O. Clifton은 그의 책《네 힘으로 살아라Living Your Strength》에서, 우리가 어렸을 때부터 "잘 갖춘" 사람이 되도록 교육받는다고 지적한다. 성적표가 우리의 날카로운 모서리들을 깎아내고 부드럽고 원만하게 만든다. 클리프턴에 따르면 우리가 배운 지식은 우리를 될 수 있는 한 무딘 사람으로 만드는 도구이다. 복지부동하라, 순응하라, 인습과 전통을 따르라, 꼬치꼬치 따지지 말고 그냥 가만히 있으라고 배운다.

하나님은 우리가 원만한 사람이 되길 원하지 않으신다. 그분은 우리 각자에게 독특한 선물을 주셨다. 똑같은 재능을 가진 사람은 없다. 비슷하게 보여도 같은 것은 아니다. 잘하는 일에 초점을 두고, 못하는 것에는 연연해하지 말아야 한다. 나는 노래를 못한다. 나를 좀 안다는 사람들에게 물어보면 답이 나온다! 발성 연습을 하고 〈아메리칸 아이돌〉(노래 실력이 빼어난 신인가수를 선발하는 미국의 예능 프로그램 - 옮긴이)의 예선 심사에 나갈 수는 있다. 최악은 면하겠지만 여전히 음치 소리를 들을 것이다. 그러나 하나님이 내게 주신 재능이 돋보이는 영역에 초점을 둔다면, 그 영역을 발전시킬 수 있다. 나는 좋은 글을 쓰고 더 많은 공감을 얻으려고 늘 노력한다. 있지도 않은 재능과 열정에 초점을 두고 취약한 영역들을 발전시키려고 노력하는 것은 하나님을 무시하는 처사이다. 우리의 가장 큰 잠재력은 우리의 가장 큰 강점의 영역과 일치한다.

우리가 누구인지 어떻게 알겠는가? 학생, 청년, 미혼, 기혼, 초보 부모, 중년, 노인 등 어떤 인생의 시기에 있든, 우리는 하나님께 초점을 맞춤으로써 우리를 지으신 하나님에 관해 더 많이 배울 수 있다. 하나님과 더 가까운 관계를 발전시킬 때, 더욱 그분을 닮게 된다. 그러면 우리의 신분을 훔쳐가려는 원수의 시도를 봉쇄할 수 있다. 우리의 창조주를 우리 정체성의 근원으로 볼 때, 밤하늘의 어떤 별보다 더 밝은 빛을 낼 수 있다.

1 오늘밤(하늘이 맑은 밤) 밖으로 나가 별들을 지켜보라. 당신의 생각은 어디에 닿는가? 어떤 느낌이 드는가? 이제 집안으로 들어와 시편 8편을 읽어보라. 그리고 하나님께 드리는 자신의 시를 지어보라. 당신 자신의 질문과 갈망을 포함하여 자신의 경험을 표현하라.

2 이번 주 당신의 정체성을 깨닫게 하는 사물을 한 가지 찾아보라. 사진 같은 것이 좋겠다. 당신이 좋아하는 일을 하고 있거나 배우자와 함께 찍은 사진이면 더 좋다. 등산 가서 주운 돌이나 할머니가 물려주신 보석도 괜찮다. 그것을 몸에 지니고 다니거나 눈에 잘 띄는 데 놓아두라. 당신이 진정 누구인지 바라보며 기억하도록 하라.

3 당신의 장점을 적어보라. 구체적으로 세세히 적으라. 두루뭉술해지지 않도록 주의하라. '나는 창의적이다' 대신 '나는 수채화를 잘 그린다' 식으로 쓰라. 목록을 보고, 지난주 이 재능을 얼마나 사용하고 개발했는지 각 항목 옆에 채점하라.

GPS, 방향을 잡다

하나님이 당신을 부르신 곳은 당신의 깊은 기쁨과 세상의 깊은 배고픔이 만나
는 바로 그 지점이다.
– 프레데릭 뷰크너 Frederick Buechner

생의 마지막에 이르러 하나님 앞에 섰을 때 내게 남은 재능이라곤 하나도 없어
서 이렇게 말하게 되길 간절히 소원한다. "주신 모든 것을 다 쓰고 왔습니다."
– 어마 봄벡

차에서도 사용할 수 있도록 GPS(위성위치확인 시스템)가 널리 보
급된 것이 당신도 나만큼 고마운가? 〈스타워즈〉를 보면서 자란 탓
인지 모르지만, 나는 그것의 기발함을 높게 평가하고 편리함을 향
유하고 있다. 우주공간 어딘가에서 위성이 이 작은 기기로 신호를
보내, 내가 어디 있으며 가고자 하는 곳을 어떻게 갈지 알려주는 것
이다.

얼마 전 가족들과 스웨덴으로 여행을 갔다. 이때만큼 GPS 기술
에 감사해본 적도 없는 것 같다. 스톡홀름에 도착했을 때 GPS가 장
착된 차를 한 대 빌렸다. 인구 100만 명이 넘는 도시 곳곳을 다니면
서 사람들을 만나야 했다. 공항을 빠져나오면서 GPS를 아들 라이언
에게 건네줬다. 나는 작동할 줄 모르는 프로그램이었기 때문이다.

잠시 후 우리는 가고 싶은 데로 가고 있었다. 기계에서 확실한 자

동음성이 흘러나와 우리를 안내했다. "15킬로미터 앞에서 좌회전하십시오." "800미터 앞에서 우회전하십시오." 모든 게 순조로웠다. 그러나 도심 한복판 높은 빌딩 숲 사이에서 위성신호를 잃어버리자 사정이 달라졌다. 길은 가다가 끊어지곤 했다. 여기저기 부지런히 찾아다녔지만 결국 길을 잃고 말았다.

아들의 도움으로 GPS를 전방에 놓으면 신호를 잡아낸다는 것을 알게 되었고 약간 늦기는 했지만, 덕분에 무사히 호텔로 돌아올 수 있었다. 우리는 인생에서 하나님으로부터 선명한 신호를 받아야 한다. 그래야 이 세상에서 우리의 위치와 좌표를 발견할 수 있다. 우리의 위치, 자리, 인생의 목표지점을 발견할 때까지는 언제나 길을 잃은 느낌일 것이다. 군중에 묻혀 있더라도 이런 느낌이 들 것이다.

◈ 자기 성찰을 위한 질문 ◈

Make it Count Moment

운전하다가 길을 잃은 적이 있는가? 무슨 일이 일어났는가?
방향을 몰라 차를 세웠는가? 고속도로 위든 인생의 길이든
길을 잃었다 싶을 때 어떤 반응을 하는가?
어디서 방향을 선회하는가?

재능을 발휘하라

GPS는 출발 지점과 도착 지점을 보여주고 인도해주는 역할만 하지 않는다. GPS는 떠오르게 한다. 풍성한 생명으로 향한 길을 찾도

록 하나님이 우리 안에 오셔서 우리를 도우시는 모습을 보여주는 것이다. 앞 장에서 살핀 것처럼, 우리의 개인적인 정체성과 독특한 목적은 한데 붙어 있다. 생애에서 무엇을 추구하도록 부름받은 존재인지 알고 싶다면, 하나님이 우리를 어떻게 지으셨는지 알아야 한다. 다윗은 이렇게 적고 있다. "내가 이렇게 태어났다는 것이 오묘하고 주께서 하신 일이 놀라워, 이 모든 일로 내가 주님께 감사를 드립니다"(시 139:14). 우리는 하나님의 형상으로 자신이 지어졌음을 안다. 그분이 산정할 수 없는 가치를 우리 안에 넣으셨음을 안다. 그분은 자기 아들의 죽음, 즉 아들과 분리되는 값을 기꺼이 치르셨다. 우리와 온전한 관계를 맺기 위해서였다.

실제적인 면을 짚어보자. 이 일로 말미암아 어떻게 살아야 하는지, 우리의 목적이 무엇인지 알게 되었는가? 하나님이 우리 안에 장착해 놓으신 GPS의 전원을 켜야 한다. 이 모양 저 모습으로 닥치는 환경과 삶의 선택들 가운데서 제대로 길을 찾으려면, 세 가지 결정적인 자원을 필히 사용해야 한다. 우리의 재능, 우리의 열정, 우리의 고민이다.

하나님은 우리에게 어마어마한 은사를 아낌없이 주셨다. 당신에게도 예외가 아니다. 그분은 당신에게 독특한 능력과 자질을 주셨다. 초대교회에 보낸 편지 중 하나에서 바울은 이렇게 썼다. "은혜의 선물은 여러 가지지만, 그것을 주시는 성령은 같은 성령이십니다. 섬기는 일은 여러 가지지만, 같은 주님을 섬깁니다"(고전 12:4-5). 어떤 선물은 타고난 것이다. 어떤 것은 자신의 삶을 사랑하는 주님께 바칠 때 현저하게 나타나는 영적인 것이다. 바울은 구별이 문제가 되지 않는다고 지적한다. 당신이 어떤 일을 아주 잘하고 그것으로 인해 하나님께 영광이 돌아가면, 그것이 바로 영적인 것이기 때문이다. 그게 천부적인 재능이든 영적인 은사든, 모두 하나님으로부터 온 것이다. 그분은 당신이 그분으로부터 받은 것을 사용할 때 기뻐하신다. 우리 중 어떤 사람들은 언변이 뛰어나다. 다른 이들은 노래를 잘한다. 어떤 사람들은 숫자를 잘 다루고, 그런가 하면 디자인을 잘하는 사람들도 있다. 잘 이끄는 사람, 잘 가르치는 사람도 있다. 나는 지금 휴스턴에 살고 있는데, 텍사스 주에서는 고기를 잘 굽는 것도 정말 영적인 선물임을 절감한다.

우리 모두는 어떤 일에 관한 한 전문가이다. 하지만 누구도 모든 일에 탁월할 수는 없다. 우리는 자주 자신과 남을 비교한다. 다른 사람들만큼 정리를 못하고, 운동을 못하고, 글을 못 쓰고, 사람들을 웃기지 못하기 때문에 낙심을 한다. 우리는 받은 선물들을 자세히 들여다보지 않고 애써 줄여버린다. 가지고 있지 않은 것에 눈길을 주거나 다른 사람들만큼 할 수 없는 데만 초점을 두기 때문이다.

하나님이 당신에게 주신 것을 어떻게 찾겠는가? 무엇을 잘하는지 스스로에게 묻고 정직하게 대답하라. 당신의 창조주, 당신을 만드신 분께 여쭤보라. 친구와 가족에게 물어보라. "내가 가진 재능이 뭐 같아? 내가 어떤 영역에서 지칠 줄 모르는 힘을 발휘해? 가장 잘 드러나는 내 재능은 어떤 것이지?" 다른 사람들, 특히 당신을 잘 알고 오래 봐온 사람들에게 물어야 한다. 뭔가 재능이 있으면, 당신도 모르는 사이에 자연스럽게 흘러나오기 때문이다. 누군가가 거울을 들어서 당신 앞에 비춰줘야 한다.

스스로에게, 하나님께, 다른 사람에게 물을 때, 겸손한 체하거나 의로운 척해서는 안 된다. "내가 말을 잘하나 뭐. 다 하나님께서 하신 거지." 그분이 모든 선한 것들의 근원이심은 사실이지만, 우리의 재능에 대한 전적인 책임을 회피하기 위해서 저런 언어 뒤에 숨어서는 안 된다. 당신이 잘하는 것, 그것을 어떻게 효과적으로 사용할지에 관해서 자신에게 솔직하라. 자신의 재능을 어떻게 행사하는가는 거의 전적으로 자신의 열정을 어떻게 관리하고 있는지에 직결된다.

우리 안에 계신 하나님

자신의 열정을 알면 인생에서 자신의 위치와 목적을 발견할 수 있다. 바울은 로마서에서 이렇게 썼다. "열심을 내서 부지런히 일하며, 성령으로 뜨거워진 마음을 가지고 주님을 섬기십시오"(롬 12:11). "뜨거워진"으로 번역된 헬라어는 "하나님 안에"라는 뜻을 가지고 있다. 열심과 정열은 우리 안에 계신 하나님으로부터 나온다. 그분은 한 가지 이유 때문에 내 안 깊숙한 곳에 인생을 향한 열정을 심으셨다. 그분은 내가 그 열정을 추구하길 원하신다. 재능이 엔진이라면, 열정은 연료이다. 피스톤을 돌려 앞으로 나아가게 하는 것이다.

사람들은 잘못 알고 있다. 뭔가에 열심을 내고 할 수 있는 재능이 있으면, 하나님이 원하시는 일이 아니라고 생각한다. 자신의 재능과 꿈을 포기함으로써, 자신이 싫어하는 어렵고, 따분하고, 한숨 나오는 일을 함으로써 그분을 얼마나 사랑하는지 입증하길 원하신다고 생각한다. 말도 안 된다. 그것은 많은 경우 집중력의 부족을 정당화하려는 핑계일 뿐이다. 하나님은 당신에게 재능을 주셨다. 당신에게 쓰라고 하신 것이다. 어떤 것을 추구하는 열정을 주셨다. 그것을 개발하고 펼쳐내라는 것이다. 묻어 놓은 재능이 있는가? 하고는 싶지만 '직업'을 위해 포기한 무엇일 수 있다. 그것을 생각하지 않고는 단 하루도 그냥 지나갈 수 없는 일이라면 결코 포기하지 말라. 하나님이 지은 그대로의 당신이 되기는 결코 늦지 않았다.

그러면 당신의 진정한 열정이 무엇인지 어떻게 찾을 것인가? 그분께 여쭤보라. 즐거워서 하는 일이 무엇인지 주목해보라. 기쁨에 사로잡히는 순간이 언제인지 적어보라. 정원을 돌보는 일, 가르치는 일, 달리기, 요리 등 어떤 것도 무방하다. 뭔가 하면서 즐거울 때, 시간이 언제 갔는지 모르고 마음을 쏟을 때, 힘들지만 일에 대한 사랑 때문에 땀과 노력이 수월하게 느껴질 때가 언제인가? 당신이 열정을 가지고 살 때 하나님도 기뻐하신다. 에릭 리들Eric Liddell은 영화 〈불의 전차Chariots of Fires〉에서 이렇게 말했다. "달릴 때 그분의 기쁨을 느낍니다." 당신이 하나님을 즐겁게 하고 있다고 느낀다면, 그분이 당신에게 하라고 하신 바로 그 일을 하고 있는 것이다. 그러면 그분이 당신에게 주신 재능의 가능성들을 다 성취하게 될 것이다.

얼마 전 두 아들과 그 친구들을 데리고 달라스에 있는 놀이공원에 갔다. 내가 늙은 건지 옛날처럼 롤러코스터를 타는 일이 그렇게 신나지는 않았다. 아니, 옛날 내가 탔던 추억의 롤러코스터가 없어서였는지도 모른다! 고개가 젖혀진 채 롤러코스터로 한 바퀴를 돌자 옆구리가 터져나가는 듯 아팠고 까마득한 아래를 보니 멀미가 올라왔다. 내가 무슨 마음으로 놀이공원에 가자고 했는지 후회가 될 지경이었다.

아들들과 그들의 친구들은 달랐다. 타고 또 탔다. 아이들은 떠들어댔다. "몸이 튀어나가는 줄 알았어! 죽는 줄 알았다니까. 정말 죽이는데. 앗싸! 또 타자." 비슷한 경험을 했는데 너무나도 다른 반응이었다. 다음날 아침 머리가 너무 아파 잠에서 깼다. 목도 아팠다. 몸이 뻐근했다. 다리까지 절룩거렸다. 끔찍했다. 내가 무슨 생각으로 놀이공원에 갔나 하는 질문에 금방 답을 얻을 수 있었다. 이제 롤러코스터 타는 일에는 열정이 식은 것이다. 대신 아이들에게 열정이 생긴 것이다.

아이들에 대한 열정이 있기에 통증, 아픔, 멍도 가치가 있었다. 내 아이들이 놀이공원에서 정신을 못 차릴 정도로 즐거워하는 모습을 지켜보면서 말로 하기 힘든 희열이 솟구쳤다. 몸이 튕겨져 나올 것 같은데도 만면에 웃음을 머금는 아이들을 지켜보고 있자니 희한하기만 했다. 내 아이들을 저렇게 들뜨게 만드는 어떤 일을 하는 게 너무 좋았다.

하나님도 당신에 대해서 마찬가지 생각이시다. 그분이 심어놓으신 열정을 당신이 따라갈 때, 그분은 마냥 좋아하신다. 당신이 삶을 최대한으로 즐기며 웃음질 때, 당신의 하늘 아버지는 환호하신다. 그분은 당신이 받은 재능을 살려내고 그분이 지으신 그대로의 모습이 되는 것에서 큰 기쁨을 얻으신다. 우리의 열정을 찾아 살 때 뿌듯한 보람을 느끼고, 또한 하나님의 기쁨을 감지할 수 있다.

━━━━━━━━━━ ❖ 자기 성찰을 위한 질문 ❖ ━━━━━━━━━━

Make it Count Moment

가장 최근에 열정을 느낀 일이 무엇이었는가? 어떤 환경 속에서였는가?
어떤 재능을 활용했는가? 이 경험으로 자신의 인생 목적에는
어떤 변화가 왔다고 여기는가?

고민을 통한 길 찾기

재능과 열정이 우리가 나아갈 길을 발견하고 하나님이 원하시는
풍성한 삶을 성취하도록 돕는다는 말은 맞다. 그러나 GPS의 세 번
째 동력도 필요하다. 그것은 고민이다. 고민도 다른 둘만큼이나 중
요하다. 유쾌하지는 않지만 중요하다. 왜? 고민과 어려움, 난관을
뚫고 지나갈 때, 우리는 그분에게 의존하는 법을 배운다. 우리의 한
계를 배우고 우리가 가장 필요로 하는 것을 얻기 위해 그분을 바라
보게 된다. 그분에게 의존하는 법을 배울 때, 그분은 능력과 힘으로
우리를 채워주신다.

고민이나 어려움이 없으면 우리는 하나님을 의뢰하지 않으려 하
고, 그분의 능력이 우리 삶 안에서 역사한다는 것이 무엇인지 전혀
알 수 없을 것이다. 고민을 통해 그분을 의지하는 법을 배우고, 그분
이 원하시는 일을 따라 인생의 바른 길을 찾아갈 수 있다. 창조적인
하나님이시기에, 우리의 하늘 아버지는 언제나 상처를 통해 우리를
강하게 하시고 우리 주변 사람들을 돕게 하신다. "우리가 온갖 환난

을 당할 때 하나님께서는 우리를 위로해주십니다. 하나님께서는 우리를 위로하셔서 온갖 환난 가운데 있는 사람들을 위로할 수 있게 하십니다"(고후 1:4).

하나님은 당신 인생에 문제와 고민을 허용하신다. 그래야 당신이 다른 사람들 곁에 가서 그들을 도울 수 있기 때문이다. 내가 헉헉거리는 고민이 하나님이 다른 사람들의 삶을 변화시키기 위해 사용하시려는 바로 그것이다. 내게 고민이 있음을 인정하고 같은 고민을 하는 사람들과 나눈다면, 하나님은 내 고민을 받아 하늘의 빛난 별처럼 만들어주신다. 하나님은 당신을 밝게 빛나는 존재가 되도록 지으셨다. 그분의 영광을 위해 빛나는 유일한 별이 되게 하셨다. 문제는 우리가 다른 기대를 갖는 바람에 월식이 생긴다는 것이다. 하나님이 되게 하신 밝은 별, 유일한 별이 되기보다는, 다른 사람들과 비교하며 거짓 기대에 굴복한 것이다. 대세를 좇거나 사람들의 눈치를 살피고 승인을 구한다. 하나님이 주신 운명을 달성하는 풍성한 삶과 거리가 먼 저항 없는 길을 택한다.

하나님은 당신에게 GPS를 주셨다. 멀리 돌아가거나 막다른 골목으로 가지 않도록 하신 것이다. 하나님이 지으신 그대로의 자신이 될 수 있는 놀라운 면허증이 당신에게 있다. 큰 족적을 남긴 신학자 수스Seuss 박사는 이렇게 말했다. "당신 자신이 되라. 자기 자신이 되기를 거리끼는 사람은 별것 아닌 사람이요, 자기 자신이 되는 것이 문제가 되는 사람은 쓸데없는 사람이기 때문이다." 인생에서 맛보는 지극한 기쁨은 다른 사람들을 섬기는 데서 온다. 아무도 줄 수 없는 것을 바로 그 시간 그 장소로 가져다주는 데서 온다. 따뜻한 한

끼 식사, 친절한 말, 들어주는 귀, 기댈 수 있는 어깨 같은 것이다.
우리를 가장 잘 아시는 분이 우리를 인도해주시도록 내맡기라.

결심 다지기

1. 종이에 1에서 5까지 적어보라. 자신이 가지고 있다고 생각하는 재능들을 열거하라. 점잖은 척 부끄러워하지 말라. 당신만 보는 목록이다. 이번 주 적어도 세 명의 가족이나 친구들에게 당신이 어떤 재능을 가지고 있다고 생각하는지 다섯 가지만 알려 달라고 하라. 그 목록을 받아 당신이 작성한 것과 비교하라. 어떤 면에서 가장 놀랐는가? 왜 놀랐는가?

2. 현재 직장이나 직업은 어떻게 당신의 열정을 반영하고 있는가? 살 수 있는 날이 얼마 남지 않았는데도 그 계통에 계속 종사하겠는가? 이유는 무엇인가? 당신이 꿈꾸던 직장이나 직업을 갖지 못하게 막는 방해물의 목록을 만들어보라. 그 방해물들을 놓고 하나님께 기도드리면서 차분히 생각해보라. 당신을 지으시고 당신을 가장 잘 아시는 하늘 아버지께 불가능이 없음을 잊지 말라.

3. 살아오면서 당신을 크게 도와준 몇몇 사람들을 생각해보라. 그들의 고민, 실망, 시련이 당신에게 어떤 유익을 미쳤는가? 그들이 경험을 나누어준 덕분에, 당신은 더 강해졌는가? 이제 당신의 고민 하나를 놓고 기도하면서 다른 사람과 조심스럽게 나누라. 그를 격려하거나 동기를 부여할 수 있을 것이다.

허리케인, 변화의 바람 앞에 서다

내가 본 모든 것이 내가 보지 못한 모든 것에 있어서 창조주를 신뢰하도록 나를 가르칩니다.
– 랠프 월도 에머슨

마음에 들지 않으면 그것을 바꾸라. 바꿀 수 없거든 당신의 태도를 바꾸라. 불평하지 말라.
– 마야 안젤루 Maya Angelou

미국에서 최악으로 손꼽히는 자연재해는 1900년 9월 8일 텍사스 갤버스톤에 몰아닥친 플러스 4급 허리케인이었다. 바람은 시속 224킬로미터로 불었고 5미터 가량의 높은 파도가 섬을 집어삼켰다. 6천 명 이상이 삶의 터전을 잃었고, 3,600채 이상의 가옥과 건물이 파괴됐다. 거대한 폭풍이라고 회자되던 바람의 맹렬함에 주민들은 속수무책이었다.

삶의 방향조차 바꾼 참사 후에 갤버스톤 주민들은 근본적인 변화를 모색했다. 7미터 이상 높이의 방조제를 4.5킬로미터 길이로 쌓았다. 모래와 땅의 흙을 섞는 공법을 써서 마을 전체를 일정한 높이로 올렸다. 불과 수년 후 동급의 폭풍이 그 섬을 다시 덮쳤을 때, 최소한의 피해만이 일어났다. 주민들이 준비했기 때문이다.

삶의 허리케인이 우리를 덮칠 때, 어떻게 반응할지 선택해야 한다. 너무나 자주 우리의 관계가 날아가 버린다. 우리 삶으로 밀어닥치는 폭풍과 압력에 무방비 상태이기 때문이다. 허를 찌르는 예측불허의 비극이나 위기로 우리는 무너진다. 우리의 삶, 가정, 관계, 직장으로 불어닥치는 변화의 폭풍을 막을 길이 없다. 하지만 우리는 그런 폭풍에 대비할 수 있고 그것이 닥치기 전에 징후를 잡을 수 있다. 조만간 폭풍은 닥친다. 인생에서 유일하게 항구적인 것이 있다면 변화이다. 성경은 우리에게 이것을 잊지 말라고 한다. "모든 일에는 다 때가 있다. 세상에서 일어나는 일마다 알맞은 때가 있다"(전 3:1). 변화는 삶의 일부이다.

변화의 바람은 당신을 더 강하게 하든지 아니면 쓰러뜨린다. 결혼생활에서 부딪치는 문제들과 시련은 두 사람을 더 가깝게 해주거나 관계를 깨뜨리거나 둘 중 하나이다. 당신의 몸을 놓고 보자. 질병과 부상은 심령을 무너뜨리거나 전보다 강하게 한다. 직장에서 기회의 상실은 꿈을 유산시키거나 불길을 더 세차게 타오르게 한다. 모든 것은 당신의 반응에 달렸다.

변화의 바람

지금까지 살펴본 대로 성경은 제대로 살아가는 게 무엇인지 모든 측면들을 다룬다. 변화라는 폭풍에서 살아남는 것도 예외는 아니다. 우리는 성경적인 원리를 실천에 옮김으로써 변화의 광풍 앞에서 살아남을 뿐 아니라, 그것을 이용해서 항해의 목적지까지 순항할 수 있다. 죄수의 몸으로 로마로 압송되던 바울은 성경에 나오는 전형적인 폭풍에 대해서 이렇게 말한다. "그런데 얼마 안 되어서, 유라굴로라는 폭풍이 섬에서 몰아쳤다. 배가 폭풍에 휘말려서, 바람을 맞서서 나아갈 수 없으므로, 우리는 체념하고, 떠밀려 가기 시작하였다"(행 27:14-15).

폭풍이 불기 시작했을 때, 선원들은 사투를 벌였다. 폭풍을 뚫고 가보려고 했다. 폭풍의 중심부는 고요하기 때문이다. 하지만 그들은 곧 헛수고임을 알게 됐다. 점차 거세지는 폭풍을 멈추기란 어렵다. 변화는 불가피하다. 맞서 싸우느라 시간과 정력만 낭비할 수 있다. 삶에서 일어나는 예측불허의 상황들에 적응하여 그것들과 함께 살아가는 법을 배우지 않으면, 과거에만 눌러붙어서 추억이나 곱씹으며 살아가게 된다. 우리는 변화를 맞아들일 수 없었던 사람들을 안다. 바람이 방향을 바꿔 불어오는데, 맞서보겠다며 대열을 짓는 사람들이다. 고집을 부리고 옛날이 좋았다며 뒤만 바라보고 있는 사람들이다.

변화의 바람에 적응하지 못하면, 결코 인생을 즐기며 살 수 없다. 이것이 현실이다. 변화는 두렵고 확실치 않고, 위협적이다. 그러나 건강하고 역동적이고 신선하며 게다가 필요하다. 삶이 항해요, 우리가 탄 배는 때로 폭풍을 만난다는 사실을 알아야 한다. 부정하거나 통제하고, 과거에 집착하는 것은 결코 우리에게 유리하지 않다. 인생은 변화라는 바람 주변을 맴도는 것은 아니다. 풍성한 삶은 이런 삶의 변화 안에 있다. 알프레드 수자는 이렇게 말했다. "아주 오랫동안 삶, 진정한 삶이 막 시작되려는 것 같았다. 하지만 그 길에는 언제나 어떤 방해물이 있었다. 먼저 뚫고 나가야 할 것 같은, 마무리를 짓지 않은, 여전히 시간을 들여야 할, 말하자면 갚아야 할 그 무엇이었다. 그러면 삶이 시작될 것이다. 마침내 나는 알았다. 그 방해물은 바로 내 삶이었다."

━━━━━━━━ ❖ 자기 성찰을 위한 질문 ❖ ━━━━━━━━

Make it Count Moment

당신의 인생에서 가장 행복한 순간은 언제라고 생각하는가?
얼마나 자주 그 시절을 생각하는가, 다시 그 시절로 돌아가고 싶다고
바라지는 않는가? 지금과 비교해서 그 시절은 어땠는가?
추억에 잠겨 현재의 기회를 놓치고 있지는 않은가?

항로를 점검하라

삶의 폭풍을 통해서 배우고 성장하려면 두 가지 중요한 항법 장치가 필요하다. 망망대해에서 폭풍을 맞는 선장들은 폭풍에 맞서 항해를 하거나, 폭풍에 순응하여 항해해야 한다. 대부분의 사람들이 금방 배울 것이다. 폭풍에 맞서 항해하면 돛이 나뭇가지처럼 휘고 키는 거센 물결에 부러진다. 대개는 폭풍에 순응하여 항해하는 것이 낫다. 전복을 피하기 위해서는 정말 겁나는 속도를 내야 한다. 우리도 마찬가지이다. 폭풍을 맞고 있다고 생각하면 항로를 다시 생각해야 한다.

바울은 이런 데 문외한이 아니었다. 바울과 함께 배를 탄 사람들은 14일 동안 거센 비를 맞으며 칠흑처럼 어두운 하늘 아래에서, 의지할 지표 하나 없이 표류했다. "여러 날 동안 해도 별도 보이지 않고, 거센 바람만이 심하게 불었으므로, 우리는 살아남으리라는 희망을 점점 잃었다"(행 27:20). 그들은 희망을 잃어가는 중이었다. 보이는 것은 폭풍우밖에 없었기 때문이다. 당신도 아마 이런 기분을 알 것이다. 폭풍이 당신의 삶에 거세게 몰려온다. 먹구름이 며칠, 몇 주, 몇 년간 하늘을 덮고 있다. 이제 곧 희망을 잃을 것 같다. 폭풍우밖에는 보이는 게 없기 때문이다. 아무도 당신의 처지를 알아주지 않는다. 포기하려고 하는가? 그러지 말라! 윈스턴 처칠의 말처럼 "지옥 같은 곳을 지나가고 있다 하더라도 멈추지 말고 계속 가라."

우리는 바울이 그런 위기 속에서도 평온을 유지했던 모습을 본다. 그는 확신을 가지고 흔들리지 않았던 그 배의 유일한 탑승객이었다. 폭풍 너머를 바라보기로 선택했기 때문이다. 그는 성난 물결과 미친 듯한 바람 너머로 긍정적인 변화를 볼 수 있었다. 인간의 본성은 코앞의 문제와 잠재적인 긍정적 결과보다는 파급되는 손해에만 몰두하는 경향이 있다. 장기적인 효과를 기대하기보다는 부정적으로 의기소침해지고 고통과 불편에서 빠져나오려고만 한다. 종종 하나님을 원망하고 그분이 우리가 처한 상황을 즉각 개선해주시지 않는다면서 비참해한다.

하나님은 우리의 삶에 고통을 수반하는 변화를 일으키지 않으신다. 다만 그것들을 사용하시고 거기서 선을 뽑아내신다. 그분이 이렇게 하시는 것은 우리의 성품을 다듬으시기 위해서이다. 심리학자

존 타운센드John Townsend는 미숙함이란 현실이 내게 맞아야 한다고 생각하는 태도라고 했다. 성숙하지 못한 사람들은 폭풍 가운데 이렇게 말한다. "현실이 내 생각대로 따라준다면, 나는 정말 행복하고 기분도 좋아질 거야. 현실이 그렇지 않다면, 나는 비참해질 텐데. 그러면 모든 사람이 내 비참함을 알게 될 거야." 반면 성숙한 이들은 현실을 받아들인다. 우리의 약함을 인정하고 지금까지 해온 방식들을 내려놓으며, 때로는 잘 맞지 않는 다른 리듬에 몸을 맞춘다. 그랬다. 나는 이 교훈을 정말 어렵게 터득했다.

몇 년 전 우리 가족은 이탈리아로 여행을 떠났다. 기차로 나라 구석구석을 다녔는데, 이탈리아 문화에는 고유한 시간 관념이 있다는 것을 알게 됐다. 기차는 제시간에 출발하지 않았다. 제시간에 도착하지도 않았다. 그러는 법이 거의 없었다. 놀랄 일이 아니었다. 그들이 절도 있고 일관성 있게 행동하길 바랐지만 철도 운송 회사의 어느 누구도 이 문제에 관심이 있는 것 같지 않았다. 내 불만은 차곡차곡 쌓였다. 그리고 어느 날 오후 드디어 폭발했다. 작은 언덕에 자리 잡은 마을의 고풍스러운 호텔에 투숙한 뒤, 짐을 챙겨 기차역으로 나가야 했다. 우리는 몇 주 전에 자리를 예약했고, 그 열차는 2시간 반쯤 후에 출발하기로 돼 있었다. 나는 네 아이들과 많은 짐을 끌고 여행하는 데 이력이 난 사람이다. 앞서 계획하는 게 얼마나 중요한지 잘 안다. 택시 회사에 전화를 해서 택시 한 대를 보내달라고 했다.

고객 상담원은 서툰 영어로 이렇게 말했다. "왜 벌써부터 택시를 부르고 그래요?" 나는 분명히 말했다. "지금 택시가 필요합니다. 우린 여섯 명인데요, 두 시간 후에는 떠나야 해요. 택시가 제시간에 와야 우리가 기차역으로 가서 제시간에 기차를 탈 수 있어요." 열심히 설명하고 있는데 상담원 여자가 내 말을 막았다. "택시가 필요할 때 전화하세요." 전화는 끊어졌다.

나는 신경이 날카로워져서 한 시간을 기다린 후 다시 전화를 걸었다. "한 시간 안으로 택시를 부르려고 해요. 한 시간 안으로 호텔로 택시를 보내주세요." 상담원은 짜증 섞인 목소리로 쌀쌀맞게 말했다. "지금 전화하지 마세요. 택시가 필요할 때 다시 전화주세요!" 택시가 필요한 시간 10분 전에 다시 전화를 했다. 여자가 말했다. "죄송합니다. 택시가 한 대도 없네요." 그때 정말 화가 치밀어 올랐다. 지금 생각해도 얼굴이 화끈거린다. 이탈리아인의 숭고한 의식에 너무나 화가 났다. 말할 필요도 없다. 우리는 기차를 놓쳤다. 그러나 이 일이 여행의 전환점이 됐다. 거기서는 시간 관념을 바꿔야 한다는 것을 알았다. 이탈리아의 문화를 바꿀 수는 없는 노릇이라는 걸 알고 나자, 내키지는 않지만 느긋해지고 흐름을 따르게 되었다. 가면 가는 거다. 우리가 원하는 대로 시간에 맞춰 모든 것을 하지는 않았지만, 하루하루 좀 더 물 흐르듯하는 리듬을 알게 되었다. 이탈리아의 문화는 바뀌지 않는다. 그러나 우리를 바꾼다. 우리는 현지 습속을 여행이 끝나갈 무렵에서야 받아들였다. 그 여행을 통해 배운 가장 소중하고 간직하고픈 추억거리이다.

관계, 가장 중요한 우선순위

현실은 우리에게 세상을 보는 눈을 바꾸라고 요구한다. 관점은 우리의 우선순위를 명백히 밝혀준다. 당신이 한 달밖에 살 수 없다면, 오늘 무엇에 초점을 둬야 할지, 정신없이 바쁜 일과 속에서는 가장 소중한 것이 무엇인지 놓치곤 한다는 점을 이미 잘 알고 있을 것이다. 변화는 우리의 우선순위를 명백히 하고 우리에게 참으로 중요한 것을 드러내준다.

폭풍으로 위태로운 여행에서는 한때 소중했던 수하물들도 목숨을 잃을지 모르는 현실 앞에서 별 의미가 없다. 누가는 이렇게 기록한다. "우리는 폭풍에 몹시 시달리고 있었는데, 다음날 선원들이 짐을 바다에 내던지고"(행 27:18). 선원들은 배가 가라앉지 않도록 무게를 줄이기 위해서 묶여 있지 않은 모든 것을 바다에 던졌다. 배에 실을 때 아주 소중하게 다뤘던 바로 그 짐들이었다. "취급 주의"라는 딱지를 붙인 짐들이 헌신짝처럼 버려졌다. 며칠 전까지만 해도 귀중품이던 물목들이 졸지에 쓰레기처럼 됐다. 폭풍이 인생에 불어닥쳐 난타를 당할 때면, 자신의 우선순위를 재평가하지 않을 수 없다. 가장 중요한 우선순위 하나가 결국 제일 위로 올라온다. 그것은 관계이다.

인생의 폭풍에 맞아 분실한 "수하물"에는 어떤 것이 있는가?
폭풍에서 살아남기 위해 의도적으로 바다에 던진 수하물은 무엇인가?
물목을 잃음으로써 당신의 우선순위는 어떻게 달라졌는가?

하나님의 임재라는 견고한 닻

폭풍 속에서 항해하기 위해서는 진로를 바꾸고 변경할 줄 알아야
한다. 또 언제 닻을 풀어 적절한 장소에 배를 고정시켜야 하는지도
알아야 한다. 바울의 이야기에서 누가는 이런 기록을 전하고 있다.
"우리는 혹시 암초에 걸리지나 않을까 염려하여, 고물에서 닻 네 개
를 내리고, 날이 새기를 고대하였다"(행 27:29). 당신에게는 절대 움
직이지 않는 닻이 필요하다. "예수 그리스도께서는 어제나 오늘이
나 영원히 한결같으신 분이십니다"(히 13:8). 우리 주변의 모든 것이
변해도 하나님은 변하지 않으신다. 그분은 성경시대와 동일한 하나
님이시다. 그분은 오늘날 당신의 인생에 동일한 기적을 행하실 수
있다. 그분은 내일도 동일하실 것이다. 바울은 폭풍 속에서도 확신
을 가졌다. 이 진리를 알고 있었고 그 위에서 행동했기 때문이다. 그
는 이렇게 설명한다. "바로 지난밤에, 나의 주님이시요 내가 섬기는
하나님의 천사가 내 곁에 서서"(행 27:23). 하나님은 그분의 임재로
바울을 흔들리지 않게 고정시켜 주셨고, 같은 방법으로 우리도 흔들

리지 않게 하실 것이다. 우리에게 말씀을 전하는 천사가 없다 하더라도 마찬가지이다.

폭풍이 당신의 인생에 몰아닥칠 때, 그분은 당신이 어디에 있는지 아신다. 어디에도 안 계신 듯 당신 혼자라는 생각이 들 때도, 그분의 임재를 느끼지 못할 때도, 하나님은 여전히 당신과 함께하신다. 그분은 폭풍 속에도, 그 너머에도 계신다. 언제나 계시며 거기서 당신을 기다리신다.

지금 당장 구름이 몰려들고 바람이 거세지면서 당신 인생에 폭풍이 기세를 부리기 시작할지 모른다. 겁이 나고 화가 날 것이다. 의기소침해지고 근심이 앞설 것이다. 어디 빠져나갈 데라곤 없다. 바울이 그랬던 것처럼 폭풍 때문에 수하물, 아니 심지어는 배 자체를 버려야 할지도 모른다(배는 파선했지만 승객은 모두 살아남았다). 뱃멀미가 나고 물에 젖고 지치고 약해질 수 있다. 그러나 살아남게 될 것이다. 하나님이 그분의 임재라는 부동의 닻으로 당신을 매어주시기 때문이다.

지금 이 부분을 읽게 된 가장 중요한 이유도 그분이 폭풍 속에서 당신과 함께 계심을 알려 주시기 위해서가 아닐까? "너희를 두고 계획하고 있는 일들은 오직 나만이 알고 있다. 내가 너희를 두고 계획하고 있는 일들은 재앙이 아니라 번영으로서, 너희에게 미래에 대한 희망을 주는 것이다. 나 주의 말이다"(렘 29:11). 폭풍이 아무리 거세도, 그분은 당신이 견뎌낼 것을 아신다. 당신은 항해사이신 하나님과 함께, 언제 폭풍에 편승하고 언제 닻을 내려 배를 정박시켜야 할지 알게 될 것이다.

1 한 달만 살 수 있다면, 어떤 "수하물"을 배 밖으로 던지겠는가? 즉 당신의 인생을 어떻게 단순하게 만들겠는가? 뭔가를 팔거나 버리겠는가? 일정에서 무엇부터 빼겠는가? 무엇이 그동안 이 수하물을 붙들게 했는가? 당신의 배가 순항하기 위해 바다에 던져버려도 될 물목들을 만들어보라.

2 과거에 폭풍을 통과할 때 당신의 믿음이 어떻게 당신을 붙잡아주었는가? 가장 최근에 겪은 폭풍을 떠올려보라. 당신 자신에 대해서 무엇을 배웠는가? 하나님에 대해서는 무엇을 배웠는가? 기도하는 시간을 가지라. 당신의 닻을 점검하라. 당신을 지켜주셨고 앞으로도 굳게 잡아주실 것에 대해 하나님께 감사하라.

3 지금 인생에서 직면하고 있는 폭풍은 무엇인가? 그것은 당신을 더 강하게 만드는가 아니면 당신을 깨뜨리는가? 기억하라. 인생에 어떤 시련이 닥칠지는 선택할 수 없다. 하지만 당신의 태도는 선택할 수 있다. 어떤 선택을 하겠는가?

19 Day

변형, 안으로부터 바꾸다

즐겁고 드넓고 고요한 마음의 공간을 확보하라.
– 게르하르트 테르슈테겐 Gerhardt Tersteegen

어떻게 나비가 될 수 있을까? 애벌레 상태를 포기할 만큼 날기를 간절히 원하면 된다.
– 트리나 폴러스 Trina Paullus

　살 날이 얼마 남지 않았음을 알게 되면 사람들은 극적인 생활의 변화를 취한다. 일중독자처럼 사는 삶을 접고 생활의 속도를 줄인다. 삶을 반성하면서 사랑하는 사람들과 하나님과 함께 고요하고 조용한 시간을 보낸다. 물질을 좇고 모으는 일을 그만둔다. 이미 가지고 있는 것에 만족한다. 난로가에 앉아서 좋은 책을 읽으며 머리카락을 꼬거나 여름날 큰 나무 그늘 아래서 쉬는 등 소박한 즐거움을 발견한다. 몸이 좋지 않아서 삶의 속도를 줄일 수밖에 없을 수도 있지만, 눈썹이 휘날리게 달려온 광속의 삶에서 내릴 기회를 만끽한다.

　한 달만 살 수 있다고 해보자. 당신도 속도를 늦추고 남은 하루하루를 다르게 살아가려 할 것이다. 내가 만나본 말기 환자 몇몇은 진단이 나왔을 때 마음이 편안해지더라는 말을 전했다. 역설이 아닐 수 없다. 속도를 늦출 수밖에 없고 대대적인 변화를 하지 않으면 안 되기에, 몸이 영혼에게 오랫동안 갈망해오던 그 무엇을 제공한 것이다.

우리 대다수에게 속도 늦추기와 삶을 바라보는 시각의 변화는 이미 눈앞에 있다. 자신의 인생에서 뭔가 한 단계 더 나아가기를 바라지 않는다면 당신은 이 책을 읽고 있지도 않을 것이다. 인생을 정말 제대로 살아보고자 하는 갈급함이 있지만, 바빠서, 혹은 가장 깊은 소원을 채워줄 수 없는 것들에 시야를 빼앗겨 빗나갔던 것이다.

쉴 수 없다는 것 자체가 우리 영혼이 불편하고 불만이 있음을 웅변한다. 불만은 21세기 사회에 들어와 극대화되었다. 우리는 조부모 세대보다 더 많은 돈을 벌고 더 많은 생활의 편의를 누리지만, 더 행복해진 것은 아니다. 여행이 우리의 발걸음을 좀 늦춰줄 것으로 생각하지만 목적지에 도착해보면, 어떻게 쉬어야 하는지 다시 잊어버린 듯하다. 혼자 시간을 보내는 게 어려운 우리이다. 가장 사랑하는 사람들은 고사하고, 우리 자신과도 어떻게 연결돼야 할지 모르는 것이다.

영혼을 위한 잠잠함

시간표가 그렇게 바삐 흘러가기 때문에, 우리는 영적 멀미로 고통을 당한다. 영적 멀미는 대표적인 만성 영적 질병 중 하나이다. 영적 멀미가 왔을 때 가장 먼저 해야 할 일은 무엇일까? 그럴 때 우리는 더 빨리 움직이기도 한다. 스스로 위안하면서 다음으로 더 큰 한

건을 향해서 움직인다. 새 집, 새 차, 새 애인, 새 관계가 다 여기에 포함될 수 있다. 아니 업그레이드 된 하이테크 기기, 이국 정취가 물씬 풍기는 곳으로의 여행, 새로 산 복권 한 장일 수도 있다.

이런 욕구가 반드시 나쁜 것만은 아니다. 그러나 그 욕구의 동기가 곤혹스럽다. 영혼의 안식 부재를 치유할 수 있는 유일한 공간은 우리의 내면이다. 로마인들에게 보내는 편지에서 바울은 우리가 이런 변혁을 어떻게 시작할 수 있는지 충고한다. "여러분은 이 시대의 풍조를 본받지 말고, 마음을 새롭게 함으로 변화를 받아서, 하나님의 선하시고 기뻐하시고 완전하신 뜻이 무엇인지를 분별하도록 하십시오"(롬 12:2).

바울의 말에서 핵심어인 "변화를 받아서"는 그리스어 메타모르푸스*metamorphous*에서 왔다. "안으로부터 변화됨"을 뜻하는 영어 메타모포시스metamorphosis가 여기서 나왔다. 믿음이 그 내용을 채우는 성숙의 비결은 안에서부터 밖으로 변화하는 영혼의 변모이다. 변모에 대해 생각하면 나비가 떠오른다. 애벌레가 고치를 짓고 날개 달린 아름다운 모습으로 변태를 하는 과정이 시작된다. 변화시켜줄 무엇을 기다리는 게 아니라 안에서부터 변화한다. 원래 지어진 그대로의 모습이 되어가는 것이다.

우리는 외부의 것이 우리를 변화시켜 주길 기다린다. 우리를 정서적으로 채워주지 않는 남편이나 아내, 영적으로 채워주지 않는 교회나 목사, 우리의 목적의식을 채워주지 않는 직장을 비난한다. 그러나 질병을 극복하고 건강하고 활력 넘치는 영혼을 유지하려는 일에 진지하다면, 비난은 아무 도움도 되지 않는다. 우리 자신의 성장을 위해서 책임을 떠안아야 하는 시점이다. 행복해지기 위해서 어떻게든 앞으로 나아가려고 몸부림한다면 당신은 행복해질 수 없다. 어디로 가든지 당신의 자아가 돌출할 것이기 때문이다. 이것은 외부의 문제가 아니다. 내부가 문제이다. 우리 영혼의 멀미를 진정시키는 약은 고요함이다. 행동을 멈추고 그저 가만히 있는 오래된 기술이다. 애벌레가 고치 안을 기어 다니면서 나비가 되기 위해 죽도록 노력하는가? 아니다. 애벌레는 움직이지 않는다. 그런데도 변태가 일어난다.

당신이 동작을 멈추고 잠잠해질 때까지 영적 성장과 변혁은 일어나지 않는다. 바울은 우리에게 말한다. "시선을 하나님에게 고정시켜라"(롬 12:2, 메시지)고 말한다. 흔들거리는 한 하나님께 시선을 고정시킬 수 없다. 시편을 보자. "너희는 잠깐 손을 멈추고, 내가 하나님인 줄 알아라"(시 46:10). 하나님 앞에서 잠잠해지면, 변혁이 일어난다. 자주 암송되는 시편의 구절을 보자. "나를 푸른 풀밭에 누이시며 쉴 만한 물가로 인도하신다. 내 영혼을 소생시키시고, 당신의 이름을 위하여 의의 길로 나를 인도하신다"(시 23:2-3). 행동과 격정이 영혼을 훔친다. 그러나 잠잠함은 영혼을 회복시킨다.

─────── ◈ 자기 성찰을 위한 질문 ◈ ───────

Make it Count Moment

언제 마지막으로 잠잠해졌는가? 언제 마지막으로
텔레비전을 끄고 30분 정도 조용히 앉아 있어보았는가?
언제 마지막으로 이메일과 휴대전화의 방해 없는 휴가를 보냈는가?

혼자 있는 시간

과학과 기술의 발전으로 날마다 우리는 생활을 개선하고 더 건강해지고, 직업 면에서 발전을 이룰 수 있는 새로운 정보를 취득한다. 이러한 정보 자체에는 문제가 없다. 그러나 이 정보로 우리는 스스로 우리 인생을 통제할 수 있다는 그릇된 안전 의식을 갖게 되었다. 우리의 이미지를 좋게 보이려고, 우리가 모르는 것은 다른 사람도 전혀 모르는 듯 행동하기 위해 얼마나 많은 정력을 쓰는지 모른다. 우리가 당면하고 있는 문제를 통제하고, 고통을 제어하고, 다른 사람들을 손아귀에 넣으려고 한다. 그러나 사람들은 수월하게 따라와 주지 않고, 이것은 우리에게 좌절로 되돌아온다! 모든 사람을 통제할 수 있고 우리가 바라는 대로 행동할 수 있다면, 세상은 훨씬 더 나은 곳이 되리라 여기는가? 그렇지 않다. 인생은 그렇게 돌아가지 않는다. 천만다행이다. 우리의 영혼을 질식시키는 가장 빠른 길은 모든 것을 통제하려는 야욕이다.

우리 모두가 경험하는 통제욕으로 인한 고열에 잘 듣는 해열제는 고독이다. 하나님과 더불어 침묵 속에 홀로 있는 시간을 갖는 것이다. 산만한 것들을 다 치우고 침묵 속에서 그분 앞에 설 때, 그분은 우리 영혼을 회복시키신다. 이 시간에 우리는 실제로는 자기 인생에 너무나 적은 통제력밖에 가지고 있지 않음을 정직하게 인정할 수 있다. 근심, 염려, 두려움, 의심을 표출하고, 우리 삶에 그분의 다스림과 통제력이 우세해지도록 기도할 수 있다.

대부분의 사람들은 혼자 있는 게 편치 않다. 그러나 사람들 앞에서 허세를 부리지 않고 자신이 누군지 직면할 필요가 있다. 영혼의 치유와 건강을 진심으로 원한다면, 정기적으로 혼자 있는 시간을 가져야 한다. "주, 이스라엘의 거룩하신 하나님께서 이렇게 말씀하신다. '너희는 회개하고 마음을 편안하게 하여야 구원을 받을 것이며, 잠잠하고 신뢰하여야 힘을 얻을 것이다'"(사 30:15). 모든 문제를 풀기 위해 모든 것을 내 손 안에 넣고 흔들겠다는 생각을 버려라. 잠잠함은 우리 영혼에 힘을 채워줄 것이다.

변화는 내면에서부터

내가 누구이며 어떤 가치가 있는지 확인하기 위해 주위 사람들과 비교한다면 그것은 또 다른 영혼의 질병이다. 얼마나 쌓았는가를 확인하기 위해 자신을 재볼 때 지위 상징을 사용한다. 우리는 다른 사람들과 입은 옷, 사는 집, 모는 차, 일하는 직장, 자녀들의 성적, 즐기는 운동을 비교한다. 그리고 그것으로 자신의 가치와 정체성을 결정한다. 이런 지위 상징을 내세운다면 우리의 영혼은 메마를 것이다.

지위 상징이 올라가면, 실상과는 관계없이 성공한 인생이라는 인상을 주기 위해 애쓰게 된다. 외모부터 바꾸려고 한다. 밖으로 보이는 무대와 소도구를 바꾸면 안에서 보는 자신에 대한 생각이 바뀔 것이라 믿는다. '외모를 바꾸고, 집을 바꾸고, 차를 바꾸면, 내가 바뀌겠지. 그러면 정말 만족스러울 거야.' 한 가지 문제가 남는다. 이 일이 뜻대로 되지 않는다는 것이다.

변신은 안에서 일어난다. 나비의 채색이 착색이 아닌 투명한 날개에 빛이 투과될 때 일어나는 일종의 프리즘 현상이라는 것이 놀랍지 않은가. 날개 밑에 아무리 현란한 색깔과 문양이 있다 해도, 나비의 날개는 투명하다. 우리의 삶도 마찬가지이다. 투명함이 변혁을 일으킨다. 하나님과 다른 사람을 향해 진실해질 때, 다른 누구인 양 꾸미지 않고 하나님이 지으신 바로 그 사람이 될 때, 우리의 유일무이한 아름다움이 터져 나온다.

참 흥미롭다. 메타모포시스의 반대말인 메타스케마티조*metaschematizo*는 "외모를 바꾸다"는 뜻이다. '가면무도회*masquerade*'가 이 단어에서 나왔다. 영혼에는 깊은 상처를 입고 있으면서 모든 것을 가진 양 허세를 떨 때가 얼마나 많은지 모른다. 하나님은 우리에게 가면이 아니라 변모가 필요하다고 하신다. 진정한 변화는 안에서 시작된다. 내면의 변화를 반영하면 외면의 변화는 자연스럽다.

비교 강박(혹은 알려진 대로 지위 상징 증후군)에 가장 좋은 해독제는 봉사이다. 아무나 섬기는 게 아니라 돌려줄 그 무엇도 갖지 못한 사람들을 섬기는 것이다. 인적 교류는 지역사회와 사업상 관계에서 핵심이다. 그러나 되갚을 길이 없는 누군가에게 당신 자신을 내어준다면, 모든 장벽을 뛰어넘어 더욱 끈끈하게 연결될 수 있다. 더 이상 비교하지 않고 자신을 비울 수 있기 때문이다.

돌려받을 게 아무것도 없음에도 불구하고 누군가를 섬기고 있는가?
당신을 필요로 하지만 되갚을 길이 없는 사람은 누구인가?
이들에게 당신을 내어주지 못하게 가로막는 것은 무엇인가?

안락의 위기

안락함은 인생의 목표가 되기 쉽다. 안락함에 대한 지나친 집착이 하나님 추구에 영향을 미칠 때, 발전이 없고 권태롭고 의기소침해진다. 현대생활에서 나타나는 영혼의 질병은 우리가 고통, 고난, 불편, 부족을 지나치게 피하려 들 때 나타난다. 안전지대라는 바이러스는 우리의 행복을 도둑질하고 영혼을 위축시킨다.

우리의 영적 불안은 지속적으로 늘어난다. 인생의 문제들을 피하려고만 하면 불안은 잦아들지 않는다. 로마서에 나타난 바울의 생각으로 돌아가자. "여러분의 행복을 그리스도 안에 있는 희망에 놓도록 하십시오. 시련이 닥칠 때 인내심을 가지고 견디십시오"(롬 12:12). 바울이 "닥친다면" 대신 "닥칠 때"라고 말한 점에 유의하라. 우리는 모두 시련에 직면한다. 아니 지금 이 순간에도 시련의 한가운데 있을지 모른다. 앞을 내다보면, 더 많은 시련들이 우리를 기다리고 있을것이다. 젊든 늙었든, 부자든 가난하든, 시골에 살든 도시에 살든 고난은 삶의 일부이다. 누구도 비극에서 면제된 사람은 없다. 어느 누구도 문제를 피해갈 수 없다. 모든 문제에는 목적이 있고, 우리 삶에 작용하는 하나님의 계시가 있음을 기억하자. 고통스러운 순간에 그분을 의지할 때 우리의 힘은 강해진다.

한 소년이 나뭇가지에서 고치 하나를 발견했다. 고치가 꿈틀거린다 싶더니 나비가 고치를 뚫고 나오려고 용을 쓰는 것이었다. 나비가 불쌍해 보인 소년은 나비가 고생하지 않도록 주머니칼을 꺼냈다. 고치를 찢고 나비를 꺼내주었다. 그리고 나비를 손에 들고 날아가려니 기대했다. 하지만 나비는 움직이지 않았다. 몇 분 뒤에 나비는 죽고 말았다. 고치를 찢고 나와야 하는 고투가 사라지자 날개가 강해질 수 있는 기회도 없어진 것이다. 물기도 채 마르지 않은 약한 날개로는 살아남을 수 없다. 날아오르기 위해서는 고투해야 한다. 우리도 마찬가지이다. 문제 없이는 변화도 없다.

하나님은 우리 인생에 시련을 허락하신다. 안전지대 바이러스로 고생할 때 치료제는 이것뿐이기 때문이다. 고생을 찾아 당할 필요는 없다. 고난은 가만히 있어도 당신 인생에 닥친다. 우리 모두는 비극과 상실, 고통에 부딪힐 때 깊은 상처를 입는다. 당신이 하나님을 사랑하고 그분을 온 마음으로 추구하면, 가족 중 누군가가 죽거나 실직당하거나 관계에 금이 가거나 아프게 되는 일은 없을 거라고 말해주고 싶다. 하지만 그렇지 않다. 고난은 우리 모두에게 닥치기 때문이다. 하나님은 문제를 일으키시지는 않지만, 우리 날개를 튼튼하게 하여 과감히 날아오를 수 있도록 그것을 허용하신다. 불평을 쏟아놓으며 투덜거리고 순교자인 양 군다면, 고통은 우리에게 아무것도 가져다주지 못한다. 우리의 슬픔은 땅에 쏟아지는 것이 되고 만다.

그러나 하나님은 아픔이 허비되길 원치 않으신다. 눈물이 그냥 말라 버리길 원치 않으신다. 비통이 그냥 지나가는 것이 돼버리길 원치 않으신다. 그분은 우리가 은혜로 견디길 원하신다. 우리는 그분을 신뢰함으로 그렇게 한다.

은혜는 변하는 능력이다. 우리 자신을 위해 우리가 할 수 있는 것이 아니라 하나님이 우리를 위해 우리를 통해 하시는 것이다. 잠잠해지고 고요해질 때, 섬김을 시작하고 우리 삶에 닥친 고난을 끌어안기 시작할 때, 우리는 진정한 영적 변혁을 향해 꿈틀거리게 된다. 우리 힘으로는 문제를 풀거나, 외형을 바꿈으로써 우리의 삶이 바뀔 거라고 기대할 수 없다. 변모는 오직 은혜로만 가능하다. 만약 당신이 한 달만 살 수 있다면, 바삐 오고가는 생활을 멈추고, 고요함과 고독을 즐기는 길을 찾을지 모른다. 비교하는 대신 다른 사람들을 사랑하고 섬기는 길을 찾음으로써 영혼을 윤택하게 만들고 싶을 것이다. 우아하게 고통당하되, 지금 눈에 보이는 것을 넘어서 하나님의 약속을 붙들 수 있는 길을 찾으려고 할 것이다. 많은 사람들이 어느 날 갑자기 이런 변화를 맞아보려고 애쓴다. 몸이 무너졌기 때문이다. 바로 오늘 영혼의 병이 빚어내는 증상들을 치유해주시는 하나님의 은혜라는 연고를 바르고 쉼을 얻지 않겠는가? 기쁜 소식이 아닐 수 없다.

결심 다지기

1 주중에 적어도 한 시간 가량 아무 방해도 받지 않고 혼자 지내도록 일정을 짜라. 전화도 받지 않고, 인터넷에도 접속하지 않겠다고 선언하라. 필요하다면 방해받지 않을 곳으로 가라. 아무것도 들고 가지 말라. 일정 시간 그냥 조용히 지내라. 창 밖을 응시하거나 숲속을 걷거나 몇 시간 동안 사무실에 가만히 앉아 있어도 된다.

2 외모나 환경을 바꿈으로써 변화를 일으켜 보겠다고 한 적이 있는가? 일정이나 생활양식에 변화를 주어서 하나님과 정기적인 시간을 보낼 수 있겠는가?

3 지금 당신의 인생에서 마주치는 사람들을 떠올려보라. 당신이 필요로 하는 사람보다 당신을 필요로 하는 사람에게 가서 친구가 되라. 그를 섬길 수 있는 길을 찾아보라.

지진, 흔들리지 않는 기초를 세우다

하나님은 우리가 기뻐할 때는 귀에 대고 속삭이시고, 우리의 양심에 대고는 목소리로 말하시며, 우리가 고난당할 때는 크게 소리지르신다. 고난은 귀먹은 세상을 들썩거리게 하는 메가폰이다.
- C. S. 루이스

고통은 어쩔 수 없는 것이지만, 비참하게 되는 것은 선택이다. 고통은 피할 수 없어도 기쁨은 피해 다닐 수 있다.
- 팀 핸셀 Tim Hansel

인생에서 가장 어려운 교훈은 상실을 받아들이는 것이다. 이것은 계속되는 과정이다. 지속적으로 변하는 삶 속에서 모순투성이 세상의 거친 현실에 마주서지 않으면 안 되기 때문이다. 기혼이든 미혼이든, 교사든 학생이든, 회사 중역이든 전업주부든, 당신의 세계가 뿌리째 흔들리는 어떤 순간을 맞게 될 것이다. 깨지지 않을 것처럼 보이던 결혼, 매일 운동하시는 부모님, 꿈꾸던 것보다 훨씬 성공한 사업! 그런데 갑자기 이혼, 심장마비, 연쇄부도로 이어지는 파산이 닥친다.

이런 시기에는 우리의 믿음이 중심부터 흔들린다. 물론 시련과 고통스러운 상실 때문에 그분의 위로와 평안, 사랑과 자비를 구하기 위해 하나님을 의지하게도 된다. 반면 그분에게 분노하고 저항하게도 된다. 왜 이런 비극과 상실, 참화를 허락하시는지 도무지 이해할 수가 없기 때문이다. 선택의 자유가 슬픔과 한숨으로 가득찬 불완전한 세상이라는 값비싼 대가로 되돌아왔다는 것을 납득하기가 어렵다. 그러나 하나님은 결코 우리를 포기하지 않으신다. 그분은 고난당하는 것, 자식을 잃는 것, 그분의 백성들에게 배척당하는 것, 친구에게 배신당하는 것이 무엇인지 누구보다 잘 아신다. 여기서 예수님이 하신 말씀을 들어보자. "너희는 세상에서 시련을 당할 것이다. 그러나 용기를 내어라. 내가 세상을 이겼다"(요 16:33). 예수님은 어려움이 삶의 자연스러운 일부라 하셨다. 그러나 그 문제가 우리를 납작하게 만들어선 안 된다.

한 달만 산다고 해보자. 한 달밖에 살 수 없다는 소식의 충격을 추스르며 남기고 갈 모두를 위해 영원한 기초를 제공하려고 할 것이다. 그러려면 삶을 세우는 데 필요한 지침과 규정을 얻기 위해 원 시공자에게 가서, 우리의 기초를 매일 의도적으로 견실하게 하는 법을 배워야 한다.

견고한 기초 위에 삶의 중심을 놓으라

삶의 지진이 휩쓸고 지나갈 때, 자신이 무엇으로 지어진 존재이며 어떤 기초 위에 서 있는지 알게 된다. 지표면 위에 얕게 서 있으면서도 거짓에 불과한 안전 감각을 지니고 있었는가? 약한 지진만 일어도 먼지더미가 되고 말 것인가?

빌딩의 안전에 있어서, 꼭대기부터 지하에 이르기까지 구조적인 강도로 튼실한 기초가 핵심이라는 데 반대하는 사람은 없을 것이다. 흔들리지 않는 기반은 의미 있는 인생, 건강한 결혼생활, 유대감 강한 가정, 성공적인 사업의 건축에도 핵심이다. 예수님은 어떤 재앙이나 비극에 부딪힌다 해도 견딜 수 있는 영적 기초를 가져야 한다는 점을 예시하시기 위해 상식적인 진리를 사용하셨다. "그러므로 내 말을 듣고 그대로 하는 사람은, 반석 위에다 자기 집을 지은 슬기로운 사람과 같다고 할 것이다. 비가 내리고, 홍수가 나고, 바람이 불어서, 그 집에 들이치지만, 무너지지 않는다. 그 집을 반석 위에 세웠기 때문이다"(마 7:24-25).

오늘날 가정들이 좌로나 우로 나자빠지는 것은, 취약한 기초 위에 세워졌기 때문이다. 언제 지진이 인생에 들이닥칠지 예측할 수 없다. 그러나 예수님은 바른 기초 위에 건축함으로써 인생을 내진설계할 수 있다고 하신다. 이를 위해 그분의 말씀을 실천하라고 하신다. 성경을 얼마나 아느냐가 아니라 예수님의 진리를 일상 가운데서 얼마나 살아내느냐가 핵심이기 때문이다. 당신의 믿음은 얼마나 진실한가? 그 믿음을 매일 실천한다면 지진이 올 때, 견딜 뿐 아니라 더 강해질 수도 있다. 성경은 하나님의 말씀을 실천하고 파괴할 수 없는 기초를 세우는 것의 중요성을 강조한다.

먼저 당신 인생에서 견고한 중심을 잡아야 한다. 예수님은 이 견고한 중심을 큰 계명이라고 하신다. "'네 마음을 다하고… 주 너의 하나님을 사랑하여라' 하셨으니, 이것이 가장 중요하고, 으뜸가는 계명이다. 둘째 계명도 이것과 같은데 '네 이웃을 네 몸 같이 사랑하여라' 한 것이다"(마 22:37-39). 결혼생활에서 배우자로부터 행복의 원천을 찾고, 성취와 목적과 의미라는 가장 깊은 욕구를 충족시키는 것은 너무 쉬운 일이다. 그러나 어떤 인간도 누군가를 이런 수준으로 유지시킬 만큼 구비되지 않았다. 하나님만이 채워주실 수 있는 욕구를 충족하기 위해 당신의 배우자를 바라보는 것은 그와의 관계에 너무나 큰 압력을 가하고 있는 것이다.

인생의 중심에 하나님 아닌 다른 무엇을 올려놓았다면, 삶의 지진이 일어날 때(필연코 일어나기 마련이지만) 당신의 중심은 당신을 붙잡아줄 만큼 튼튼하지 못할 것이다. 견실한 중심이 있다면, 당신의 인생은 견실해진다. 중심이 약하면 인생은 쉬 부서진다. 인생이 산산조각났다고 느끼면, 멈춰 서서 당신 인생의 중심이 무엇인지 점검해봐야 한다. 하나님께 당신 인생의 중심이 되어달라고 부탁하고, 그분의 진리를 확고한 토대로 삼는 데는 결코 늦는 법이 없다. 땅이 얼마나 흔들리든, 관계와 사업이 얼마나 주저앉든, 흔들리지 않는 당신의 지반이신 하나님과 함께 당신은 든든히 설 것이다. "네가 하는 모든 일에서 주님을 인정하여라. 그러면 주님께서 네가 가는 길을 곧게 하실 것이다"(잠 3:6). 하나님은 결혼, 가정, 사업, 재정 등 당신 인생의 모든 영역에서 기반이 돼주길 원하신다.

현재 당신의 인생은 무엇으로 돌아가고 있는가? 인생의 바퀴에
중심축으로 서 있는 것은 무엇인가? 가정인가 일인가? 꿈인가 목표인가?
이런 중심이 당신을 어떻게 유지시켜 주고 있는가?
이 때문에 당신은 환경적인 동요에 취약하게 되지는 않았는가?

공동체의 지지

당신의 기초를 안전하게 다지는 또 다른 실천은 공동체이다. 서
로 돌보고 인간적으로 지원하는 공동체에 속하는 것이다. 당신에게
는 당신을 있는 그대로 사랑해주는 사람들이 필요하다. 다른 사람들
이 모두 떠날 때 찾아와 주는 그런 친구들이 필요하다. 당신의 친구
가 누군지 어떻게 아는가? 힘든 시간을 보낼 때, 그런 친구들은 당
신과 함께 있다. 만사가 편안할 때만 주변에서 얼쩡거리는 사람들과
는 다르다. "친구"라고 부를 수 있는 지인들은 많이 있다. 친근하게
생각하고 함께 있으면 좋은 사람들이다. 그러나 동요가 일어나면 지
인들은 그 흔들림을 함께할 수 없다. 그들은 떠난다. 파편 조각을 딛
고 서 있는 당신을 외면하고 가버린다. 진정한 친구는 상황이 어려
울 때 찾아와 당신을 잡아준다.

하나님은 우리 모두가 지닌 이 필요를 채울 수 있는 방안을 교회
공동체에 주셨다. 한 사람이나 가정이 지진을 겪을 때, 나머지가 모

여서 강한 모습으로 견디도록 돕는 것이다. 다시 설 수 있도록 지원하고 돌봐준다. 당신에게는 후원 체계가 필요하다. 누구도 혼자서는 인생을 살아갈 수 없기 때문이다. "혼자보다는 둘이 더 낫다.… 그 가운데 하나가 넘어지면, 다른 한 사람이 자기의 동무를 일으켜 줄 수 있다. 그러나 혼자 가다가 넘어지면, 딱하게도, 일으켜 줄 사람이 없다.… 혼자 싸우면 지지만, 둘이 힘을 합하면 적에게 맞설 수 있다. 세 겹줄은 쉽게 끊어지지 않는다"(전 4:9-10, 12). 하나님은 우리가 공동체 안에서 살도록 지으셨다. 다른 사람들이 필요로 할 때 기쁘게 도움의 손길을 내밀고 우리가 필요할 때 품위있게 도움을 받아들이도록 하셨다.

✦ 자기 성찰을 위한 질문 ✦

Make it Count Moment

누가 당신을 격려하고 도전해주는가? 누가 당신을 잡아주는가?
당신이 한 달만 살 수 있다면, 그들에게 무슨 말을 하겠는가?

주님께로 피하라

예기치 않은 지진을 만날 때, 폭풍 속에서도 대피소가 있음을 잊지 말라. 우리의 이해력을 압도하는 평안의 근원으로 당신은 내달릴 수 있다. 하나님은 우리에게 이렇게 말씀하신다. "그러므로 재난의 날에 나를 불러라. 내가 너를 구하여 줄 것이요"(시 50:15). 하나님은 곤경이 닥칠 때 먼저 그분에게 피신하길 원하신다. 하지만 우리는 스스로 모든 문제를 풀어보려고 한다. 그러다가 삶이 무너지기 시작하고 끌어다 쓸 수 있는 자원이 다하면 마지막 수단으로 하나님 앞으로 가서 이렇게 말한다. "기도밖에는 할 게 없는 것 같습니다."

그러나 이 공식은 뒤집어져야 한다. 기도는 마지막 호소처가 아니라 우리의 첫 반응이 돼야 한다. 하나님은 말씀하신다. "먼저 내게 달려와라. 기도해라. 내가 여기 너와 함께 있단다." 하나님이 진정 당신 인생의 중심이신 것을 어떻게 아는가? 근심을 멈추라. 무엇인가로 근심하는 것은, 당신 인생의 중심이신 하나님이 첫 번째 자리에서 밀려나시고 다른 무엇이 그분 자리를 찬탈했다는 신호이다. 하나님을 으뜸의 자리에 모실 때 걱정이 그친다. 결혼생활에서 하나님이 으뜸의 자리에 계시지 않으면 관계에 대해 걱정하기 마련이다. 재정 문제에서 그분이 처음의 자리에 계시지 않으면 계좌의 잔고 때문에 초조하다. 하나님이 사업의 첫 자리에 계시지 않으면 회사 일로 밤잠을 이룰 수 없다. 근심할 때마다 우리는 피난처를 잃고 우리의 믿음을 흔들어댈 수 있는 요소들에 벌거벗고 노출된다.

숨 쉬고 있는 한 문제에 부딪칠 것이다. 하지만 이것 또한 말할 수 있다. 예수 그리스도는 모든 문제에 우리와 함께 해주실 것이다. 당신이 그냥 가라앉도록 놔두지 않으신다. 다윗이 읊조린 노래를 들어보자. "주께서 나를 돕지 아니하셨다면, 내 목숨은 벌써 적막한 곳으로 가버렸을 것이다. 주님, 내가 미끄러진다고 생각할 때는, 주의 사랑이 나를 붙듭니다. 내 마음이 번거로울 때는, 주의 위로가 나를 달래줍니다"(시 94:17-19). 바로 지금 인생에서 최대의 강진을 만나고 있을 수도 있다. 뿌리까지 흔들리고 있을 수도 있다. 당신이 일으킨 것은 아니기에 하나님이 왜 그것을 허용하셨을까 의아할 것이다. 영원 이편에서는 결코 해답을 얻을 수 없을지도 모른다. 그러나 당신이 사랑하는 하나님께 의탁하고 있다면, 당신의 마음이 그분의 아들에게 맡겨져 있다면, 그분은 당신을 붙잡고 결코 놓지 않으실 것이다.

도전에 직면할 때 우리는 가장 먼저 이런 반응을 보인다. '하나님, 이 상황에서 건져주십시오. 지금 기적이 필요합니다. 하나님, 이 문제를 풀어주십시오. 빨리 풀어주십시오!' 그러나 하나님은 그분의 선물presents 대신 그분의 임재presence로 응답하신다. 그분이 말씀하신다. '그 문제에서 너를 구출하지는 않겠다. 마술이나 즉석 해결책 같은 건 없다. 내 계획은 이것이다. 나는 너를 붙들고 있겠다. 내가 너와 함께 단단한 땅을 지나가 주마. 나는 너와 함께 있다. 지진이 일어날 때나 모든 것이 평온할 때나 내가 너와 함께 있다.'

가수 빌리 조엘이 캘리포니아에 살 때 일이다. 열두 번째 생일을 맞은 뉴욕의 딸에게 전화를 했다. "오늘같이 특별한 날 거기 있지 못해서 미안해. 하지만 너한테 정말 멋진 걸 보냈다. 그게 뭔지는 말하지 않을게. 선물은 오늘 오후 늦게 도착할 거야. 그게 뭔지 기대해." 그날 오후 그의 딸은 초인종 소리를 듣고 현관에 나갔다. 큰 리본이 달린 엄청나게 큰 상자가 배달돼 있었다. 안에 뭐가 들었을지 상상이 가지 않았다. 급히 상자를 뜯었는데, 거기서 빌리 조엘이 나왔다! 그는 딸아이를 놀라게 해주고 싶었던 것이다. 딸이 지금까지 받아본 선물 중 최고의 것은 아빠의 출현이었다.

하나님은 당신에게 이미 최고의 선물을 주셨다. 나는 당신이 지금 인생에서 어떤 도전에 직면해 있는지 모르지만, 하나님은 아신다. 그분은 당신의 속마음을 아신다. 그분은 당신의 아픔 가운데서 당신과 함께 신음하신다. 그리고 그분에게는 당신의 인생을 돌려놓을 수 있는 능력이 있다.

결심 다지기

1 마지막으로 겪은 인생의 요동에 대해 말해보라. 당신이 당한 최근의 시련 말이다. 어떤 도전이 왔는가? 어떻게 당신의 인생은 곤두박질쳤는가? 그 때문에 지금 당신은 어떻게 달라졌는가? 그 후 당신의 믿음과 하나님과의 관계는 강해졌는가 아니면 약해졌는가?

2 누가 당신의 진정한 친구인가? 친한 지인이 아니라 위기나 슬픔속에서 진정 의존할 수 있는 누군가를 말한다. 누군가의 얼굴이 떠오르지 않는다면, 진정한 친구를 사귈 수 있는 가장 확실한 방법은 자신이 진정한 친구가 되는 것임을 기억하라. 오늘 누가 당신의 도움이나 격려를 필요로 하는가?

3 하나님이 당신에게 주셨으면 하고 바라는 선물 목록을 적어보라. 다른 직업, 새로운 관계, 건강 회복일 수 있다. 이런 목록들 대신 하나님의 임재를 사모한다는 말이 무슨 뜻인지 시간을 내서 묵상하라.

21Day

멀리건, 정직하게 경기하다

마음속 비밀의 극장을 호위하라. 실제로 일어나길 바라지 않는 일이 거기서 일어나지 않도록 주의하라.
- 로이 윌리엄스 Roy H. Williams

학교와 인생의 차이는 무엇인가? 학교에서는 수업을 하고 시험을 본다. 인생에서는 치른 시험이 수업이 된다.
- 톰 보뎃 Tom Bodett

한 달밖에 살지 못한다면, 인생을 되돌아보고 자신의 인품을 저울에 달아보는 심정이 될 것이다. 과거에 저지른 실수들에서 배우기 위해 모든 일을 할 것이고 주름 잡힌 것들을 펴고 남은 날들을 평온하게 지내려고 할 것이다. 조각나고 흩어진 인생을 원치는 않을 것이다. 요동치는 인생의 순간을 지나면서 누릴 수 있는 것보다 훨씬 밑도는 삶에 만족하려고 들면 나뉘고 찢기는 경험을 하게 된다. 사려 깊으면서도 열정적으로 생동감 있게 살 때, 깨끗하고 올곧게 살고자 하는 마음이 들 것이다.

깨끗하고 올곧다는 말은 오늘날 많은 사람들의 입에 오르내리는데, 특히 정계에서 그렇다. 하지만 이 말의 진정한 의미는 무엇인가? 성실integrity이라는 말의 어근은 정수integer이다. 수학 시간에 배웠겠지만 정수는 분수와 다른 완전수이다. 성실은 나뉘고 굴절된 삶에 반대되는 온전함을 뜻한다. 성실함이 모자라면 교회에서는 이렇게, 직장이나 학교에서는 저렇게 행동하는 사람이 된다. 친구들에게는 이렇게 행동하고 가족들 앞에서는 저렇게 행동한다. 성숙함의 진정한 표시와 인품의 힘은 어디서든 누구와 함께든 동일한 사람일 수 있어야 한다. 성실함은 두루 구비된, 이런저런 일들을 겪으면서도 일관된 모습이다. "부유하나 구부러진 길을 가는 사람보다는 가난해도 흠 없이 사는 사람이 낫다"(잠 28:6).

이 말씀으로 보듯이 성실함은 값으로 따질 수 없다. 성실함이 있으면, 당신의 삶은 평화와 열정과 목적의식으로 가득 찬다. 직장, 교회, 가족들과 함께 있을 때, 친구들과 게임을 할 때, 여자 친구와 카페에 앉아 있을 때 동일한 사람이라면, 당신의 인생은 이로 말미암아 고요함과 조화로움으로 가득 찬다. 다양한 역할들과 삶의 환경에서 어디에 서야 할지, 어떤 모습을 취해야 할지, 어떻게 변하고 대처해야 할지 전전긍긍하지 않아도 되기 때문이다.

운동을 하다 보면 정말 기분이 좋은 순간과 반대인 순간이 각각 닥치는 듯하다. 성실함이 절실히 요청되는 운동 중 하나가 골프이다. 나는 열성적인 골퍼이다. 18홀을 함께 돌고 나면 사람에 대해서 할 말이 많아진다. 함께 골프를 쳐보면 그 사람이 얼마나 승부욕이 강한지, 얼마나 창의적으로 생각하는지, 얼마나 정직한지, 얼마나 난관을 잘 헤쳐나가는지 말할 수 있다. 나는 UCLA의 전설적인 농구 코치 존 우든John Wooden의 말에 동의한다. "운동은 인품을 만들 수는 없다. 그러나 인품이 드러나게는 한다." 골프 경기는 한 사람의 성실함을 거울처럼 보여준다. 동시에 우리 삶에서 어떻게 하면 성실함을 더 키워나갈 수 있을지도 보여준다.

온전한 선수

대부분의 경기를 이기곤 하는 직업적인 골퍼는 완벽한 선수이다. 타이거 우즈를 떠올리면 되겠다. 그는 장타를 정확하게 친다. 단타 역시 정밀하다. 퍼팅도 잘한다. 이런 모든 요소들을 고르게 가지고 있으면 세계 제일이라고 할 수 있다. 어느 해 어떤 투어든 정상급 PGA의 우승자는 대개 장단타와 퍼팅 모두 뛰어난 선수이다. 물론 한 영역에서 발군의 실력을 발휘하기도 하지만, 전체적으로 경기의 전 과정을 소화하는 데 필요한 기술들을 완벽하게 습득한 상태이다.

우리의 개인적인 성실함도 마찬가지이다. 분산되거나 단절되지 않는 힘과 평온의 상태를 유지하며 살기 위해서, 우리 역시 완벽한 선수가 돼야 한다. 일의 일부에서만 아니라, 우리가 하는 모든 일에 핵심적인 가치와 신념이 들어가야 한다. 삶의 모든 영역에서 자신과 하나님께 진솔해져야 한다.

그러나 많은 사람들은 분열된 삶을 살면서도 자신의 일관성 없음을 정당화하는 편을 쉽게 택한다. 두 남녀가 패스트푸드점에 가서 겪은 실화를 들어보자. 그들은 교외에 나가 먹으려고 닭튀김을 샀다. 점원은 실수로 그날의 매상이 든 상자를 건넸다. 공원에 도착한 두 사람이 상자를 열자, 닭다리와 날개 대신에 800달러가 들어 있었다. 그들은 돈이 든 상자를 돌려주기 위해 그 식당으로 돌아갔다. 당황해하던 매니저는 안도의 한숨을 내쉬었다. 매니저가 말했다. "제가 신문사에 전화를 하겠습니다. 지역 신문에 기사가 나오도록 하겠습니다. 당신은 정말 정직한 분입니다." 남자는 놀라 말했다. "안 돼요. 안 됩니다. 사진이 나오면 안 돼요." 이어 그는 몸을 기울여 매니저에게 낮은 목소리로 말했다. "함께 있는 여자는 다른 사람의 아내거든요."

삶의 한 영역에서 정직할 수 있다. 그러나 다른 영역에서 정직하지 않다면, 당신은 성실과는 거리가 먼 사람이다. 주변의 대여섯 사람과 좋은 관계를 유지할 수 있어도 한 관계에서 정직할 수 없다면, 당신은 성실한 사람이 아니다. 하나님은 우리가 온전한 선수가 되길 원하신다. 어디에 있든 누구와 함께든 정직, 공평, 관대, 진실을 유지하길 원하신다.

◈ 자기 성찰을 위한 질문 ◈

Make it Count Moment

인생의 어떤 영역에서 자신의 가치를 쉽게 추구하거나
유보하게 되는가? 관계, 재정, 영적 가치 중 무엇인가? 다른 영역과
통합시키기 어려운 영역은 무엇인가?

정직하고 성실한 경기

골프 영화 〈배거 반스의 전설The Legend of Baggar Vance〉을 보면, 전설
적인 캐디가 나온다. 이 캐디는 한물간 골퍼에게 최상의 스윙을 찾
도록 도와준다. 배거는 이것을 자신의 진실하고도 진정한 스윙이라
고 부른다. 그는 자연스럽게 경기를 이끌어가며 자신의 약점을 보완
하다가 이런 스윙을 발견하게 된다. 우리 모두에게는 진정하고도 진
실한 스윙이 있다. 그러나 문제는 우리가 사람들에게 좋은 인상을
주려 한다는 것이다. 우리 자신의 독특한 스윙을 찾기보다는 남들에
게 보이기 위해서 드라이브를 휘두른다.

이미지를 유지하기 위해서나 사람들에게 좋은 인상을 주기 위해
움직이려면 엄청난 에너지와 노력이 소모된다. 당신의 진정한 열정
이 고갈되고, 하나님이 허락하신 목적에서 이탈하며, 개인적인 평정
을 빼앗긴다. 많은 경우 사람들은 삶의 마지막 순간에 후회로 가슴
을 쥐어뜯는다. 자신의 가치와 하나님이 자신에게 허락하신 결을 따
라 쭉 살아오지 못했기 때문이다. 열정에 이르는 열쇠는 자신을 향
한 하나님의 계획에 따라 진실되게 사는 것임을 너무 늦게 터득한
다. 사람들에게 좋은 인상을 주거나 영향을 끼치려면 결정해야 한
다. 대중은 이미지로 좋은 인상을 받지만, 가면을 벗고 진실하게 자
신의 허물과 실패를 인정할 때만 사람들에게 좋은 영향을 끼칠 수
있다.

성실함은 이미지의 반대말이다. 성실함은 사적인 삶이 공적인 이
미지와 맞아떨어질 때 떠오른다. 보이는 그대로일 때, 바로 그때 성

실함이 나온다. 성실함은 아무도 보는 사람이 없을 때 당신 자신이거나, 주변에 감동을 줘야 할 아무도 없을 때의 당신이다. 포르노 케이블 채널을 틀어주는 호텔에 홀로 출장 가 있을 때, 계산대의 직원이 거스름돈을 더 많이 주었을 때, 세금 환급 신청서의 한 줄에 허위 기재를 손쉽게 할 수 있을 때 성실함이 요구된다. 성실함은 당신의 진짜 모습이 무대 한가운데 올라오도록 하는 것, 자신이 진정 누구이며 참으로 무엇을 믿는지 보여주기로 작심한 일을 요구한다. "나의 하나님, 주께서는 사람의 마음을 헤아리시고, 정직한 사람을 두고 기뻐하시는 줄을 제가 압니다"(대상 29:17). 하나님은 우리가 온 삶으로 그분을 영예롭게 하려고 결심한 온전한 선수가 될 때 기뻐하신다.

나쁜 거짓말

어린 시절 어느 길고 더운 여름이었다. 나와 사촌은 벌을 잡길 좋아했다. 우리는 플라스틱 뚜껑에 구멍을 낸 빈 커피 통을 들고 집을 나섰다. 이웃집 정원을 헤집고 다니며 꽃을 찾아 붕붕거리며 날아다니는 벌을 찾았다.

첫 번째 벌은 언제나 잡기 쉬웠다. 한가롭게 붕붕거리며 날아다니는, 주변에 신경 쓰지 않는 벌을 잡기란 일도 아니었다. 그러나 이미 잡은 벌들을 놓치지 않으면서 다른 벌들을 잡아 넣는 데는 기술이 좀 필요했다. 벌들이 윙윙거리느라 흔들리는 깡통을 잡고 있으면 내가 대단한 사람이 된 느낌이었다. 하지만 뚜껑을 열 때마다 그 안에 도사리고 있는 위험을 느끼곤 했다. 마침내 '한 마리만 더'하며 깡통에 벌을 넣으려다 깡통 속의 많은 벌들이 날아오르면, 깡통을 내팽개치고 걸음아 날 살려라 도망칠 수밖에 없었다.

거짓말은 벌 잡기와 비슷한 데가 있다. 처음에는 아주 간단하다. 진실을 약간 뒤틀어서 자신에게 조금 유리하도록 일을 만들지 말아야 할 이유가 무엇인가? 그러나 한 번의 거짓말은 필연적으로 다른 거짓말을 낳는다. 처음의 거짓을 감춰야 한다는 강박에 사로잡히기 때문이다. 깡통에 거짓말을 하나씩 더 넣음으로써 다른 것들이 새어 나갈 위험이 더 커진다. 게다가 끼고 다닐 수밖에 없는 거짓말 깡통은 점점 더 위험해진다. 어떤 시점에 오면 한 번씩 했던 거짓말이 한꺼번에 모두 달아난다. 뚜껑이 벗겨지면서 당신도 다치고 주변에 있는 사람들도 쏘인다.

오늘날 신뢰가 없다는 이유로 많은 결혼이 깨진다. 배우자끼리 서로 믿지 않는다. 서로 거짓말을 하기 때문이다. 돈, 관계, 동기에 대해서 거짓말을 한다. 사업 관계든 자녀들을 키우는 문제든, 손쉽게 거짓말을 하면 다른 사람의 신뢰를 잃고 앞으로의 관계를 손상시킬 수 있다.

어떻게 하면 악의적인 거짓말의 함정을 피할 수 있을까? 골프 코스에서 모래 벙커를 탈출하는 것과 비슷하다. 모래 벙커에서 샷을 하기에 앞서서 골퍼들은 클럽페이스를 열라고 말할 것이다. 인생에서도 마음을 열고 진실을 말해야 한다. 현안으로부터 숨어서는 안 된다. 카펫 속으로 들어가선 안 된다. 솔직한 감정을 억눌러서는 안

된다. 진실, 있는 그대로의 진실, 다름 아닌 진실을 말해야 한다.

진실을 말할 때 사랑하는 마음으로 해야 한다. 부수고 깨기 위해서가 아니라 관계를 세우고 다른 사람들을 돕기 위해서 해야 한다. 〈아메리칸 아이돌〉에 나오는 사이먼 코웰(거침없는 심사평으로 유명한 심사위원 - 옮긴이)처럼 하면 멋있을 것이다. 누군가는 노래를 못하는 사람들에게 당신 노래 실력이 형편없다고 말해줘야 하니까 말이다. 그 사람에게 상처를 주기 위해서가 아니라 신뢰 수준과 관계의 힘을 높이기 위해서 진실을 통용시켜야 한다.

다시 말하면 우리가 거짓말을 하는 이유는 충분히 사랑하지 않기 때문이다. 거짓말은 쉬운 길, 이기적인 편의책이다. 쉬운 길, 자신의 안락을 위해 최소한의 저항을 택하는 것이다. 사랑하기로 모험한다면 진실을 말할 것이다. 사랑하면 할수록 거짓말을 할 수 없다. 더 많이 사랑할수록 더 용기를 내서 진실을 말한다.

이 말은 자신에 관한 진실을 인정하고 실패에 대한 용서를 구해야 할 용기를 갖는다는 뜻이기도 하다. 특히 자신의 실수에 관해서 진실은 감당하기 어렵게 느껴진다. 진실은 너무 강력하고 고통스러우며 부담스럽게 느껴진다. '다시 한 번 선택의 기회가 주어진다면…, 만약 내가…, 왜 내가…' 하며 후회한다. 그러나 후회는 우리를 성실한 사람으로 만들지 못한다. 후회를 회개로 바꾸지 않는 한 그렇게 되지 않는다. 우리는 모든 면에서 진실에 열려 있어야 하고 정직이라는 입장에서 움직여야 한다.

언제 약속을 지키기 어려운가? 누구에게 한 약속인가?
배우자인가, 자녀들인가, 동료인가, 부모인가, 친구인가,
그 외 다른 사람들인가? 어떤 관계나 상황에서 거짓말을 하게 되는가?
한 달밖에 살 수 없다면, 오늘 누구에게 진실을 말하고 싶은가?

믿음으로 받는 점수

하나님이 최종적인 채점자이심을 기억해야 한다. 생의 마지막 순간에 하나님이 규정 타수와 기록이 적힌 완벽한 채점표를 들어 보이실 것이다. 우리 자신의 채점표와 그분의 것은 맞지 않을 것이다. 우리는 거룩하거나 완전하거나 의롭거나 흠이 없지 않다. 그러나 그분은 그러하시다. 이 세상으로 들어와 18홀 경기를 매번 홀인원으로 마친 유일한 분이 계시니 바로 예수님이다. 그분은 분열되지 않은 삶을 사신 유일한 분이다. 그분은 죄를 지으신 적이 없다. 조금도 잘못한 것이 없으셨다. 언제나 자신이 해야 하는 것들을 하셨다. 그릇된 생각을 한 적도 나쁜 태도를 지닌 적도 없으셨다. 그분은 완전하셨다.

인생을 잘 살고 있을 수 있다. 시간, 정력, 돈을 필요한 사람에게 나눠주며 좋은 일을 할 수도 있다. 하지만 하나님의 판단은 아직 내려지지 않았다. 당신의 점수는 형편없다. 아니, 18홀을 다 돌 수도

없을 것 같다. 이미 우리는 다 실패했기 때문이다. 성경은 우리가 모두 실수했다고 말한다. 우리는 인생을 망쳤다.

하나님의 손에는 정확한 채점표가 들려 있다. 우리는 그분의 완전한 기준에 근접조차 하지 못할 것이다. 그러나 기쁜 소식이 있다. 예수님이 우리에게 벌점 없는 한 타를 무제한 허락하신다는 것이다. 당신이 골프를 좀 친다면, 멀리건(실수한 샷을 무시하고 한 번 더 치는 기회를 주는 것 - 옮긴이)이라는 용어를 알 것이다. 티오프를 했는데 공이 숲으로 들어갔을 때, 이렇게 말할 수 있다. "여기서 멀리건을 하겠습니다." 예수님은 우리에게 무제한의 멀리건을 주신다. 그분은 우리가 다시 시작할 수 있게 해주시며, 우리를 위해서 대신 경기를 해주신다. 2천 년 전 우리를 위해 십자가에서 죽으셨을 때, 그분은 보기, 더블보기, 트리플보기가 적힌 우리의 채점표를 가져가셨다. 그리고 십자가에 그 표를 못 박으셨다. 그분은 우리편에 서셨다. 우리가 그분과의 관계라는 선물을 기꺼이 받아들이기만 하면, 그분은 우리 한 사람 한 사람을 위해 이 일을 하신다. 그분은 우리의 채점표를 그분의 것으로 바꿔주신다.

우리는 예수님의 완벽한 채점표를 손에 들고 그분의 얼굴을 올려다본다. 그분은 어떤 승자가 차지할 수 있는 것보다 더 좋은 곳에 당도한 우리를 열렬히 맞아주신다. "한 사람의 범죄로 많은 사람이 죽었으나, 하나님의 은혜와 예수 그리스도 한 사람의 은혜로 말미암은 선물은, 많은 사람에게 더욱더 넘쳤습니다"(롬 5:15). 우리가 십자가 때문에 평생의 선물을 받게 됐다는 것이 기쁜 소식이다. 받을 자격도 없는 우리이다. 그러나 그분은 우리를 사랑하시되, 우리 그대로를 사랑하신다. 우리가 무슨 짓을 저질렀든 상관없다. 그분은 우리를 회복시키실 수 있다. 우리의 인생을 온전하게 하실 수 있다. 우리 인생이 산산조각났든, 우리에게 남은 삶이 불과 며칠이든 상관없다. 그분은 우리가 갈망하는 대로 분열되지 않은 삶, 애초에 우리가 지어진 조화로운 삶의 원천이시다.

결심 다지기

1 백지 중앙에 큰 원을 그리고 여덟 조각으로 나누라. 거기에 당신 삶의 영역들(예를 들어 가정, 일, 취미, 결혼, 재정, 교회 등)을 배정하라. 이 영역들에서 당신의 가치관대로 살고 있는가?

2 원의 한가운데 작은 원을 그리고 그 안에 하나님이라고 쓰라. 이것은 성실함이 하나님 임재의 소산임을 보여주려는 것이다. 하나님은 당신 인생의 한 조각을 원하지 않으신다. 그분은 모든 조각의 처음이 되길 원하신다. 그것이 취미생활이든 결혼생활이든 하나님은 당신이 하는 모든 일에서 첫 번째 고려 대상이길 원하신다.

3 자신을 성실함의 자로 측정하면 몇 점을 받을 수 있을까? 당신은 집과 직장에서 같은 사람인가? 가족들과 친구들에게 같은 사람인가? 변해야 할 영역들을 깨닫고, 변화를 수행할 수 있는 인격이 되게 해달라고 기도하라.

도로 표지판, 기적을 경험하다

기적이란, 전 세계에 걸쳐 일어난 일들이 너무 큰 글자로 적혀 있어 읽지 못하는 사람들을 위해 작은 글자로 다시 적은 이야기이다.
– C. S. 루이스

하나님을 위해 위대한 일을 시도하라. 그리고 하나님이 일으키실 위대한 일을 시도하라.
– 윌리엄 캐리 William Carey

어렵고 건조한 인생의 계절들, 어느 것도 제대로 되지 않는 시기에 어떻게 믿음으로 살아야 하느냐고 묻는 사람들을 수없이 만난다. 많은 사람들이 인생의 역전을 위해서, 결혼생활의 회생을 위해서, 사업에 성공하기 위해서, 아이들과의 관계 회복을 위해서 기적이 일어나야 한다고 말한다. 이들과 이야기를 나눌 때 나는 늘 두 가지를 분명히 한다. 하나님은 기적을 일으키시지만, 공식이나 마법 같은 것은 없다는 것이다. 그분은 우리의 소원을 들어주시기 위해 나타나는 마술램프의 심부름꾼이 아니다. 만약 당신의 생이 한 달만 남았다면, 목숨을 연장하기 위해 하나님께 기적을 구하고 싶은 마음이 간절해질지도 모른다. 우리의 삶이 그분의 손에 달려 있고 그분이 우리의 몸을 고치실 수도 있지만, 당신에게 진정으로 필요한 기적은 당신의 우선순위와 관계있지 않을까 생각한다.

기적은 일어날 수 있는 정도가 아니라, 우리가 생각하는 것보다 훨씬 흔하다. 하나님은 우리를 돌보시고 우리의 삶 속에서 일하길 원하신다. 하지만 삶의 교차로에 서서 어떻게 반응해야 할지 도무지 알 길이 없을 때, 이런 사실을 기억하기란 쉽지 않다. 위대한 신학자인 요기 베라Yogi Berra는 이렇게 말했다. "갈림길을 만나거든 주저 말고 하나를 택하라." 도움은 그리 많지 않다. 고통스러운 상실에 부딪치든 두 가지 좋은 선택 사이에서 고민하든, 기적과 같은 일을 경험하는 유일한 길은 하나님의 방향으로 뛰어드는 것이다. 정해진 공식은 없다. 그러나 성경은 네 가지 안내 표지판을 보여준다. 이 표지판들은 우리를 갈림길에서 목적을 이루고 기적을 만드는 여정으로 안내할 수 있다.

기적의 두 가지 조건

네 가지 원리를 잘 예시해주는 사례는 구약의 엘리사와 과부 이야기이다. 우리는 이 이야기에서 하나님이 인도하시는 여정을 발견한다. 우리 삶에서 기적을 일으키고자 하실 때 그분은 언제나 이런 과정을 밟게 하신다. 이야기는 곤란한 상황과 절박한 도움의 촉구로 시작된다. "예언자 수련생들의 아내 가운데서 남편을 잃은 어느 한 여인이, 엘리사에게 부르짖으며 호소하였다. '선생님의 종인 저의 남편이 죽었습니다. 선생님께서도 아시다시피 그는 주를 경외하는 사람이었습니다. 그런데 빚을 준 사람이 와서, 저의 두 아들을 자기의 노예로 삼으려고 데려가려 합니다'"(왕하 4:1).

불쌍한 여인은 참담한 상실에 이어 어찌 손 써볼 도리가 없는 상황을 맞았다. 남편을 잃었고 이로 인해 많은 채무를 지게 되었던 것이다. 채권자들이 몰려와 빚을 갚을 수 없거든 세상에서 가장 소중한 재산, 즉 아들들을 내놓으라고 위협하고 있다. 여인의 화급한 반응에서 첫 번째 도로 표지판을 볼 수 있다.

하나님이 당신의 삶에서 기적을 행하시길 바란다면, 기적으로 향해 가는 출발점까지 두 가지 일방통행로를 거쳐야 한다. 첫째는 자신의 필요를 인정하는 것이다. 하나님이 당신의 삶에서 일하시길 원한다면, 당신에게 그분이 필요하다는 점을 인정해야 한다. 하나님 없이는 기적이 불가능함을 인정하지 않으면 결코 기적은 일어나지 않는다. 물론 우리는 문제가 있을 때 그것을 인정하길 싫어한다. 우리 스스로 문제를 해결할 수 없음을 선뜻 인정하려 들지 않는다. 다른 사람들이 볼 수 없도록 우리가 당하는 곤경을 숨기고 그런 일은 없는 양 행동한다. 아니면 우리 힘으로 해보려고 노력한다. 우리는 흔히 상황을 원망한다. 그러나 그렇다고 문제를 해결하기에 부적절한 우리의 연약함이 개선되지는 않는다. 게다가 하나님은 그분의 개입이 관건이라고 우리가 인정할 때까지, 그분을 상황 한가운데로 모셔올 때까지는 우리 삶에서 일하지 않으신다.

이야기에 등장하는 과부는 도움이 필요함을 인정했다. 일방통행로로 내려간다. 다른 길로는 원하는 데까지 갈 수 없음을 인정한 것이다. 엘리사의 반응에서 여인이 막다른 골목에 처해 있음을 알 수 있다. "엘리사가 그 여인에게 말하였다. '내가 어떻게 하면 도움이 되겠는지 알려주시오'"(왕하 4:2). 깊이 생각하지 않고 들으면 엘리사의 반응은 무례한 듯 느껴진다. 마치 여인이 자기를 귀찮게 하고 있어서 당혹스럽다는 느낌이 난다. 그러나 여기 뭔가 다른 점이 있다. 엘리사는 여인이 자기를 신뢰하지 못하게 한 것이다. 엘리사는 이렇게 말한 셈이다. "내가 댁을 어찌 돕겠소. 그러나 댁을 도울 수 있는 분이 계시오. 나는 기적을 일으키실 수 있는 하나님을 알고 있소."

두 개의 일방통행로를 걸어야만 위기의 순간을 기적으로 전환시킬 수 있다. 첫 번째 일방통행로는 자신의 필요를 인정하는 것이다. 이 일방통행로는 두 번째 일방통행로로 이어진다. 하나님 앞으로 나아가는 것이다. 하나님은 당신을 바른 방향으로 이끌 수 있는 유일한 분이다. 문제가 있을 때는 어디로 가는가? 운명철학관에 전화하는가, 점쟁이를 찾아가는가? 사람들은 도움이 필요하면 무슨 일이든 한다. 더 절박해질수록 밖에 있는 도움을 찾느라 안달을 한다. 우리에게 필요한 기적을 주실 수 있는 유일한 분이 계시다. 우리는 권능과 지혜가 충만하시고 우리를 위한 최선의 유익에 주목하시는 사랑의 하나님께 곧장 달려갈 수 있다.

◆ 자기 성찰을 위한 질문 ◆

Make it Count Moment

당신의 필요를 인정하는 것이 어려운가? 현재 당신의 삶에서 가장 큰 필요 세 가지는 무엇인가? 누가 이 필요에 대해서 알고 있는가? 당신을 아끼는 사람들에게 사정을 털어놓는 게 망설여지는 이유는 무엇인가? 무엇이 하나님께 필요를 아뢰는 것을 막고 있는가?

기꺼이 내놓으라

이제 다음 표지판을 향해 가야 한다. 멈춤 신호판이다. 엘리사는 최초의 반응을 보인 후 이상한 질문을 또 하나 던진다. "집안에 무엇이 남아 있소?"(왕하 4:2). 하나님은 우리 삶에 기적을 행하시기에 앞서 언제나 이 질문을 던지신다. 절박한 과부처럼 우리도 가지고 있지 않은 것에 갇혀버린 나머지 그분이 우리에게 이미 주신 것의 가능성을 간과하고 만다.

하나님은 여인에게 기적이 시작될 수 있는 계기를 이미 허락하셨다. 여인이 인식하지 못할 뿐이다. 우리는 멈춰 서서 무엇으로 시작할 수 있는지 평가해봐야 한다. 하나님은 언제나 우리가 서 있는 곳, 우리가 가지고 있는 것에서 시작하신다. 그분은 우리를 한 대 툭 쳐보고 독수리가 병아리 채가듯 하지 않으신다. 하나님은 이렇게 말씀하신다. "자, 무엇을 가지고 일을 해야겠니? 걱정 그만하고 한 번 둘러보려무나." 그러면 당신이 가지고 있는 게 무엇이든 그분께 드려야 한다. 시간, 재능, 자원, 에너지 등 아무리 하찮아 보이더라도 그것은 하나님이 일하시는 출발점이 될 수 있다. 당신의 자발적인 드림이 하나님의 개입과 복을 불러올 수 있다.

긍정적인 방향으로 선회하라

당신이 처한 환경이 하나님의 큰 뜻 안에서 바뀌는 것을 보고 싶다면, 세 번째 도로 표지판을 따라 부정적인 방향에서 긍정적인 방향으로 유턴해야 한다. 우리는 호들갑스럽게 과장하면서 모든 게 나쁘고 아무것도 나아지지 않는다고 한다. 그러면 희망이 없다.

이것이 과부가 처음에 가지고 있던 관점이었다. 그가 엘리사의 질문에 어떻게 반응하는지 보라. "집안에는 아무것도 없습니다. 기름 한 병 말고는." 부정적으로 시작했다가 금방 긍정적으로 유턴을 했다. 여인이 이렇게 말하는 것은 어쩌면 당연한 것인지도 모른다. "종에게는 아무것도 없습니다. 예, 끝입니다. 가진 게 없습니다." 하지만 "기름 한 병 말고는"이라고 덧붙임으로써 긍정적으로 이끌어 갔다.

이 방향 전환은 믿음으로 가능하다. 여인은 작은 자원이 있을 뿐임을 인정했다. 정말 낮은 가능성인 것이다. 하지만 그렇게 함으로써 믿음으로 움직였다. 그리고 그것이 희망에 불을 지폈다. 아무렇지도 않다고 하지는 않았다. 그러나 쉽게 포기하지도 않았다. 믿음은 현실을 무시하지 않는다. 그러나 하나님과 함께라면 모든 것이 가능함을 인정한다. 문제가 없는 양 구는 것은 믿음이 아니다. 그것은 어리석음이거나 맹목이다. 믿음은 문제를 부인하지 않는다. 그러나 문제를 새로운 관점에서 바라보게 한다. 즉 하나님의 눈으로 보게 하는 것이다.

믿음의 눈으로 보지 않으면, 이런 작은 축복들을 놓치고 과부가 처음에 말한 것처럼 당신도 말하게 될 것이다. "내 집에는 아무것도 없습니다. 내게는 너무 큰 필요가 있고 문제는 숨 막힐 정도로 심각합니다. 하지만 내가 처한 환경에서 어떤 좋은 조짐도 보이지 않네요." 긍정적인 방향으로 선회하고 하나님의 관점을 발견하기 위해서는 믿음의 눈으로 바라봐야 한다. 그렇게 할 때 바뀐 태도로 말미암아 하나님이 당신 인생에서 기적을 행하실 여지가 생긴다.

하나님은 우리가 지닌 아주 작은 것을 취하여 30배, 60배, 100배로 커지게 하길 좋아하신다. 왜냐하면 그래야 그분이 홀로 하신 일임이 드러나기 때문이다. 하나님은 평범한 자들을 택하여 비범한 일을 행하길 즐겨하신다. 그래야 그분이 누구신지 더 잘 보여줄 수 있기 때문이다. 우리는 기적을 베풀어달라고 기도하면서도 기적을 행하실 그분의 능력을 자주 질식시킨다. 우리는 부정적인 말들에 붙잡히고 다른 사람들을 비난하고 걱정한다. 이런 것들은 우리를 믿음으로 이끌어가거나 관점의 변화를 이끌어내지 못한다. 우리 자신의 부정적인 생각에 사로잡혀 있는 한 하나님이 우리 삶에서 행하시는 일을 제대로 알아볼 수 없다. 우리는 유턴을 하고 문제 대신 하나님께 초점을 맞춰야 한다.

❖ 자기 성찰을 위한 질문 ❖

Make it Count Moment

엘리사 이야기에 등장하는 과부처럼 유턴하는 것과 낙관적이 되는 것은 같은 것일까? 하나님의 관점을 구하는 것은 사물의 밝은 면을 보는 태도와 어떤 면에서 다른가?

은혜를 채울 빈 그릇을 찾으라

기적으로 향하는 네 번째 표지판은 가장 중요하다. 그것은 양보 표지판이다. 다른 세 가지 표지판을 따랐더라도 이 표지판대로 하지 않으면, 기적을 기대할 수 없다. 우리가 그분이 이미 주신 축복으로 다른 사람들을 섬길 수 있다는 것은 정말 중요한 논지이다.

엘리사는 과부의 상황에서 이상해 보이는 일을 하라고 했다. "나가서 이웃 사람들에게 빈 그릇들을 빌려오시오. 되도록 많이 빌려와서… 그 그릇마다 모두 기름을 부어서 채워지는 대로 옆으로 옮겨 놓으시오"(왕하 4:3-4). 선지자가 여인에게 이런 명을 한다는 것은 이상한 일이다. "나가서 빌릴 수 있는 모든 그릇들을 빌려오시오." 이상하다. 하지만 하나님은 여인이 바로 그 일을 하길 원하셨다. 그것은 기적을 원하는 우리에게 원하시는 일이기도 하다. 하나님은 물으신다. "집에 무엇이 있느냐? 내가 무엇을 가지고 일을 시작하랴?" 그 다음에는 서둘러 옮겨가신다. "채울 빈 그릇들을 찾아라."

필요에 대한 내 자연스러운 반응과는 완전히 동떨어진 이야기이다. 문제에 부딪칠 때 나는 이런 태도가 된다. '지금은 다른 사람의 필요 따위엔 신경 쓸 겨를이 없어. 내 코가 석 자라고. 다른 사람들을 위해 낼 시간이 어디 있겠어. 난 지금 경황이 없어. 내가 날 먼저 돌봐야지.' 내가 가진 시간과 자원, 에너지를 아끼려고 하는 게 내 성향이고 본능이다. 우리는 주변의 빈 그릇들로는 눈길을 돌리지 않는다. 우리의 문제와 근심에 너무 짓눌려 있기 때문이다. 하지만 둘러보겠다고 결심하면, 빈 그릇들은 여기저기서 발견된다. 직장, 가정, 이웃, 교회에도 빈 그릇들이 많다. 아이들은 우리의 시간, 에너지, 사랑, 관심으로 채워지길 기다리는 타고난 빈 그릇이다. 하나님은 우리가 지닌 것을 주라고 하신다. 아무리 작더라도 괜찮다. 그분은 우리에게 다른 사람들을 먼저 고려하고, 그분이 우리를 돌보실 것을 믿으라고 하신다. 다른 사람들의 필요를 채워주는 사람으로 그분께 쓰임받을 것을 믿으라고 하신다.

이것은 역설이다. 우리에게 쏠려 있던 초점을 옮겨 하나님께 향할 때, 우리의 삶을 다른 사람들을 향해 쏟아부을 때, 그분의 양보 표지판 앞에 멈춰설 때, 그분은 우리 안에 기적을 부어주신다. 우리의 본능에 반하는 것이기는 하나, 문제를 붙들고 씨름하는 당신에게 내가 줄 수 있는 최상의 조언은, 당신 자신을 부을 수 있는 빈 그릇들을 찾아보라는 것이다. 허황된 이야기만은 아니다. 우리가 다른 사람들을 축복하지 않으려고 하는데 왜 하나님이 우리에게 복을 주시겠는가? 우리는 복이 되기 위해서 복을 받는다. 다른 사람들을 돕는 자리로 나아갈 때, 그분이 당신을 돕기 위해 움직이신다. 당신이 다른 사람들을 곤경에서 구하려고 땅을 파고 내려갈 때, 자기 자신을 숨길 장소를 발견하게 된다. 하나님은 당신이 다른 사람들의 필요를 채워주기 위해 한 발 성큼 걸어갈 믿음이 있는지, 그러면서 그분이 당신의 필요를 채워주실 것을 신뢰하는지 확인하기 위해 기다리신다. 이것은 결코 자연법칙이 아니라 초자연적인 법칙이다.

당신의 삶에 일어난 기적을 보기 원한다면, 당신의 삶을 쏟아부을 빈 그릇들을 찾으라. 엘리사는 과부에게 기적을 보기 위해서는 행동을 취해야 한다고 말한다. 여인은 밖으로 나가 찾을 수 있는 모든 빈 그릇들을 구해 집으로 와야 했다. 그렇게 했을 때 벌어진 일을 보라. "그릇마다 가득 차자, 그 여인은 아들들에게 물었다. '그릇이 더 없느냐?' 아들들은 그릇이 이제 더 없다고 대답하였다. 그러자 기름은 더 이상 나오지 않았다"(왕하 4:6). 순종이 축복을 가져온다. 하나님이 주시는 기적은 우리가 구하는 것과 다른 모습일 수 있다. 그러나 결국에는 어떻게 그분이 우리가 상상한 것보다 더 많은 것을 주셨는지 알게 된다.

어떤 방법으로든 어떤 길을 통해서든 하나님은 우리의 기대를 통해서 일하신다. 우리가 그분이 우리 삶 가운데서 일해주시기 바라는 정도만큼 그분은 우리 안에서 일하신다. 하나님이 당신의 삶 안에서 어떤 일을 행해주시길 기대하는가? 하나님이 말씀하신다. "네가 가진 작은 것을 내게 내놓는다면, 너를 통해서 큰일들을 할 수 있다." 하나님에게는 모든 일이 가능하다(막 10:27). 여기에는 지금 바로 이 순간 당신이 직면해 있는 모든 일들이 포함된다. 그러나 당신은 도움이 필요함을 인정해야 한다. 하나님께 달려 나가야 한다. 부정적인 관점에서 유턴해야 한다. 하나님을 바라보고 당신 자신의 한계 대신 그분께 초점을 맞춰야 한다. 그분 앞에 멈춰서야 한다. 그리고 빈 그릇들에 당신의 인생을 부어야 한다. 그분이 당신에게 절실하게 필요한 것들을 채워주실 것을 믿어야 한다. 이것이 인생 여정에서 참고해야 할 지도이다. 당신은 이 여정을 위해 지어진 인생, 기적으로 채워진 인생이다.

1 하나님이 일으키신 기적을 경험했거나 본 적이 있으면 적어보라. 그 상황에서 하나님이 네 가지 도로 표지판을 따라 역사하신 과정을 정리할 수 있는가? 일방통행(유일한 공급자이신 하나님을 인정함), 일단 정지(이미 있는 자원이 무엇인지 심사숙고함), 유턴(믿음으로 부정적인 데서 돌아섬), 양보(하나님께 순종하고 다른 사람들을 채워줌)이다.

2 지금 당신의 가장 절실한 필요가 무엇인지 생각하라. 하나님이 일을 시작하실 수 있는 자원은 무엇인가? 인생의 창고를 정리해보라. 적은 양의 기름이라도 무시하지 말라. 지금 당장은 그것이 당신의 필요에 연결돼 보이지 않을 수도 있다.

3 지금 당신 인생의 '빈 그릇들'은 무엇인가? 당신의 채워줌, 자원, 사랑, 관심을 기다리는 주변의 사람들은 누구인가? 어떤 필요가 가장 절박한가? 하나님의 인도를 위해 기도하고, 이번 주 당신이 그들에게 부어줄 길을 찾아보라.

Leave Boldly

담대히 떠나라

제4주

모래성, 불멸의 유산을 남기다 | 종자, 미래를 위해 심다 | 건축, 영구적인 자
재를 사용하다 | 충돌, 경로를 벗어나지 않다 | 불가사리, 더 나은 세상을 만들
다 | 발자국, 지워지지 않는 인상을 남기다 | 경기 종료, 살기 위해 죽다 | 경기
속개, 인생을 즐기다

모래성, 불멸의 유산을 남기다

인생을 가장 멋지게 쓰는 길은 인생보다 더 길고 오래가는 것에 인생을 쓰는 것이다.
- 윌리엄 제임스 William James

젊은이들에게 말하라. 최고의 책은 집필 중이고 불후의 명작은 완성 전이며, 최상의 정부는 설립되지 않았다. 최선과 최상은 아직 오지 않았다.
- 존 어스킨 John Erskine

　해변에 가면 우리 아이들이 모래성을 쌓으며 노는 걸 보는 게 좋았다. 이제는 아이들이 커서 그다지 모래성을 좋아하지 않지만, 옛날에는 몇 시간씩 앉아서 땅을 파고 작은 삽으로 모래를 푸고 두드렸다. 그 위에 망루를 만들고, 성 밖으로 호를 둘러 팠다. 그리고 바다에서 양동이로 물을 퍼와 채우는 것이다. 생생하게 기억난다. 아이들이 어렸을 때이다. 파도가 들어오면 아이들은 소스라치게 놀랐다. 파도가 점점 더 깊이 밀려들어오면 파도 거품이 아이들이 지은 모래성 귀퉁이를 핥았다. 그러다가 마지막에는 휩쓸어갔다. 머지않아 아이들은 자기들이 지은 모래성이 오래가지 않는다는 걸 알게 됐다. 모래성은 오래가지 못한다.

　많은 사람들이 인생의 마지막 순간에 이런 느낌을 갖는 것을 보았다. 정말 유감이 아닐 수 없다. 쉴 새 없이 일하고 미친 듯이 바쁜

게 일정을 채우다가, 결국 몸이 아파서야 속도를 늦추고 왜 그렇게 마음 졸였는지 뒤돌아보는 것이다. 그들이 부딪치는 냉혹한 현실은, 잡아보려고 그렇게 애쓰던 것이 오래가지 않는다는 점이다. 죽고 나면 파도에 묻히는 모래성처럼 휩쓸려 내려간다.

생의 마지막 순간 육신을 벗어버리는 일이 닥치기 전에, 너무 늦지 않도록 영원한 유산을 남기는 데 필요한 투자가 무엇인지 알아야 한다. 만약 한 달만 남았다는 것을 안다면, 당신이 더 나은 것을 뒤에 남기도록 일련의 변화를 일으킬 수 있을 것이다. 오랜 시간이 흘러도 당신의 유산이 알뜰히 자라나고, 지금 하고 있는 일들이 영원히 남을 것이라고 어떻게 알 수 있을까? 오랜 유산을 만들 수 있는 유일한 방법은 당신이 지닌 가장 소중한 자원을 가장 회수율 높은 투자처, 곧 사람들에게 투자하는 것이다. 사람들과 맺는 관계는 불 같은 자연재해에도 파괴되지 않는다. 추락하는 주가에도 침몰하지 않는다.

모래성 저 밑에 있는 항구적인 기초를 세우는 데 자원을 투자하는 사람이 과연 얼마나 될까? 영원히 기억될 유산을 남기길 원한다면, 가정과 저금통장, 물려받은 가보 같은 것 너머에 있는 것을 봐야 할 것이다. 시간의 파도가 휩쓸어가지 못할 유산을 남기고 싶다면, 지금 우리가 짓고 있는 삶의 공사현장을 꼼꼼하게 돌아봐야 한다. 그것이 가라앉는 모래로 지어진 것이 아닌지 확인하기 위해 건설 중인 성을 평가해봐야 하는 것이다.

이름이 아니라 영향력이 남는다

현장은 먼저 영향력 평가로 시작된다. 이 땅에 유산을 남길 수 있도록 자신의 시간을 쓰겠다면, 영향력 시험에 합격해야 한다. 남보다 더 많은 기회를 얻을 수도, 얻지 못할 수도 있다. 그러나 다른 사람들에게 영향을 끼치고 그 삶에 변화를 줄 수 있는 기회는 우리 모두에게 제한적이다. 하나님은 다른 이에게 영향을 끼칠 수 있는 능력을 우리 각자에게 부여해주셨고, 이제는 그 투자의 회수를 기대하신다. 하나님은 우리가 모래더미에 묻힌 채 다른 사람들의 삶을 변화시킬 수 있는 책임을 저버리는 대신, 기회를 갖길 바라신다.

때로 사람들은 다른 사람에게 영향을 끼치기보다는 사람들 앞에 이름을 내는 일에 더 관심을 둔다. 사람들은 이렇게 생각한다. '내 이름이 알려지면, 더 으쓱해지고 보람차겠지.' 아브라함 링컨은 이 점을 꿰뚫어봤다. "사람들이 알아봐주지 않는다고 낙담하지 말라. 알아봐줄 만한 가치를 지닌 사람인지 고심하라." 세상에 이름을 내려고 하는 것은 모래 위에 이름을 쓰는 것과 비슷하다. 이내 시간이라는 물결이 그것을 지워버리고 만다. 록스타, 프로 운동선수, 정치인, 대통령, 왕과 여왕의 이름도 어느 날엔가 잊힌다. 오늘 유명하다는 사람들도 지워진다. 시간이라는 물결은 계속해서 밀려들어오기 때문이다. 모두의 이름이 지워진다. 굴려진 돌에 새긴 이름, 오직 그것만이 남는다. "하나님께서, 하늘과 땅 위와 땅 아래에 있는 이들 모두가 예수의 이름 앞에 무릎을 꿇게 하시고"(빌 2:10). 내 인생과 시간은 내 것이 아니다. 그리스도의 것이다. 그분의 이름만이 영구히 남는다. 그분을 위해 다른 사람들에게 영향을 미칠 때만이 영원한 유산을 남길 수 있다. 당신과 나는 어느 날엔가 잊힐 것이다. 우리가 하나님을 위해서 한 일만이, 그분이 우리를 지으신 목적을 이루는 삶만이 남을 것이다.

✤ 자기 성찰을 위한 질문 ✤

Make it Count Moment

어떤 사람으로 사람들에게 기억되고 싶은가?
지금은 그 목표를 어떻게 이뤄가고 있는가?
당신의 유산은 얼마나 오래갈 것인가?

영원한 보화

닳아 없어지지 않는 유산을 남기기 위해서 영향력의 시험뿐 아니라 유족함의 시험에도 통과해야 한다. 영원에 영향을 끼치는 사람이 되려면, 물질적인 자원을 어떻게 쓸 것인지도 심사숙고해야 한다. '으음, 이 부분은 그냥 지나칠 수 있군. 나는 가진 게 없는데! 이건 부자 친구들에게나 해당되는 거지.' 이런 생각이 불현듯 떠오를 수도 있다. 하지만 지금 이 책을 읽고 있다는 사실 하나만으로도, 지구상의 다른 사람들에 비해 유복하다고 말할 수 있다.

유족함의 검열을 통과하는 것은, 돈으로 무엇을 하는지, 얼마나 많은 돈을 가지고 있는지 등의 문제들과는 무관하다. 예수님은 애석하게도 이 시험에 떨어진 한 남자에 대해 말해주셨다. 그는 사업가였고 그의 창고는 넘쳐났다. 그래서 그는 이렇게 말했다. "사업을 확장하고 더 큰 성공을 거둬야겠다." 그러나 결과가 어땠는지 한 번 보자. "그리고 내 영혼에게 말하겠다. '영혼아, 여러 해 동안 쓸 많은 물건을 쌓아 두었으니, 너는 마음을 놓고, 먹고 마시고 즐겨라.' 그러나 하나님께서 그에게 말씀하셨다. '어리석은 사람아, 오늘 밤에 네 영혼을 네게서 도로 찾을 것이다. 그러면 네가 장만한 것들이 누구의 것이 되겠느냐?' 자기를 위해서는 재물을 쌓아 두면서도, 하나님께 대하여 인색한 사람은 바로 이와 같이 될 것이다"(눅 12:19-21).

하나님은 말씀하신다. "너는 사업을 더 키우지 못할 거다. 여기서 끝이다. 너는 끝났다. 네가 세워올리던 삶은 유족함의 시험을 통과하지 못했다. 나는 네게 복을 줬지만 너는 자신만을 위해 써버렸다. 네 인생에서 가장 중요한 평가에서 불합격하고 말았다." 우리는 모두 유족함의 검사를 통과해야 한다. 어느 날 하나님이 우리에게 주신 자원들을 어떻게 썼는지 책임을 물으실 날이 올 것이기 때문이다.

자원과 부를 지녔다는 것이 잘못된 것은 아니다. 우리가 지닌 모든 물질이 한낱 모래성에 불과함을 아는 한 그렇다. 어린애들이 해변에서 모래성을 쌓을 때, 파도가 밀려 들어와 쌓은 것을 휩쓸어 내려간다 해도 애통해하는 아이는 없다. 아이들은 별로 공을 들이지 않는다. 모래성을 쌓는 것 자체를 즐길 뿐이다. 하나님이 주신 물질을 즐거워해야 하지만, 그것에 지나치게 집착하지 말아야 한다. 그러지 않으면 시간의 파도가 그것들을 풀어헤쳐 버릴 때 우리도 함께 무너질 수 있다.

유족함의 시험을 통과하는 유일한 방법은 나눔이다. 받고 움켜쥐는 사람이 아니라 나누고 주는 사람이 되길 배워야 한다. 그래야 변화가 일어난다. 소유를 끼고만 있거나 자신만을 위해서 물질을 쌓는다면, 유족함의 시험에서 떨어진 것이다. 하나님은 우리가 복의 통로가 되길 원하신다. 그분이 우리를 믿을 만하다고 판단하시면, 이 영역에서 그분께 순종하고 있다고 판단하시면, 우리에게 복을 내려주신다. 반대로 그분이 우리에게 주신 모든 것들을 그저 쌓아놓고만 있다면 왜 우리에게 복을 더해주시겠는가? 우리에게 맡겨주신 것에 집착하면, 자기 욕심껏 더 넓은 창고를 지으려던 사람과 다름없다. 다른 사람들을 축복하기 위해 우리에게 주신 것을 감사함으로 쓰는 것이야말로, 영원한 보화가 들어갈 창고를 세우는 일이다.

⟡ **자기 성찰을 위한 질문** ⟡

Make it Count Moment

당신이 남기게 될 재산에 대해 생각해보라. 누가 그것들을 유산으로 받겠는가? 기억하라. 우리는 아무것도 가진 게 없는 사람들이다. 우리는 하나님이 맡기신 것의 청지기일 뿐이다.

순종, 축복의 길

마지막으로 남은 게 순종의 시험이다. 바울은 이렇게 말한다. "그러므로 여러분은 어떻게 살아가야 할지를 조심하여, 지혜롭지 못한 사람처럼 하지 말고, 지혜로운 사람처럼 하십시오. 세월을 아끼십시오. 때가 악합니다. 그러므로 어리석은 자가 되지 말고, 주님의 뜻이 무엇인지를 깨달으십시오"(엡 5:15-17). 알맹이 있는 유산을 남기기 위한 가장 큰 비밀이 이것이다. 즉 주님은 당신이 무엇을 하길 원하시냐는 것이다. 그것을 하라. 하나님께 순종하라. 그분은 당신에게 해야 하는 모든 일을 할 수 있도록 당신의 일생에 충분한 시간을 주신다. 당신이 해야 한다고 다른 사람들이 생각하는 일을 할 시간은 주시지 않는다. 당신이 무엇을 하길 바라시는지 알려면, 그분과 더불어 시간을 보내고 그분의 음성을 들으며, 그 후에는 순종해야 한다.

살면서 할 수 있는 일은 수만 가지이다. 그러나 하나님이 우리에게 완수하라 하시는 일은 불과 몇 가지이다. 우리를 향한 그분의 계획대로 살아낼 때, 모든 것이 제자리를 잡는다. 그분은 우리의 시간을 늘려주시고, 우리는 좀 더 생산적이 된다. 순종은 언제나 하나님의 축복으로 귀결된다. 하나님께 순종하기 위해 자신의 영향력과 유족함을 사용할 때, 당신은 영원한 유산을 후세에 끼칠 수 있다.

1 영향력, 유족함, 순종이라는 세 가지 평가사항을 적으라. 이 항목 각각에서 어느 정도의 점수인지 자평하라. 어느 영역에서 가장 힘든가? 어느 영역에서 잘하고 있는가? 각 영역에서 A⁺를 맞는다면 당신의 인생은 어떻게 보일 것 같은가?

2 전달 달력을 다시 들춰보라. 일시적인 목표들에 어느 정도의 시간을 썼는가? 영원한 유산에는 어느 정도의 시간을 썼는가? 수표책과 신용카드 명세표도 다시 보라. 일시적인 것들에 얼마만큼 돈을 썼는가? 영원한 투자로는 얼마를 썼는가? 일주일 안에 영원한 유산에 투자할 수 있는 방법을 고안해보라.

3 자신의 부고 기사를 써보라. 지금까지 당신 인생에서 시작해서 미래로 이어가보라. 당신이 세상을 떠날 때 어떤 사람으로 알려지길 원하는가? 당신의 관계에는 어떤 유산을 남기고 싶은가?

24 Day

종자, 미래를 위해 심다

울창한 삼림도 도토리 한 알에서 시작되었다.
- 랠프 월도 에머슨

믿음이란 당신이 보지 못하는 것을 믿는 것이다. 믿음의 보상은 당신이 믿는 것을 눈으로 보는 것이다.
- 성 어거스틴

어린 시절 남모르게 숨는 곳이 있었다. 집 앞에 있는 나무의 높은 가지였다. 나뭇잎으로 가려진 그 튼튼한 가지에 걸터앉아서 내려다 보길 좋아했다. 지금도 시간만 나면 찾는 사색의 장소는 잎사귀가 가득 달린 멋진 나무들 그늘 아래이다.

백 년도 훨씬 더 이전에 신대륙 이주자들은 내가 사는 지역에 참나무를 심었다. 그들의 마음속에는 꿈이 있었던 것이다. 후손들이 농장으로 가꾸거나 비바람에도 끄떡없이 견고한 집을 짓기에 알맞은 목재를 얻으라는 뜻에서 두 줄로 늘어선 나무들의 그늘을 선사한 것이다. 그들 대부분이 나무들이 완전히 자라는 모습을 보지 못했다는 점을 생각하면, 그들 뒤에 올 사람들에 대한 초기 정착자들의 헌신은 눈물겨운 것이다.

마치 한 달만 살 수 있는 것처럼 결정을 내릴 때, 여전히 남는 질문이 있다. 우리가 끼친 영향력이 영원히 남는다는 것이 가능한가?

나는 가능하다고 믿으며, 우리가 바로 그런 삶을 위해 지어진 존재라는 점 또한 믿는다. 시편의 시인은 당신이 수명을 훌쩍 뛰어넘는 삶을 살 수 있는 길을 노래하고 있다. "주께서 하신 일을 우리가 대대로 칭송하고, 주의 위대한 업적을 세세에 선포하렵니다"(시 145:4). 이 진리를 염두에 두고 영원히 서 있을 늠름한 참나무를 어디에, 왜 심을지 생각해보자.

영적 정원 돌보기

분명 당신이 지금 심고 있지만 그 중요성이 자주 무시되고 있는 것에서 출발해보자. 우리가 심는 씨앗의 종류와 밭의 상태는 산출된 곡물에 큰 차이를 가져온다. 한마디로 씨앗의 힘으로 요약된다.

마태복음 13장을 보자. 예수님은 씨 뿌리는 사람 비유를 말씀하신다. "예수께서 그들에게 비유로 여러 가지를 말씀하셨는데, 이렇게 이르셨다. '보아라, 씨를 뿌리는 사람이 씨를 뿌리러 나갔다. 그가 씨를 뿌리는데, 더러는 길가에 떨어지니, 새들이 와서, 그것을 쪼아 먹었다. 또 더러는 흙이 많지 않은 돌짝밭에 떨어지니, 흙이 깊지 않아서 싹은 곧 났지만, 해가 뜨자 타 버리고, 뿌리가 없어서 말라 버렸다. 또 더러는 가시덤불에 떨어지니, 가시덤불이 자라서 그 기운을 막았다. 그러나 더러는 좋은 땅에 떨어져서 열매를 맺었는데, 어떤 것은 백 배가 되고, 어떤 것은 육십 배가 되고, 어떤 것은 삼십 배가 되었다'"(마 13:3-8).

가장 기본적인 면에서 이 비유는 믿음에 관한 것이다. 농부는 씨앗에 대한 믿음, 곡식을 산출하는 능력에 대한 믿음을 가지고 있다. 본질적으로 그는 믿음의 씨앗을 심고 있는 것이다. 우리를 넘어서는 삶을 살려고 한다면, 믿음의 씨앗을 심어야 한다. 이 비유는 하나님이 우리 삶에 언제나 믿음의 씨를 뿌리시는 데 초점을 맞추고 있긴 하지만, 다음 세대들을 위해 결실을 맺는 삶을 살려고 할 때는 우리가 무엇을 뿌리고 있는지 심사숙고해야 한다.

당신은 매일, 매순간 모든 행위로써 무엇인가를 뿌리고 있다. 따라서 정확하게 무엇을 뿌리고 있는지 물어야 한다. 당신의 말과 행동, 주변 사람들과 당신 앞에 있는 사람들에 대한 의도가 쌓여 어떤 효과를 내고 있는가? 하루하루 심는 그 모든 것들에서 무엇을 거두리라 예상하는가? 밖에서 보면 씨앗과 돌멩이를 구별하기가 쉽지 않다. 그러나 그 안은 엄청나게 다르다. 씨앗 안에는 생명이 있다. 그러나 돌멩이 안에는 돌이 있을 뿐이다. 씨앗에는 힘이 있고 그 안에는 잠재력이 있다. 그래서 생명이 나온다. 불행하게도 우리는 돌을 심으면서 시간을 보낸다. 돌에는 잠재력도 생명도 열매도 없다.

사람들은 당신의 삶을 밖에서 지켜보면서, 거액이 들어 있는 은

행계좌, 대단한 업적, 고상한 목표, 좋은 평판 등 당신이 심고 있는 "어마어마한 것"들에 적잖이 놀란다. 외형적으로 볼 때 당신은 성공한 농부이다. 하지만 이 "어마어마한 것"이 어떤 열매를 내놓을 것인가? 당신의 포트폴리오가 휘황찬란하든, 계획이 야심차든 관계없다. 당신이 하는 일이 물질을 쌓고 사람들에게 좋은 인상을 주려고 하는 것뿐이라면, 당신의 영향력은 당신의 죽음으로 끝난다. 돌의 크기는 상관없다. 조약돌이든 바위덩어리든, 그걸 심었다면 아무것도 나오는 게 없을 것이다. 영향력이라곤 전혀 없다.

심고 있는 것이 진짜 씨앗인지 돌덩이인지 가리는 결정적인 시험은 심음의 동기에서 나타난다. 나의 필요를 채우기 위해서 씨앗을 심고 있는가, 다른 사람들의 필요를 채우기 위해서인가? 예수님은 이렇게 말씀하신다. "내가 진정으로 진정으로 너희에게 말한다. 밀알 하나가 땅에 떨어져서 죽지 않으면 한 알 그대로 있고, 죽으면 열매를 많이 맺는다"(요 12:24). 씨앗은 땅에 떨어져야 하고 대지의 침묵에 잠겨야 한다. 죽어야 하는 것이다. 거기서 홀로 생명을 잉태한다. 똑같은 이치이다. 우리는 자신에 대해서 죽어야 한다. 우리의 이기적인 욕망과 목표, 야심에 대해 죽어야 한다. 그리고 이타적인 씨앗을 심어야 한다. 사람은 하나님의 형상이다. 하나님을 떠나서든 그분과 함께든 영원히 사는 영적 존재이다. 우리가 사람들의 삶에 투자한다면, 우리가 남기는 유산은 오는 세대들에 생명을 주는 거대한 참나무가 될 것이다.

당신이 하고 있는 일은 올해의 마지막, 10년 후, 영원까지 남을까?
신문을 읽거나 텔레비전을 보는 데 쓴 시간에 비해
하나님의 말씀을 읽는 시간은 얼마나 됐는가?

영적 토양의 종류

농부라면 무엇을 심는가만큼 어디에 심는가도 중요하다는 것을
알 것이다. 씨에는 잠재력이 있지만, 나쁜 토양에 심기면 결실을 하
지 못한다. 예수님의 비유에 나오는 토양은 여러 모양의 삶이다. 첫
번째 토양은 무감각한 삶이다. 예수님은 그런 삶에 대해 이렇게 말
씀하셨다. "누구든지 하늘나라를 두고 하는 말씀을 듣고도 깨닫지
못하면, 악한 자가 와서 그 마음에 뿌려진 것을 빼앗아 간다. 길가에
뿌린 씨는 그런 사람을 두고 하는 말이다"(마 13:19). 이들은 영적인
것에 전혀 관심이 없다. 이기적인 씨앗을 심으며 자신만을 위해서
산다. 이런 삶의 결과는 해변의 발자국과 같아서 오늘 있다가 내일
사라져버린다.

두 번째 토양은 안이한 생활을 나타낸다. 예수님을 따르고는 있
지만 그분과의 관계가 깊이 성장하지 않는 사람들이다. 문제와 스트
레스가 끼어들면 두 손을 들고 만다. "또 돌짝밭에 뿌린 씨는 이런
사람이다. 그는 말씀을 듣고 곧 기쁘게 받아들이기는 하지만, 그 속

에 뿌리가 없어서 오래 가지 못하고 그 말씀 때문에 환난이나 박해가 일어나면, 곧 걸려 넘어진다"(마 13:20-21). 그리스도인이 되면 평탄한 삶이 이어질 줄 알았을 것이다. 그러나 그리스도인의 삶은 안일함과는 거리가 멀다. 그리스도인의 삶은 인품에 관한 것이다. 하나님은 우리가 믿음의 씨를 심을 때 우리의 인품을 키우신다. 그 때 대개는 힘에 부치고 요동이 찾아온다. 그러나 "믿음이 없이는 하나님을 기쁘게 해드릴 수 없"다(히 11:6). 하나님은 안락하고 근심 없는 삶을 약속하신 적이 없다. 그분은 우리의 필요를 위해 매일 그 분에게 아뢰면 근심 없이 기쁨으로 충만한 삶을 살게 하시겠다고 약속하셨다. 그분을 신뢰할 때 삶은 믿음으로 나아가 흥미진진한 모험이 될 수 있다. 그분은 우리 삶에서 놀라운 일을 행하고자 하시는 크신 하나님이다.

세 번째 토양은 분주한 삶을 나타낸다. 우리 대다수가 이런 삶을 살고 있지 않나 생각한다. 씨앗은 자라난다. 그러나 가시나무와 잡초도 걷잡을 수 없이 퍼진다. 갓 심은 작물이 숨을 쉴 수 없을 정도이다. "또 가시덤불 속에 뿌린 씨는 이런 사람이다. 그는 말씀을 듣기는 하지만 세상의 염려와 재물의 유혹이 말씀을 막아 열매를 맺지 못한다"(마 13:22). 하나님을 따르지만 지속되지 않고 생명을 잉태할 수 없는 것들로 주변을 어지럽히는 형국이다. 이 사람들은 수많은 일들로 하루하루 분주히 움직인다. 좋은 일들이 많지만 진실하고 순수한 것이라고는 말할 수 없다. 분주함이 하나님과 그들의 관계를 질식시킨다. 어떤 관계에서나 마찬가지로 하나님과 많은 시간을 보내면 보낼수록 그분을 더 잘 알게 된다.

네 번째 토양은 온전한 삶이라는 비옥한 땅이다. 예수님은 이 토양에 대해 이렇게 말씀하신다. "그런데 좋은 땅에 뿌린 씨는 말씀을 듣고서 깨닫는 사람을 두고 하는 말인데, 그 사람이야말로 열매를 맺되, 백 배 혹은 육십 배 혹은 삼십 배의 결실을 낸다"(마 13:23). 하나님의 진리를 삶에 깊이 심어 후세대에게도 열매를 남겨주는 이들의 모습이다. 하나님은 당신의 삶에서 이런 일을 하기 원하신다. 우리는 자신의 기본적인 동기를 시야에서 놓치지 말아야 한다. 왜 심는가? 인생의 목적이나 목표는 무엇인가? "자기를 속이지 마십시오. 하나님은 조롱을 받으실 분이 아니십니다. 사람은 무엇을 심든지 심은 대로 거둘 것입니다"(갈 6:7).

한때 반짝하고 마는 것을 심으면 그런 것들을 거둘 것이다. 영원한 씨앗을 심으면 영원한 열매를 거둘 것이다. 관용을 심으면 관용을 거둔다. 은혜와 긍휼을 심으면 은혜와 긍휼을 얻는다. 살면서 무엇을 베풀든지 되받게 될 것이다. 추수의 법칙에 따르면 우리는 심은 것을 거둔다. 아니 심은 것 이상을 거둔다. 씨 하나를 심으면 사과 한 알을 얻는 게 아니다. 계절을 좇아 사과를 주렁주렁 맺는 나무를 얻는다. 작은 믿음의 씨앗 하나가 한 무더기의 축복을 가져온다.

자신의 인생이 얼마나 소중한지 알고 싶다면, 삶의 비옥한 토지에 영원한 씨앗을 심어야 할 것이다. 하나님의 말씀을 부지런히 배우고 다른 사람들을 이타적인 마음으로 사랑하는 일에 전심할 때, 당신의 삶에 어마어마한 축복이 임하리라 기대한다. 하늘을 향해 뻗은 참나무처럼 시간이 지나도 빛바래지 않는 유산으로 오는 세대들에게 그늘을 드리울 것이다.

결심 다지기

1 독서, 연구, 말씀 묵상에 얼마나 시간을 쓰는가? 매주 말씀 묵상으로 보내는 시간은 얼마나 되는가? 앞으로는 시간을 만들어서 홀로 성경을 읽으라. 이 씨앗은 이 세상에서의 삶이 끝난 후에도 열매를 맺는다.

2 불필요한 일들, 책임, 의무 사항이 얼마나 되는가? 가치가 전혀 없지는 않지만 영원하지 못한 일들을 헤아려보라. 이런 것들을 안 할 수는 없겠는가? 잠시라도 그렇게 할 수 없는가?

3 재산보다 가치관이 더 중요하다. 후세에 남기고 싶은 가치들을 적어보라. 누가 그것들을 상속하길 바라는가?

건축, 영구적인 자재를 사용하다

무엇이든 물건 값은 그것과 인생을 교환하는 값이다.
- 헨리 데이비드 소로

영원한 것을 얻기 위해서 영원할 수 없는 것을 버리는 자는 결코 바보가 아니다.
- 짐 엘리엇 Jim Elliot

2004년 지진해일의 비극이 일어난 직후, 가장 극심한 피해를 입은 지역인 인도네시아 반다아체를 방문할 기회가 있었다. 연구와 보고를 위한 여행이었지만, 막상 가서 보니 그 참상을 듣고 보기가 너무 힘들었다. 진흙탕길을 헤쳐 한 다리 앞에 이르렀을 때, 거기서 도저히 지울 수 없는 광경을 목도했다. 그 큰 다리는 철강과 시멘트로 지어졌는데 마을 사람들의 중요한 교통로였다. 다리는 갑자기 끊어졌다. 상상하기 어려운 큰 물결이 덮쳐 중간이 두 동강 난 것이다. 나는 그 끝에 서서 아래를 내려다봤다. 바다였다. 마을 전체가 지진해일에 휩쓸려 내려갔다. 다리에 선 나는 더 이상 갈 곳이 없었다.

발밑에 파도가 찰싹거릴 때마다 그 엄청난 상실이 떠올라 숨을 쉴 수 없을 지경이었다. 그때 또 다른 생각이 떠올랐다. 우리는 삶의 다리를 짓고 있는 사람들이다. 그렇다면 우리가 짓는 다리들은 어디로 향하고 있는가? 이 세상에서 얻은 재물들은 어느 날인가는 모두 떠내려갈 것이다. 그러나 우리는 영원한 존재이기에 영원히 남을 것이다. 우리의 중요한 욕망 중 하나는 이 세상을 떠나 더 나은 곳으로 들어가는 것이다. 우리는 자신만이 성취할 수 있는 중요한 목적을 완수하도록 창조주에게 지음받은 존재이다. 우리에게는 육신이 재가 된 오랜 후에도 영원히 남을 영향력과 변화를 일으키고자 하는 강한 열망이 있다. 우리의 유산은 마치 다리와 같다. 다리가 오래 남길 바라고, 그 다리를 통해 다른 사람들이 그들의 인생에서 중요한 지점에 닿을 수 있기를 분명 원한다. 알다시피 이 세상은 덧없고 희미하며 유한하다. 한 마을이 불과 몇 분 만에 휩쓸려 내려가고 거대한 빌딩이 몇 시간 만에 붕괴되는 마당에, 우리가 하는 어떤 일이 지속적인 영향을 끼칠 수 있다고 믿기 어렵다.

　눈을 다른 데로 돌려보자. 우리 대부분이 하루하루 살면서 겪는 일이다. 반복되는 일상과 소소한 가정사들이다. 십대 자녀를 둔 부모들은 이 점을 뼈저리게 느낄 것이다. 설거지를 하지만 다음 끼니 때가 되면 다시 그릇들이 쌓인다. 아침에 이불을 개켜놓지만 저녁이면 다시 그 이불을 편다. 지금 밥상을 치우지만 불과 몇 분, 몇 시간 후에는 아이들이 몰아닥친다. 마루의 먼지를 닦지만 알지도 못하는 사이에 뭔가가 엎질러진다. 학교나 체육관으로 아이들을 마중나가지만, 다음날이면 또 아이들을 학교로 체육관으로 보내야 한다. 최근에 십대인 딸 미건이 내가 집을 비운 사이 하루 종일 집안일을 봐야 했다. 느지막이 저녁에 집에 돌아와 보니 평소 같으면 활기가 넘쳤을 아이가 맥이 풀려 있었다. 어떻게 하루를 보냈냐고 물었더니 이렇게 대답했다. "하루 종일 빨래하고 개고, 밥하고 설거지하고 집안 청소하고, 그런데 아무 표시도 안 나요. 엄마 심정을 알 것 같아요." 우리가 하는 일들이 하루도 지속되지 않은 것처럼 보이는데, 영원으로 향하는 다리를 건설하는 중이라고 생각하기는 참 어렵다.

하나님 말씀에서 오는 확신

우리 모두는 유산을 남기고 싶어 한다. 그것이 소중함을 우리는 알고 있다. 우리의 유산은 우리가 하루하루를 어떻게 쓰느냐에 의해서 결정된다. 지금까지 살펴본 대로 이것이 우리가 물어야 할 질문이다. 우리의 영향이 우리가 떠난 후에도 남아 있을까? 바울은 우리가 사용하는 건축 자재들과 건축의 성과 간의 상관관계를 잘 알고 있었다. 바울은 이렇게 말했다. "누가 이 터 위에 금이나 은이나 보석이나 나무나 풀이나 짚으로 집을 지으면, 각 사람의 업적이 드러날 것입니다. 그날이 그것을 밝히 보여 줄 것입니다. 그날은 불로 나타나기 때문입니다. 그래서 그 불이 각 사람의 업적이 어떤 것인가를 검증하여 줄 것입니다. 어떤 사람이 지은 작품이 그대로 남으면, 그는 삯을 받을 것입니다"(고전 3:12-14). 우리는 매일 일시적인 것이나 영원한 것으로 재료들을 선택해서 이것들로 집을 짓는다. 자신보다 더 오래 남을 수 있는 유산을 원한다면, 최고도의 화재 훈련에도 견뎌낼 유산을 원한다면, 세 가지 건축 자재를 꼭 써야 한다.

첫째 자재는 확신, 즉 무엇을 위하느냐는 것이다. 확신은 결코 변하지 않는 하나님 말씀에서 나오는 핵심적인 가치이다. 확신은 영속적인 것이다. 유행과 스타일은 오고가는 것이지만 하나님의 말씀은 영원하다(사 40:8). 소위 과학적인 연구들조차 상충이 되거나 전혀 다른 해석들을 내놓는다. 이번 주에는 커피가 건강에 좋다고 하더니, 다음 주에는 고혈압을 일으킨다고 한다. 이번 주에는 황제 다이어트가 좋다더니, 다음 주에는 말만 나와도 분을 낸다. 대중심리, 패션 트렌드, 베스트셀러 목록 등은 떴다 가라앉는다. 왔다 간다. 돌고 돈다. 그러나 하나님의 말씀은 묵직하게 자리를 지키고 있다. 조금도 들썩이지 않는다. 천 년 전에도 진리였고 오늘날에도 진리이다. 지금부터 천 년 후에도 진리일 것이다.

영원한 유산을 남기고자 한다면, 우리의 확신은 하나님 말씀으로부터 와야 한다. 당신의 핵심 가치가 하나님 말씀에서 온다면, 그것은 결코 이랬다저랬다 흔들리지 않는다. 세상은 요동하지만 그것은 굳은 바위처럼 서 있다. 그러나 문제의 핵심은 우리가 그것대로 살고 있느냐는 점이다. 우리가 믿는 바와 우리가 사는 모습이 일치해야 한다. 유진 피터슨이 《메시지 Message》에서 이를 표현하는 방식이 퍽 마음에 든다. "너희가 성경공부에서 인용한 나의 말들을 삶에서 행하지 않는다면, 모래사장에 집을 짓는 어리석은 목수와 다를 바가 없다"(마 7:26).

성경공부로는 충분치가 않다. 그것이 확신이 되도록 우리 삶 안으로 끌어들여야 한다. 그것으로 살지 않는 한 진정으로 믿는 것이 아니다. 신념과 확신 사이에는 결정적인 차이가 있다. 신념은 당신이 붙잡고 있는 것인 반면, 확신은 당신을 붙잡고 있는 것이다. 확신은 우리를 흔들리지 않게 잡아주고 우리를 형성하며, 우리 삶을 관통하면서 우리 정체성의 일부가 되는 하나님 말씀에서 비롯된 핵심 가치이다.

그리스도를 닮은 성품

둘째 자재는 우리의 성품이다. 죽는 순간 우리가 가지고 갈 것은 인품, 즉 그 중심에서 우리 자신의 됨됨이 외에는 없다. 처음부터 하나님은 계획을 가지고 계셨다. 당신과 나를 그분의 아들 예수 그리스도처럼 되게 하시는 것이다. 우리의 삶에 그리스도의 성품을 불어넣으시는 것이다. "하나님께서는 미리 아신 사람들을 택하셔서 당신의 아들의 형상과 같은 모습이 되도록 이미 정하셨습니다"(롬 8:29).

거장의 조각 작품을 감상해본 적이 있는가? 조각가들에게는 조금씩 그 모습을 드러내는 대리석이나 돌덩이 안에 들어 있는 뭔가를 보는 눈이 있다. 사람들이 미켈란젤로에게 어떻게 다비드 상을 조각했느냐고 묻자, 그는 다비드로 보이지 않는 모든 것들을 깎아내버렸을 뿐이라고 대답했다. 이렇게 단순한 것이다. 하나님이 당신의 인생에서 하시는 일도 바로 그와 같다. 예수 그리스도처럼 보이지 않는 당신의 모든 성품을 깎아버리신다. 성품상의 모든 결함과 결점들을 깎아내신다. 왜냐하면 그분의 계획은 당신을 그분 아들의 형상 안에서 온전하게 만드는 것이기 때문이다.

우리 안에 그리스도의 성품을 배양하기 위해 하나님이 쓰시는 몇 가지 방법들이 있다. 먼저는 인생의 문제들이다. 물론 난감하지만 문제들에는 언제나 목적이 있다. 때로 하나님은 당신의 인생에 주저앉음을 허락하신다. 당신의 성품에서 모난 모서리들을 깎아내는 작은 끌질 같은 것이다. 그러나 어떤 때는 망치를 들고 보이지 않는 큰 덩어리들을 쳐내기 시작하신다. 삶의 문제를 그리스도를 신뢰할 수 있는, 좀 더 그리스도처럼 될 수 있는 기회로 받아들인다면, 근심만 하고 앉아 있거나, 원망하고 한탄한다거나, 아니면 분노할 틈이 없을 것이다.

또한 하나님은 터질 것 같은 삶의 압력을 이용해서 우리의 모서리들을 부드럽게 다듬으신다. 우리는 압력 아래에서 인내를 배운다. 내가 만나본 사람들 가운데 그리스도와 가장 닮아 보인 사람들은 엄청난 스트레스와 책임을 지고 사는 사람들이었다. 좋은 것이든 나쁜 것이든 쥐어짜는 듯한 상황은 언제나 우리 안에 있다. 자신의 한계를 인정하고 하나님께서 우리 삶 안에서 일해주시길 청해야 한다. 아니면 우리의 노력이 수포로 돌아가는 것을 보면서도 기어이 그 상황 안으로 들어가 우리 방식으로 해보겠다고 우기는 셈이다.

끝으로 그분은 우리가 살아가면서 만나는 사람들을 통해 우리의 인품을 원만하게 만들길 즐겨하신다. 그리스도처럼 다른 사람들을 사랑하는 것을 못하게 막는 우리의 이기적인 모서리들을 닳게 만드시는 것이다. 알다시피 우리는 사랑하기가 참 힘든 사람들이다. 누군가를 사랑하는 것과 관계가 부드러운 것은 별개의 문제이다. 그리스도답지 못한 당신 삶의 일부를 파내기 위해 하나님이 사람들을 끌로 사용하신다는 점을 기억하라. 이로써 당신의 삶은 예술 작품이 될 수 있다.

◈ 자기 성찰을 위한 질문 ◈

Make it Count Moment

최근 삶의 영역에서 큰 압력을 느낀 일은 무엇인가?
지금까지 그것에 어떻게 반응했는가? 하나님은 그것을 통해
당신의 인품을 어떻게 다듬으셨는가?

사람들을 하나님께로 이끄는 다리

영원한 유산은 우리의 확신, 성품, 공동체 위에 세워진다. 하나님으로부터 온 확신과 경건한 성품은 영원히 이어진다. 그리고 하나님의 백성과 맺는 관계 또한 영원하다. 영원을 향해 뻗어나가는 교량을 건설하려면, 우리에게는 사람들이 필요하다. 하나님과 그분의 말씀을 향하여 동일한 열정에 헌신할 사람들이 필요한 것이다. 그러지 않으면 몸이 죽어 세상을 떠날 때 허공에서 끊어지고 말 다리를 짓

는 셈이다.

너무 바빠서 비슷한 마음을 품은 사람들과 지속적으로 시간을 나누지 못한다면, 당신은 그냥 바쁜 삶을 살고 있을 뿐이다. 마리아와 마르다 자매를 기억할 것이다. 두 사람은 모두 예수님의 제자였다. 어느 날 저녁 두 사람은 그분을 저녁식사에 초대했다. 마르다는 모든 것이 완벽하게 돌아가게 하려고 몹시 분주했다. 자기 집에 하나님의 아들이 오셨기 때문이다. 하지만 마리아는 예수님의 발 앞에 앉아서 그분의 말씀을 듣기만 했다. 편안하게 앉아서 의미 있는 시간을 보내고 있었던 것이다. 말할 필요도 없이 마르다는 모든 상황 때문에 정신이 없었다. 마르다는 마리아에게 화가 났다. 어쩌면 예수님에게도 화가 났을 것이다. 그분이 마르다를 붙잡고 있었기 때문이다. "그러나 마르다는 여러 가지 접대하는 일로 분주하였다. 그래서 마르다가 예수께 와서 말하였다. '주님, 내 동생이 나 혼자 일하게 두는 것을 아무렇지 않게 생각하십니까? 가서 거들어주라고 내 동생에게 말씀해주십시오.' 그러나 주께서는 마르다에게 대답하셨다. '마르다야, 마르다야, 너는 많은 일로 염려하며 들떠 있다. 그러나 필요한 일은 하나뿐이다. 마리아는 좋은 몫을 택하였다. 그러니 그는 그것을 빼앗기지 않을 것이다'"(눅 10:40-42).

예수님은 이런 식으로 진리의 칼날을 우리 마음에 꽂으신 후 파헤쳐야 할 곳을 파헤치신다. 이분의 말씀은 필시 마르다의 마음을 헤집어 놓았을 것이다. 그녀는 이런 생각을 했을 것이다. "주님, 제가 하는 일이 보이시나요? 정말 힘들게 일하고 있답니다. 그리고 마리아에게 허용한 일이 무엇인지 한 번 보세요. 주님은 하나님의 아들이십니다. 마리아에게 말해서 저를 도우라고 하시면 어떻겠어요?" 예수님은 마르다에게 자상하게 말씀하셨다. "애야, 너는 좋은 기회를 놓쳤다. 너는 우선순위를 잘못 놓았구나, 마르다야. 마리아는 가장 중요하고 오래 갈 일을 하고 있다. 그 일만이 영원하단다. 너는 그리스도인의 삶을 너무나 복잡하게 만들고 있구나! 사실은 참 단순한데 말이야. 정말 문제가 되는 것은 나와 너의 관계이다. 그리고 다른 사람들과의 관계이다."

살 수 있는 날이 고작 몇 주만 남았다면, 예수님과 주변의 사람들에게 초점을 모으는 결정이 더 쉽고 명료해질 것이다. 여러 각도에서 살펴본 대로 영원한 유산을 남긴다는 것은 다른 사람들에게 투자한다는 뜻이다. 우리가 자주 간과하기도 하는 사실인데, 그들 중 일부는 우리의 목표를 함께 나눠야 한다. 그들이 우리와 같은 방식으로 추구하지 않을 수도 있지만(마르다의 요구대로 마리아가 식사 준비를 거들어주지 않은 것처럼), 하나님을 추구하는 그들의 마음을 안다면, 공통된 유대감을 나누고 있다고 마음 다질 수 있다.

우리가 남기게 될 재물의 대부분은 우리보다 빨리 없어진다. 돈은 허비될 것이고 집과 재산은 썩거나 팔릴 것이고 소지품들은 골동품상에나 진열될 것이다. 그러나 우리의 삶을 확신, 인품, 공동체 위에 세운다면, 다음에 오는 후손들의 삶에 유익을 끼칠 영원한 기념비를 세우는 것이다. 다른 사람들을 결국 하나님에게 이끌어주는 교량을 건설하는 삶을 살 수 있다. 이보다 만족스러운 유산은 어디에도 없다.

1 종이에 1에서 5까지 쓰라. 당신이 지니고 있는 다섯 가지 신념, 시간이 지나도 빛바래지 않는다고 믿는 신념을 적어보라. 다시 하나씩 돌아보면서 그 기반에 대해서 깊이 생각해보라. 하나님의 말씀, 다른 사람들의 삶, 당신 자신의 경험이 그 신념을 어떻게 강화해주는가?

2 다시 1에서 5까지 쓰라. 이번에는 이 세상을 떠난 후 어떤 인품의 사람으로 기억되길 원하는지 적어보라. 하나님이 당신의 삶에서 어떻게 인품을 갈고 닦아주셨는가? 그분은 지금 그중 어떤 성품에 더 관심을 두고 보시는가?

3 마지막으로 한 번 더 1에서 5까지 쓰라. 다섯 사람의 이름을 적어보라. 가족과 직장 동료는 안 된다. 확신과 성품을 가꾸는 당신의 헌신을 알고 있는 사람이어야 한다. 그들과는 얼마나 자주 만나는가? 그들을 어떻게 격려하고 있는가? 그들은 어떻게 당신을 더 책임있게 만들어주는가? 소그룹으로 모여서 이 책을 함께 공부할 계획을 세우라.

충돌, 경로를 벗어나지 않다

행복은 목표가 아니라 부산물이다.
– 엘리노어 루즈벨트 Eleanor Roosevelt

태어날 때 당신은 울었고 지켜보는 사람들은 모두 웃었다. 죽을 때 당신은 웃고 지켜보는 사람들은 모두 울 수 있도록 하라.
– 무명

어릴 적 내가 즐겨 가지고 놀던 장난감은 충돌 미니카였다. 장난감 자동차의 한가운데는 큰 바퀴가 달려 있고 줄로 된 가속 코드가 붙어 있었다. 이 줄을 잡아당긴 상태로 다른 장난감 차들을 겨냥했다가 놓으면 난장판이 된다. 부품들이 사방으로 튀어오른다. 정말 장관이었다!

이 장난감 자동차는 부품 조립이 아주 쉬워서 금방 부서져도 괜찮았다. 아직도 이 장난감의 광고 음악이 기억난다. "부딪친다. 부서진다. 하지만 순식간에 조립 가능! 배터리는 필요 없어요." 아이들에게는 너무 신나는 일이었다. 뒤죽박죽 부딪혀 부서져도 금방 부품들을 다시 조립할 수 있다니. 아무리 부딪혀도 자동차가 멀쩡하다니.

인생도 이랬으면 하고 바랐다. 하지만 인생에 충돌이 일어났을 때 흩어진 조각들을 한데 모으기란 쉽지 않다. 삶이 탈선하거나 충돌이 예상되는 노선으로 들어가는데, 대체 브레이크를 어떻게 써야 할지 모를 때가 있다. 이런 일은 시간 안배에서 시작되는 경우가 많다. 일정이 너무 빡빡하다. 중압감을 느낀다. 안으로 높은 벽이 세워진다. 사방에서 충돌이 일어난다. 모든 일들을 다 처리하기에는 시간이 모자란다고 느낀다. 꽝!

시간 관리에 문제가 생기면 최신의 전자제품이 이 문제를 해결해줄 것으로 생각하지만 그것은 표면에 드러난 문제일 뿐이다. 만약 한 달만 살 수 있다면, 일정을 조정해서 자신이 느끼는 불편함의 진정한 원인을 찾아내려고 노력할 것이다. 인생에서 일어나는 빈번한 충돌의 원인을 몇 가지로 찾아보았다. 변치 않는 유산을 남기고 싶다면, 저 위대한 운전자와 함께 바른 길로 올라와야 한다.

❖ 자기 성찰을 위한 질문 ❖

Make it Count Moment

인생의 큰 충돌, 마치 솔기가 찢어지는 듯한 경험을 한 적이 언제인가?
당신은 그때 어떻게 견뎠는가? 이 경험을 통해
배운 바를 바탕으로 다음번에 비슷한 충돌이 일어난다면
어떻게 반응하겠는가?

충돌

가장 큰 원인은 가치의 충돌이다. 일정과 관련해 느끼는 충돌은 실상은 가치에서 비롯된 충돌이다. 우리의 행동은 가장 중요한 것에 반하는 가치들을 암암리에 드러낸다. 예를 들어보자. 우리는 건강이 중요하다고 말한다. 하지만 바르게 먹지도 않고 운동도 하지 않는다. 가족이 우선순위라고 말할 수는 있다. 하지만 일과 가족 사이에서 시간을 놓고 다투는 적이 많다. 하나님이 최우선순위라고 말하지만, 그분은 겨우 당신의 남은 시간, 남은 재능, 남은 재정을 차지할 뿐이다. 살면서 부딪히는 가장 큰 스트레스와 좌절은 가치의 충돌이다. 지상에서의 삶이 갑작스레 끝나게 된다면, 자신의 신념과 행동을 일치시키려고 애를 쓰지 않겠는가.

좋은 소식이 있다. 우리 삶을 점검하고 이 충돌들이 일어나는 지점을 예측하여 경로를 바꿀 수 있다는 것이다. 지금 당장 우리의 실천과 더불어서 우선순위를 재조정할 수 있다. 이런 과정을 시작하는 가장 좋은 방법은 더 심각한 충돌, 즉 의지의 충돌을 점검하는 것이다. 때로 우리의 의지가 하나님의 뜻과 충돌한다. 이런 상황이 시간 관리에 어떤 영향을 주는지 생각해보라. 하나님은 우리를 지으셨다. 그분은 하루가 24시간이 되도록 하셨다. 따라서 24시간 안에 해야 할 모든 일들을 마치지 못한다면, 하나님이 신경 쓰게 하신 것 외의 것에 초점을 맞추고 있다는 말이다. 지나치게 일반화하는 것이 아닌지 모르겠지만 아주 간단한 문제이다. 하나님은 우리에게 그분이 원하시는 모든 일들을 마칠 충분한 시간을 주셨다. 이를 알고 안도하면서 매일 해야 할 일들을 그분께 의뢰한다면, 그분의 계획을 더욱 믿고 매달린다면, 마음의 그늘도 물러간다.

인생은 어떤 길로 가야 하는지 선택하는 것이다. 하나님의 방향으로 떠날 수도 있고, 우리가 택한 길을 우리 힘으로 걷기 위해 나설 수도 있다. 그분의 뜻이라는 연료로 채운 차를 몰거나 우리 고집으로 채워진 차를 몰 수도 있다. 그분과 상의하지 않고 스스로 모든 결정을 내리겠다고 하면, 일방통행로에서 역주행하는 것과 다를 바 없다. 이런 길은 하나님과의 충돌로 막을 내린다. 결코 그 길이 순탄할 수 없다. 하나님이 우리를 이끄시도록 할 때만이 후대에까지 영향을 미칠 수 있다. "너의 마음을 다하여 주님을 의뢰하고, 너의 명철을 의지하지 말아라. 네가 하는 모든 일에서 주님을 인정하여라. 그러면 주님께서 네가 가는 길을 곧게 하실 것이다"(잠 3:5-6).

의지력

우리는 어떻게 하나님의 뜻 안에 머물 수 있을까? 시편의 시인은 이렇게 교훈한다. "주님만 의지하고, 착한 일을 하여라. 그분의 미쁘심을 간직하고, 이 땅에서 살아라. 기쁨은 오직 주님에게서 찾아라. 주께서 네 마음의 소원을 들어주신다. 네 갈 길을 주님께 맡기고, 주님만 의지하여라. 주께서 몸소 도와주실 것이다"(시 37:3-5).

인생을 향한 그분의 완벽한 계획에 우리의 고집이 끼어들어 일으키는 추잡한 충동을 어떻게 방지할 수 있을까? 이런 성향을 잘라내 그 단면을 들여다보면, 하나님의 뜻에 머물 수 있는 세 가지 원리를 발견할 수 있다. 첫째는 신뢰의 문제, 즉 "주님을 의뢰하고 선을 행하는 것이다." 하나님을 신뢰한다면 자신의 욕망을 따르는 대신 그분께 순종할 것이다. 그분을 의뢰하지 않으면, 여전히 운전대를 놓지 않고 차의 방향을 좌지우지하겠다고 나서는 것이다.

나는 최근 두 아들과 겪은 일을 통해서 이 원리를 확실히 깨달았다. 두 아들 모두 운전을 잘한다. 하지만 둘이 처음 운전을 시작했을 때, 조수석에 앉아 있던 내 태도가 좋았다고만은 할 수 없을 것 같다. 나는 정말 어금니를 악물고 하고 싶은 말을 참았다. 이내 나는 아이들을 비난할 수 없다는 것을 알게 됐다. 아이들은 내가 태워주는 차를 십수 년간 타며 보고 배운 것이다. 십대들은 무엇이든 보고 배운 대로 한다. 아이들은 믿기 어려울 만큼 엉망이었다! 70킬로미터로 달리게 돼 있는 지역에서 100킬로미터로 차를 몰았다. 나는 이렇게 말했다. "규정 속도로 달려야지. 경찰이 이 지역을 늘 왔다갔다 한단 말이야. 이러다간 딱지 떼겠다." 아들이 한 번은 나를 쳐다보면서 이렇게 말했다. "아빠가 이 길에서 70킬로미터로 운전하시는 걸 한 번도 본 적이 없는데요."

이런 식으로 운전 연습을 하고 나서 한 아이가 내게 이렇게 말했다. "아빠는 모든 걸 마음대로 하려고 하세요." 그 말이 비수처럼 가슴에 박혔다. 사실 내게는 그런 점이 있었기 때문이다. 특히 하나님의 뜻과 관련해서는 아픈 대목이었다. 당신도 마찬가지일 것이다. 하나님의 뜻에 대해서는 그렇지 않겠지만, 하나님의 주도권에 대해서는 그럴 것이다. 누가 운전대를 잡느냐를 놓고 치열한 쟁탈전이 벌어진다.

우리는 언제나 하나님에게서 운전대를 빼앗으려고 안간힘을 쓴다. 하나님보다 운전을 더 잘할 수 있다고 생각하는 우리이다. 그분께 늘 '운전은 이렇게 하는 법인데, 저리로 가야 하는데' 하며 종알거린다. 속으로 이렇게 생각하는 것이다. '내 인생인데 최선이 뭔지 모르겠어요?' 자신이 원하는 구미에 맞을 때만 하나님께 운전을 맡긴다. 그분이 무슨 생각을 하시는지 감을 잡을 수 없어서 우리는 불안해한다. 그분이 어디를 향해 가시는지, 거기에 어떻게 다다를지 모르기 때문에, 우리는 뛰쳐나와 다시 운전대를 잡는 일이 허다하다. 안도하고 모든 것을 다 아시는 운전자에게 운전대를 내드려야할 순간이 바로 지금이다. 그분을 신뢰하여 이렇게 말하는 법을 배워야 한다. "무엇을 해야 할지 모르겠습니다. 하지만 주님이 가장 원하시는 것을 저도 원합니다. 주님의 뜻을 알고 싶습니다. 제가 거듭 실수하지 않도록 도와주세요." 이런 경지에 이르면, 하나님이 우리의 길을 이끄시고 우리를 그분의 목적에 정렬되도록 해주신다.

하나님의 뜻 안에 머무는 또 다른 원리가 있다. 그분을 기뻐하는 것이다. 시편의 시인은 이렇게 읊는다. "오직 주님 안에서 기뻐하라. 주께서 네 마음의 소원을 들어주신다"(시 37:4). 여기 '기쁨'으로 번역된 히브리어는 '즐기다'라는 뜻을 담고 있다. 누구를 기뻐할 때 당신은 그들과 보내는 시간을 즐길 것이고, 그들과 더 시간을 보내고 싶을 것이다. 우리 모두는 마음의 소원이 성취되길 바란다. 말씀은 그것이 가능하다고 한다. 우리가 마음의 소원을 갈망하는 것보다 주님은 더욱 그러하시다. 그러나 많은 사람들이 하나님의 뜻을 시야에서 놓치고 만다. 그분이 진정 원하시면 우리에게 차를 운전하도록 맡기실 거라고 생각한다. 하지만 그분은 우리 힘으로 도달할 수 있는 지점보다, 우리가 그분과 함께하고 그분을 알아가며 그분을 사랑하길 바라신다.

내 큰아들은 운전면허를 따고 나자 차를 몰고 나가고 싶어서 몸살을 앓았다. 언제나 농구 시합, 공부 모임, 행사가 있다면서 운전을 해서 어디론가 가려고 했다. 어느 금요일 저녁, 온 가족이 모여 저녁을 먹는 자리에서 나는 식탁에 앉아 있는 아이를 보고 깜짝 놀랐다. 내가 슬며시 말했다. "봐서 반갑긴 하다만, 지금 여기서 뭐하나?" 아이가 조용히 웃으면서 말했다. "오늘밤은 집에 있을 거예요. 식구들과 함께 있지 못한 지 꽤 오래돼서요." 와, 정말 기분 좋은 날이었다! 하나님도 마찬가지이다. 그분은 우리가 그분을 기뻐하길 원하신다. 우리가 누리는 알량한 자유가 문제가 아니다. 그렇다. 우리가 그분을 기뻐할 때, 우리 마음의 소원은 심심치 않게 바뀐다. 더 이상 우리 길을 원하지 않는다. 그분의 길을 원한다.

마지막으로 하나님의 뜻에 남아 있으려면 위임해야 한다. "네 갈 길을 주님께 맡기고, 주님만 의지하여라. 주께서 몸소 도와주실 것이다"(시 37:5). 하나님의 뜻을 따르는 일에 자신을 내던지는 지점에까지 이르러야 한다. 우리는 자주 이렇게 말한다. "하나님, 당신의 뜻을 보여주십시오. 내리려는 결정에 참고자료로 사용하겠습니다."

하지만 하나님은 말씀하신다. "네가 나의 뜻을 따르겠다고 네 자신을 내려놓으면, 그때 내 뜻이 무엇인지 보여주마."

인생이 큰 충돌로 깨지고 산산조각 나서 알아보지도 복구하지도 못할 지경이라고 느낄 수 있다. 많은 운전자들이 목을 길게 빼고 사고당한 당신을 보고 있는 형국일 수도 있다. 다른 사람들이 흘낏 보고 지나치는 망가진 인생 말이다. 내게 기막힌 소식이 있다. 인생의 경로를 바꾸는 데 결코 늦지 않았다! 하나님은 여전히 당신을 향하여 멋진 계획을 가지고 계시다. 첫 번째로 해야 할 일은, 운전석에서 빠져나와 하나님께 운전을 부탁드리는 것이다. 모든 결정에서 그분을 최우선으로 떠올리라. 그리고 당신의 인생이 어떻게 달라지는지 지켜보라.

어떤 단계든 우리는 다시 하나님을 신뢰할 수 있다. 순종은 신뢰로 시작해서 신뢰로 끝난다. 우리는 믿음으로 하나님이 우리 차를 운전하시도록 하고 그분이 원하시는 바로 그곳으로 우리를 데려가시도록 해야 한다. 하지만 이것은 감나무 밑에서 감 떨어지길 바라는 태도는 아니다. 그분은 우리가 주목하고 행동을 취하길 원하신다. 대부분 항구적인 유산은 우리가 살면서 취하는 행동의 결과로 빚어진다. 사랑하는 사람들과 좀 더 가까이 있고 싶다면, 질적으로도 양적으로도 부족함 없는 시간, 정직한 대화, 기쁨과 슬픔을 함께 나눔이 뒤따라야 한다. 이 세상을 변화시키고 싶다면, 지금보다 더 나은 세상으로 만들고 싶다면, 우리는 행동해야 한다. 하늘 아버지께서 지정하신 방향대로 다른 사람에게 다가가 그들을 사랑하고 이끌며 섬겨야 한다.

이 세상에서의 우리 삶은 제한돼 있다. 떠나야 할 시간이 됐을 때 우리의 목적을 완수했음을 확신하고자 한다면, 하나님의 뜻에 단단히 붙어 있어야 한다. 그분의 길을 신뢰하고 기뻐하고 거기에 투신해야 한다. 우리의 고집이 그분의 뜻과 충돌을 일으켰을 때 그분만이 우리의 삶을 멈춰 세우고 올바른 방향으로 이끄실 수 있다.

1 현재 당신이 하나님을 신뢰하지 못하게 막는 가장 큰 장애물은 무엇인가? 어떤 경험과 기억 때문에 하나님을 의심하고, 그분께 화를 내고 실망하는가? 시간을 내서 기도하라. 이런 경험에 관해 하나님께 글을 쓰든지 대화를 하라. 당신이 속을 털어놓지 않으면 그분과 신뢰를 쌓기란 좀처럼 어려울 것이다.

2 1에서 5까지 쓰라. 마음의 소원을 적어보라. 가능한 한 정직하게 적으라. 각 소원을 깊이 묵상하라. 왜 그것을 갈망하는지도 생각하라. 이 목록을 하나님 앞에 내놓고, 각각의 소원에 대해 그분이 어떻게 생각하시는지 그분의 시각을 구하라.

3 한 달만 살 수 있다면, 남은 시간을 하나님의 뜻에 맞게 지내기 위해 어떤 행동을 하겠는가? 세 가지만 쓰라. 그것들을 지금 추구하지 못하도록 막는 요소들은 무엇인가? 그중 하나를 골라서 이번 주에 고치도록 노력해보라.

불가사리, 더 나은 세상을 만들다

한 개인에 대한 진정한 평가는 자신에게 전혀 유익을 끼칠 수 없는 사람을 어떻게 대하는가에 달려 있다.
— 앤 랜더스 Ann Landers

악이 승리하는 데 필요한 유일한 방책은 선이 아무것도 하지 않는 것이다.
— 에드먼드 버크 Edmund Burke

　내 어린 시절에 비하면 세상은 엄청 달라졌다. 자녀들과 관련해서는, 부모님 세대와는 달리 요즘은 아이들의 안전에 상당히 신경을 쓴다. 내 또래의 사람들은 자전거를 탈 때 헬멧을 쓰지 않았다. 차에도 에어백 같은 게 장착돼 있지 않았다. 정원의 호스에서 나오는 물을 그냥 마셨고 그걸 아무렇지도 않게 여기면서 살았다! 아이들을 보호하는 것 자체가 잘못된 것은 아니다. 우리 아이들은 내가 언제나 자기들을 과보호한다고 투덜댄다. 행복은 안전하고 안락한 것이며, 삶의 목표가 모든 위험요소들을 피하는 것이라고 생각하기 때문에 이런 문제가 생기는 것 같다. 최우선순위가 안전과 안락이라면, 다른 사람의 필요에 대해서는 물론이려니와 자신의 중요한 필요에 대해서도 감각을 잃는다.

　우리는 단추를 누르거나 화면의 스크롤바를 내리는 존재 이상으로 지음받았다. 우리는 위대한 모험을 하도록 지어진 존재이다! 위힘을 감수하고 만만찮은 도전에 직면하며, 지속적인 영향력을 끼친다는 원대한 목표를 이루기 위해 지음받은 것이다.

한 달밖에 살 수 없음을 알고 어떻게 원대한 유산을 남길 것인지 고민하기 시작했다면 이런 마음이 들 수도 있다. '너무 늦었어. 이 세상을 변화시킬 만한 돈도 힘도 내게는 없어.' 한 사람의 힘을 과소평가하지 말라. 세상을 복 주시기 위해 하나님께 쓰임받도록 우리 각자에게는 하루하루 그런 능력이 임한다.

───────── ◈ **자기 성찰을 위한 질문** ◈ ─────────

Make it Count Moment

현재 당신의 삶에서 안락함은 얼마나 중요한가?
정말 포기하기 어려운 편의는 어떤 것인가? 컴퓨터? 전자렌지?
아이팟? 매트리스? 커피메이커?

────────────────────────────────

한 번에 하나씩

리조트 시설을 찾은 한 사업가가 산책을 하기 위해 아침 일찍 호텔을 나섰다. 해변에 닿아보니 눈앞이 아찔했다. 셀 수 없을 만큼 많은 불가사리가 높은 파도에 밀려와 밤새 해변에 널려 있었던 것이다. 불가사리들은 아직 살아 움직이고 있었다. 서로 다닥다닥 붙어서 다시 바다로 들어가려고 안간힘을 쓰고 있었다. 모래톱에 쓸려온 가련한 것들은 오래지 않아 이글거리는 태양에 바싹 타버릴 것이었다. 무슨 조치를 취해주고 싶었지만 수천 마리가 있는지라 그것들을 구하기 위해 그늘을 만든다는 것은 엄두도 낼 수 없었다.

그는 아쉬운 마음을 접고 가던 길을 갔다. 해변을 따라 걸어 내려가는데, 한 아이가 몸을 굽히고 불가사리 한 마리를 잡아서 마치 원반처럼 바다를 향해 던지고 있었다. 아이는 이 동작을 수도 없이 되풀이했다. 점점 더 속도를 내는 것을 보니 더 많은 불가사리를 살리려는 게 틀림없었다.

소년이 무슨 일을 하고 있는지 안 남자는 소년에게 인생의 교훈을 알려줌으로써 도와야 한다는 책임감을 느꼈다. 그는 소년에게 다가가서 이렇게 말했다. "애야, 얘기 좀 할까. 네가 하고 있는 일은 참 가상하다만, 그렇다고 불가사리 전체를 살릴 수는 없단다. 여기 수천 마리가 있잖니. 햇볕은 점점 더 뜨거워지고 그러면 불가사리들은 다 죽을 거야. 가서 노는 게 나을 거야. 이런다고 뭐가 달라지지는 않는단다."

소년은 처음에는 아무 말도 하지 않았다. 그러다가 남자를 쳐다보았다. 그러더니 다시 몸을 굽혀 다른 불가사리 한 마리를 주워들었다. 그리고 바다를 향해 힘껏 내던졌다. 소년은 이렇게 말했다. "하지만 이 한 마리는 크게 달라지는 거죠."

어른이 아이를 가르치는 게 아니라 아이가 어른을 가르치는 경우가 참 많다. 다른 경우라면 몰라도 이 경우는 그렇다. 소년은 불가사리가 많다고 해서 할 수 있는 일을 포기하지 않았다. 한 번에 한 마리씩 불가사리를 살렸다. 헬렌 켈러만큼 이 점을 극명하게 보여주는 사람도 없다. "나 한 사람입니다. 나 하나입니다. 내가 모든 일을 할 수는 없습니다. 하지만 무엇인가는 할 수 있습니다. 모든 일을 할 수 없다고 해서 할 수 있는 일을 포기하지는 않겠습니다."

전 세계에 만연한 배고픔, 에이즈, 전쟁, 기근과 같은 문제들이 저녁 뉴스에서 방송될 때, 우리는 무관심 내지는 패배감을 내비친다. 이런 생각이 들 지경이다. '왜 노력해야 하는데? 문제가 너무 크고 복잡해서 어떻게 해볼 수 없잖아.' 그래서 이 문제들을 인간이 부딪치는 매일의 현실보다는 하나의 관념으로 치부하려는 유혹조차 받는다. 그러나 우리의 시각을 하나님의 눈에 다시 맞추고 한 번에 한 마리씩 불가사리를 건져내겠다고 결심하면, 기울이는 노력에 비해 결과가 형편없어 보인다 할지라도 우리가 할 수 있는 일을 할 수 있다. 한 생명을 살리려고 한다면, 그 사람에게는 육적이든 영적이든 삶과 죽음을 가르는 차이를 만들어낼 수 있다. 우리가 할 수 있는 일을 할 때, 다른 사람들을 도움으로써 우리 자신이 변화될 것이다. 그래서 랠프 월도 에머슨은 이렇게 말했을 것이다. "우리의 용모나 행동을 아름답게 해주는 것 가운데, 고통 대신 기쁨을 퍼뜨리고자 하는 바람만한 것도 없다."

자기 삶 너머의 현실을 보라

마주하려 하지 않아서 그렇지 우리 영혼 깊은 곳에서 끊이지 않고 되풀이되는 질문이 있다. 나는 좋은 집에서 살고 좋은 차를 몰고 배부르게 먹고 살지만, 세계인 대부분이 하루에 2달러도 안 되는 돈에 의지해 살고 있다는 사실을 어떻게 받아들여야 할까? 착각한 게 아니냐고? 정말 30억의 인구가 미화 2달러도 못 되는 돈으로 하루를 살아가고 있다. 우리는 아이들을 번듯한 자동차에 태워 축구 연습장으로 데려다주고 있지만, 코스타리카의 산호세나 케냐의 나이로비, 아니 전 세계 도시에서 수많은 아이들이 생활하수가 흐르는 거리 위에서 종이에 테이프를 발라 만든 공을 차며 놀고 있다는 사실을 어떻게 조화시켜야 할까?

죄책감을 불러일으키려는 의도는 조금도 없다. 단지 우리 시야가 흐려져 있음을 자각하고자 할 뿐이다. 우리 삶 너머의 현실을 보지 못하는 것은 두 가지 주요한 이유 때문인 듯하다. 하나는 안전하고 안락한 세상을 양보할 수 없다는 인간의 욕망이다. 다른 하나는 우리의 문화가 베풀고 나누기보다는 좀 더 많이 움켜쥐도록 부추긴다는 것이다.

지상에서의 시간이 점점 다해가고 있음을 안다면, 다른 사람들에게 영향을 끼치기 위하여 할 수 있는 모든 일을 하려고 할 것이다. 나만을 위해 잘못 쓴 삶을 후회하고 싶지는 않을 것이다. 그분이 우리에게 주신 모든 것의 충직한 청지기가 됨으로써 사랑하는 하나님을 영예롭게 해드렸다고 자부하고 싶을 것이다. 바울은 로마인들에게 보내는 편지에서 이렇게 썼다. "형제자매 여러분, 그러므로 나는 하나님의 자비하심을 힘입어 여러분에게 권합니다. 여러분은 여러분의 몸을 하나님께서 기뻐하실 거룩한 산 제물로 드리십시오. 이것이 여러분이 드릴 합당한 예배입니다. 여러분은 이 시대의 풍조를 본받지 말고, 마음을 새롭게 함으로 변화를 받아서, 하나님의 선하시고 기뻐하시고 완전하신 뜻이 무엇인지를 분별하도록 하십시오"
(롬 12:1-2).

매일 비싼 카페라테를 마셔도 될까? 멋진 물건들을 소유해도 될까? 우리 삶에 주어진 각양각색의 복을 누려도 될까? 된다. 그러나 후세에 뭔가를 꼭 남기려고 한다면, 성숙함이 이 목표의 완수를 재촉하고 있음을 반드시 명심해야 한다. 바울은 성숙에 이르는 비밀을 밝히고 있다. 안일함에 놓여 있던 초점을 옮기고 산 제물이 돼야 한다는 것이다. 성숙의 목표는 우리 자신과 욕망을 넘어서는 것이다. 우리의 성품과 신앙에서 진정으로 성장을 원한다면, 안락에서 희생으로 우리의 목표를 기꺼이 옮겨야 한다.

다른 사람들을 좀 더 돌볼 수 있는 가장 중요한 방법 중 하나는 전 세계 가난하고 억압 받는 사람들을 위해 기도하는 것이다. 그들의 필요와 치유, 종교적·정치적 자유, 음식과 깨끗한 물, 기초 의약품을 위해 기도하는 것이다. 지구 반대편에 있는 상한 사람들을 위해 기도하기 시작할 때, 그들을 돌아보게 되고 삶의 세밀한 필요들에 대해 더 알게 된다. 기도로 우리의 마음이 그들의 마음과 연결된다. 우리가 가진 것들, 그것을 사용하는 방법, 왜 그것들이 우리에게 주어졌는지에 좀 더 마음을 쓰게 된다. 그렇다. 하나님은 이 세상 만인들의 필요를 이미 아신다. 그러나 기도함으로써 우리는 다른 사람들의 필요에 독특한 방법으로 초점을 맞추게 된다. 우리 너머를 보고 우리가 기도하는 사람들을 어떻게 사랑하고 도울 수 있는지 알려달라고 하나님께 의지하게 되는 것이다.

너무 적다는 이유로 기부의 기회를 지나쳐버리지 않았는가?
당신이 만난 '불가사리'는 누구인가? 당신은 불가사리를
바다로 던져주는 소년처럼 행동하는가, 사업가처럼 포기하는가?
왜 그렇게 하는가?

행동이 필요하다

베풂은 다른 사람을 사랑하는 방법이다. 우리가 지닌 것으로 다른 사람들을 도와 문제들을 극복하게 하고 그들의 삶을 풍요롭게 만드는 것이다. 우리의 시간, 재능, 소중한 것을 내놓을 때 우리 몸을 산 제물로 드리는 것이다. 당신의 삶이 원래 의도된 대로 손에 땀을 쥐는 모험을 맛보고 싶다면, 하나님의 사랑으로 다른 사람들을 즐거이 섬기는 행동에 나서야 한다. 성경은 가난한 사람들의 필요를 돌보는 일을 자주 언급한다. "가난한 사람의 부르짖음에 귀를 막으면, 자기가 부르짖을 때 아무도 대답하지 않는다"(잠 21:13). 하나님은 가난하고 상처 입은 사람들을 돕기 위해 우리가 받은 복을 어떻게 사용했는지 우리에게 책임을 물으신다.

시간, 재능, 재물은 우리가 받은 가장 큰 선물로서, 세상에 영향을 끼치는 유산을 키우는 과정에 없어서는 안 될 것들이다. 시간이 가장 소중하고 한정된 자산이라는 점은 이미 말한 바 있다. 다른 사람

은 줄 수 없는 뭔가를 내놓고 싶다면, 누군가에게 시간을 주라. 당신 외에는 이 재산에 손댈 수 없다. 시간을 어떻게 쓰는지를 보면 당신 마음에서 가장 견고하게 뿌리박고 있는 것이 드러난다.

재능에 관해서 말하자면 우리 모두는 재능을 가지고 있다. 누구나 재능은 있다. 그런데도 우리는 핑계를 찾는다. "나는 성경학자가 아니에요. 가르친다든지 선교를 나간다는 건 말도 안 돼요.""자선 단체에 줄 만큼 남는 돈을 쌓아놓고 살진 않아요." 잠깐만 당신이 할 수 있는 일을 생각해보라. 당신만이 가지고 있는 직업상의 전문성을 생각해보라. 건축, 은행 업무, 영업, 의료, 교육 같은 것들 말이다. 당신에게는 지식, 능력, 기술이 있다. 이것들을 나누기만 한다면 다른 사람들의 삶을 변화시킬 수 있다. 들을 수 있고 섬길 수 있는가? 미소 지을 수 있는가? 아이를 안아줄 수 있는가? 우리 대부분은 다른 누군가의 삶에 선물로 주어질 수 있는 능력을 가지고 있다.

돈과 그것을 쓰는 방법 역시 우리의 정체성과 가치관에 대해 많은 것을 말해준다. 돈과 재물로 이 두 가지만 한다면 경제적으로 복을 받는 데 아무 문제가 없다고 하나님은 말씀하셨다. 첫째, 더 가지려고 하지 말고 이미 가지고 있는 것을 즐겨라. 둘째, 통 크게 베풀어라. 이 두 가지를 한다면, 우리는 성숙해질 것이고 돈으로는 결코 살 수 없는 차원의 만족감을 맛보게 될 것이다. 그러나 복을 움켜쥐고 하나님이 우리에게 베푸신 선을 당연시하면, 우리 마음은 점점 더 굳어지고 가장 소중한 것들에 가까이 다가갈 수 없게 될 것이다.

성숙을 향해 자라나고 세계를 연민하는 마음을 키우는 마지막 방법은 공동체 안에서 움직이는 것이다. 교회, 학교, 회사, 이웃, 가정

어디든 상관없다. 우리는 다른 사람들을 돕기 위해 함께 부르심을 받았다. "한 몸에 많은 지체가 있으나, 그 지체들이 다 같은 기능을 가진 것이 아닙니다. 이와 같이 우리도 여럿이지만 그리스도 안에서 한 몸을 이루고 있으며, 한 사람 한 사람은 서로 지체입니다. 하나님 께서 우리에게 주신 은혜를 따라, 우리는 저마다 다른 신령한 선물을 가지고 있습니다"(롬 12:4-6). 우리는 함께 세상을 변화시킬 수 있다.

결심 다지기

1 한 달 동안 안락, 사치, 편의를 버리기 위해 무엇을 단념하겠는가? 매일 마시는 스타벅스 커피, 잠들기 전에 보는 시트콤, 즐겨 찾는 주전부리 같은 것들이다. 이것들을 소비하느라 쓴 시간과 돈을 좀 더 큰 목적을 위해 사용하라. 기도, 선교 활동, 도움이 필요한 누군가를 섬기는 일에 쓰라. 부활절 전 사순절에 즐거움을 삼가는 관습처럼, 이런 연습을 함으로써 산 제물이 된다는 게 무엇인지 새로운 관점을 얻을 것이다.

2 마음이 끌리는 상황이나 집단은 무엇인가? 전쟁에 찢긴 지역, 에이즈에 걸린 사람들, 특정한 나라의 선교 상황, 일상적인 삶의 궤도에서 이탈한 사람들은 어떤가? 이번 주 이들을 위해 기도하고 이들을 섬길 수 있는 길을 찾아보라. 당신의 시간, 재능, 재물을 사용할 수 있다. 이들의 필요를 채워줄 수 있는 구체적인 목표를 세우라.

3 우리의 손길을 기다리는 일들은 너무나 많다. 다른 나라는 고사하고 우리 이웃에서도 비일비재하다. 당신이 사는 지역에서 봉사할 수 있는 일을 시작하라. 교회, 지역사회, 회사와 함께 일할 수 있다. 구체적인 목표를 정하라. 예컨대 미혼모나 결손가정의 집을 수리하거나, 구호단체에 보낼 옷가지를 모으거나, 구호자금을 적립하는 일 등이다. 날짜를 정하고 함께할 수 있는 사람들의 역할을 정하라.

발자국, 지워지지 않는 인상을 남기다

당신의 아이들은 당신이 전해준 지혜의 말들을 오래 기억하지 않을 것이다. 좋은 충고 역시 그러할 것이다. 하지만 당신이 누구이며 그들 앞에서 어떻게 살았는지는 그들의 마음에 또렷이 새겨질 것이다.
– 도로시 켈리 패터슨 Dorothy Kelley Patterson

생존은 벌어들인 것으로 하지만, 인생은 베푼 것으로 산다.
– 윈스턴 처칠

'청정'이라는 말이 사회적인 화두가 되고 있다. 현대인들은 점점 더 환경적인 결정에 신경을 쓰는 듯하다. 지구온난화, 재활용, 화석연료 의존도, 대기오염 등은 중요한 현안이다. 이런 상황에서 할 수 있다면 환경 문제와 관련하여 작은 발자국이라도 남겨야 한다. 하나님이 창조를 통해 우리에게 맡기신 책임 때문에 우리는 지구의 좋은 청지기가 되어야 한다. 환경 문제와 관련해서는 영적 영향력을 증대할 방안을 찾아야 한다. 가장 적극적이고 가장 지속적인 인상을 사람들의 삶에 남겨야 한다. 그러기 위해서 우리는 다른 사람들의 삶에 우리가 주고 있는 인상에 관해서 지나치다 싶을 정도로 민감해져야 한다.

많은 경우 우리의 영적 우선순위는 실천적인 원리와 동떨어져 있지 않다. 최근 우리 교회에서 실시한 캠페인을 잊을 수가 없다. 우리는 휴스턴 지역의 노숙자들에게 신발이 부족하다는 사실을 알게 됐다. 많은 사람들이 담요와 먹을 것을 기부했지만, 노숙자들에게 따뜻하고 질긴 신발이 필요하다는 것을 안 사람은 많지 않았다. 예배가 끝날 즈음에 나는 한 가지 비전을 교인들에게 말했다. 주일 한 번의 행사로 큰 변화를 일으킬 수 있다고 장담했다. 고개를 끄덕이는 교인들에게 신발을 벗어 강단 앞에 놓고 양말만 신은 채 맨발로 걸어 나가자고 제안했다. 그래야 많은 노숙자들이 매일 경험하는 현실을 느낄 수 있기 때문이다. 갑자기 교회가 술렁거렸다. 그날 4,500 켤레의 신발이 모였다. 휴스턴 지역에서 당분간 몇 달간이라도 노숙자의 신발 문제는 없어질 것이다.

우리가 매일 할 수 있는 일이 바로 이런 것이다. 외국으로 나가는 선교사가 되거나 갑부가 될 필요는 없다. 직장을 그만둬야 할 이유는 더더구나 없다. 우리를 따르는 사람들에게 영향을 끼치려면, 하나님을 사랑하고 이웃을 섬기며, 우리가 이미 받은 것들을 나눠야 한다. 우리만이 남길 수 있는 영적 발자취를 늘리는 가장 좋은 방법 중 하나는 어쨌든 남을 대접하는 것이다.

❖ 자기 성찰을 위한 질문 ❖
Make it Count Moment

최근 자신의 영적 신념 때문에 다른 사람을 섬긴 일이 있는지 생각해보라. 그 일로 인해 사람들의 필요가 어떻게 채워졌는가?

양심을 살피는 일

유해 산업가스의 방출을 통제하고 오염을 규제하는 것처럼, 우리 영혼에 쌓인 찌꺼기들을 치워야 한다. 그것은 자신의 허물과 약점은 어물쩍 넘어가고, 다른 사람들의 실수에만 눈에 불을 켜고자 하는 마음일 수도 있다. 자신의 영성을 자랑하고 자신의 허물에는 관대하면서 다른 사람의 허물을 지적하기 좋아하는 사람들을 만나기는 어렵지 않다.

하나님은 다른 사람을 심판하지 말고 자신의 양심을 세밀히 들여다보고 점검하라고 하신다. "주께서 말씀하신다. '오너라! 우리가 서로 변론하자. 너희의 죄가 주홍빛과 같다 하여도 눈과 같이 희어질 것이며, 진홍빛과 같이 붉어도 양털과 같이 희어질 것이다'"(사 1:18). 실수를 저지르지 않는 사람은 없다. 바보같이 선택하고 사랑하는 사람들에게 상처를 입힌다. 영혼의 쓰레기를 은폐하고 무시하며 없는 양 꾸민다. 그렇다고 우리의 심령을 부식시키고 목을 조르는 오염이 사라지는 것은 아니다. 같은 실수를 저지르지 않았다는 이유만으로 으슥해하면서 자신을 다른 사람들과 비교하고 판단하기도 한다. 하지만 죄는 죄이다. 당신이나 나나 지은 죄는 다를지라도 죄 때문에 우리는 하나님의 기준에 못 미치는 사람이 되었다. 우리는 모두 죄를 지었기 때문에 오염된 영혼이 안에서 꿈틀거리는 것을 느끼며 산다.

삶을 변화시키는 소식이 여기 있다. 예수 그리스도가 찌들고 묵은 때를 벗겨주셨다는 것이다. 생의 마지막에 이른 사람들은 허물이나 후회, 실수에 직면하지 않을 수 없다. 다른 어떤 시절보다 하나님의 은혜라는 선물을 받고자 애절하게 바란다. 또 좋은 소식이 있다. 우리가 매일 이 선물을 받을 수 있다는 것이다. 딱 한 달만 살 수 있거나 몇 십 년 더 살 수 있거나 아무 상관이 없다.

우리 뒤에 오는 사람들에게 은혜의 유산을 남기려고 한다면, 하나님의 용서가 필요하다는 점을 인정해야 한다. 이렇게 할 수 있는 가장 좋은 방법 중 하나는 날마다 우리의 양심을 살피는 것이다. 하나님 앞에서 지속적으로 책임감을 느끼며 살아갈 때, 영적 때가 쌓여 사랑하고 섬길 수 있는 능력을 저해하는 것을 막을 수 있다.

───────── ❖ 자기 성찰을 위한 질문 ❖ ─────────
Make it Count Moment

자신의 죄와 단점 앞에 부딪힐 때 어떻게 반응하는가?
하나님의 은혜 앞으로 나아가는가, 더 깊은 곳으로 숨으려 하는가?
다른 사람들의 결점과 죄에 대해서는 어떻게 반응하는가?
자신의 죄와 다른 사람들의 죄를 보는 눈이 같은가, 다른가?
─────────────────────────────

선순환의 은혜

하나님 아들이 주시는 선물을 통해서 하나님의 용서와 사랑을 경험하면, 사람들은 상처를 입은 사람에게 쉽게 용서를 구하고, 자신에게 상처를 입힌 사람에게 쉽게 자비를 베푼다. 하나님의 용서를 받은 결과 자유와 기쁨을 경험하면, 삶의 어려운 순간에 직면할 힘을 얻을 수 있다.

예수님이 비유로 설명하신 것처럼, 우리가 경험한 용서와 우리가 내미는 용서 사이에는 일종의 상호연관성이 있다. 나는 이것을 선순환의 은혜라고 부르고 싶다. 우리는 하나님으로부터 받은 것을 기쁜 마음으로 내어놓을 수 있다. 한 신하가 큰 빚을 진 왕에게 자비를 구했다. 하지만 그는 자신이 왕에게 졌던 빚에 비하면 새 발의 피라 할 만큼 조금 빚진 동료를 감옥에 쳐넣었다. 하나님 나라에서는 이런 이중 잣대가 통하지 않는다. "그러자 주인은 그 종을 불러다 놓고 말하였다. '이 악한 종아, 네가 간청하기에 내가 네게 그 빚을 다 삭쳐주었다. 내가 너를 불쌍히 여긴 것처럼, 너도 네 동료를 불쌍히 여겼어야 할 것이 아니냐?' 주인이 노하여, 그를 형리에게 넘겨주고, 빚진 것을 다 갚을 때까지 가두어 두게 하였다. 너희가 각각 진심으로 형제나 자매를 용서하여주지 않으면, 내 하늘 아버지께서도 너희에게 그와 같이 하실 것이다"(마 18:32-35).

다른 사람을 심판하는 대신 자신의 허약함을 고백한다면, 영원한 유산, 즉 우리의 인품과 그것이 미래 세대에 끼치는 영향력에 투자하는 셈이다. 용서를 구하고 자신의 상처를 인정하는 일은 좋아할 만큼 쉬운 일도, 자연스러운 일도 아니다. 그러나 관계를 바르게 할 다른 기회가 더 이상 있을 수 없다는 점을 알면, 다른 사람들에게 입힌 상처에 대해서 어떻게든 송구한 마음을 전하고자 할 것이다. 잠언은 이렇게 말한다. "자기의 죄를 숨기는 사람은 잘 되지 못하지만, 죄를 자백하고 그것을 끊어버리는 사람은 불쌍히 여김을 받는다"(잠 28:13). 우리 마음에 가득 찬 것을 고백함으로써 교만, 분노, 자기 의가 빼앗아간 마음의 평안을 복구할 수 있다.

우리 삶에 부어지는 은혜의 힘을 맛보아 자기 것으로 삼지 못하고도 다른 사람과의 관계를 고치겠다고 덤벼드는 일이 종종 있다. 상처 입힌 사람들과 관계를 바르게 하려고, 우리를 서운하게 한 사람들에게 아무 일도 없었던 듯 입을 다물기 위해 노력하기도 한다. 그러나 하나님 은혜라는 원천적인 능력에 부딪히면, 그야말로 삶의 변혁이 일어난다.

하나님은 당신의 모습 그대로를 사랑하신다. 그러나 그분은 당신을 너무나 사랑하시기에 이렇게 고백하게 하신다. "하나님께서는 여러분 안에서 활동하셔서, 여러분으로 하여금 하나님을 기쁘시게 할 것을 염원하고, 실천하게 하시는 분이십니다"(빌 2:13). 우리의 아버지는 우리가 실수를 저지르거나 그 결과를 인정하면 변화된 삶을 살도록 새 힘을 불어넣어주신다. 성경은 하나님이 겸손한 자에게 은혜를 주시나 교만한 자를 대적하신다고 말한다(잠 3:34). 자신을 낮추고 "하나님, 제게 변할 수 있는 힘을 주십시오. 사랑할 능력을 주십시오. 제게 맡기신 일들을 행할 힘을 주십시오"라고 말할 때, 그분은 권능과 힘으로 우리를 채워주신다.

그리스도는 곤경 가운데 있는 우리를 찾으신다. 그분은 이렇게 말씀하시지 않는다. "네 행실을 고쳐라. 그러면 너를 사랑해줄지도 모르니까." 이것이 아니다. 성경은 우리가 여전히 죄인일 때, 그리스도가 우리에게 오셔서 우리를 들어올리셨다고 말한다. 그분은 우리를 가까이 이끄시고 용서하셨다. 내 아이 중 하나가 유아원에서 대소변 가리는 훈련을 할 때였다. 내 친구들이 보고 있는데 아이가 그만 실례를 했다. 아이는 자기가 한 일에 당황하고 부끄러워했다. 아이가 나를 쳐다보면서 이렇게 말했다. "아빠, 안아주세요!" 내가 어떻게 반응했을 것 같은가? "안돼! 저리 비켜! 가서 닦고 오면 안아줄게!" 이렇게 말했을까? 물론 아니다. 나는 아이를 덥석 안아 올렸다. 아이는 내 아들이고, 무슨 일을 저질렀든 나는 아이를 사랑하기 때문이다.

은혜는 우리를 그대로 받아준다. 또한 은혜는 변할 수 있는 힘을 준다. "모든 사람에게 하나님의 구원의 은혜가 나타났습니다. 그 은총은 우리를 교육하여, 불경건함과 속된 정욕을 버리고, 지금 이 세상에서 신중하고 의롭고 경건하게 살게 합니다"(딛 2:11-12). 은혜 아래 있으므로 온전히 용납되었다고 느낄 때, 변화를 갈망하게 된다. 그분을 알고 싶어지고 그분을 더욱 닮으려고 한다.

만약 한 달만 살 수 있다면, 인생에서 뭔가 다른 일들을 할 마음이 분명히 생길 것이다. 문제는 궁극적인 능력의 원천, 즉 하나님의 은혜로 말미암아 변화되고 활성화하지 않으면 지속적인 변화가 일어나지 않는다는 것이다. 은혜 없이는 삶에서 무사히 탈출할 수 없다. 우리가 용서받았듯이 다른 사람들을 용서함으로써 다른 사람의 입장에 서보지 않는 한 영적 발자취를 남길 수 없다.

우리 모두는 은혜를 받은 사람들이다. "그러므로 그리스도께서 하나님의 영광을 드러내시려고 여러분을 받아들이신 것과 같이, 여러분도 서로 받아들이십시오"(롬 15:7). 우리는 서로 용납하고 주변 사람들에게 그리스도의 사랑을 드러내야 한다. 이 말은 때로 사람들과 정식으로 대면하거나 고백함으로써 용서를 구하기 위해 자신을 낮춰야 한다는 뜻일 수 있다. 과거의 상처를 잊어버리고 다른 사람을 용서하는 데는 오로지 하나님의 은혜만이 필요하다. 우리의 교만, 죄책감, 후회를 치워버리고 다른 이들에게 용서를 구할 수 있도록 동기를 부여하는 것도 오직 은혜이다. 삶에서 은혜를 훈련하면 할수록, 우리는 더 위대한 유산을 남기게 된다. 재키 윈스피어Jackie Windspear라는 작가는 이렇게 말했다. "은혜는 숟가락을 들기 전에 중얼거리는 짧은 기도가 아니라 살아내야 할 삶이다."

결심 다지기

1 이미 세상을 떠난 사랑하는 사람을 생각해보라. 그가 남긴 영적 유산은 무엇인가? 그가 남긴 인품의 어떤 면을 닮고 싶은가? 피하고 싶은 것은 무엇인가?

2 기도와 고백의 시간을 가지라. 새롭게 은혜를 주시도록 간청하라. 그분의 사랑을 좀 더 온전히 깨닫도록 청하라. 상처를 준 사람들에게 가서 용서를 구하라.

3 당신의 용서가 필요한 사람이 있는가? 하나님이 당신을 용서하기 위해 치른 엄청난 값을 생각하면서, 그 사람과 바른 관계를 맺기 원하시는 하나님의 소원을 따라 어떻게 행동해야 할지 생각하라.

경기 종료, 살기 위해 죽다

이 세상에서 할 수 있는 어떤 경험으로도 만족할 수 없는 하나의 열망을 내 안에서 찾는다면, 내가 세상을 위해서 지어진 존재라는 설명이 그래도 가장 가까운 것이리라.
– C. S. 루이스

잘 아시는 하나님이 계시니 잘 모르는 미래에 대해서도 신뢰하기를 두려워하지 말기로 해요.
– 코리 텐 붐

경기장에서 만난 두 맞수가 뿜어내는 흥분과 열정을 이해하기 위해 꼭 운동선수가 될 필요는 없다. 동네 꼬마들이 펼치는 야구시합에서 터진 9회말 홈런이든, 수퍼볼게임에서 마지막 필드에 나온 50야드 전진이든, 우리 모두는 기적적인 역전극의 현장에 있고 싶어한다.

인생이라는 경기로 눈을 돌려보자. 종료를 알리는 신호음이 울리면 경기는 끝난다. 인간의 죽음은 언제나 100퍼센트라고 통계는 말한다! 피할 수 없다. 속일 수도 없다. 마침내는 생의 마지막 순간이 다가온다. 종료음과 동시에 기적과 같은 득점으로 연장전에 들어가는 법도 없다. 우리의 몸은 결국에는 낡아, 이 땅에서 알아온 생으로부터 빠져나간다. 그리고 다음번에 일어날 일의 과정으로 떠밀려 들어간다.

최근 실시한 여론조사가 있다. 미국인들의 81퍼센트가 사후의 삶을 믿는다고 한다. 이 문제에 대해서는 누구도 선뜻 말하고 싶어 하지 않지만, 사람들은 점점 더 죽음을 경험했다든지 마지막 숨을 몰아쉰 다음 일어날 일에 관해 통찰력을 제시하는 사람들에게 끌리고 있다. 지금까지 강조해왔지만 우리가 죽을 수밖에 없는 존재임을 받아들이면 우리는 더 충만하게 살 수 있다. 전도서는 이렇게 전한다. "지혜로운 사람의 마음은 초상집에 가 있고 어리석은 사람의 마음은 잔칫집에 가 있다"(전 7:4). 심중에 그 끝을 의식하고 삶을 관조하는 것이 현명하다. 피할 수 없이 닥칠 일을 무시한다는 건 어리석다. 끝을 알리는 신호음이 울릴 때 다음에 어떤 일이 생길지 생각하면 삶에 더 진지해질 수 있다. 의도를 가지고 매순간 책임감 있게 보낼 수 있다.

❖ 자기 성찰을 위한 질문 ❖

Make it Count Moment

이번 주 인생무상을 떠오르게 하는 뭔가가 있었는가?
통증이나 아픔인가? 건강 때문에 복용하는 약인가?
흰머리인가? 아니면 무엇인가?
이런 사소한 것들에 부딪힐 때 어떤 생각이 드는가?

하늘나라에 들어갈 준비

하나님은 이유가 있어서 당신을 이 땅에 두셨다. 그러나 이 땅에서의 삶으로 끝나는 건 아니다. 성경은 이 현실에 대해 아주 명확하다. 어느 날 당신의 호흡은 멈출 것이다. 그러나 그대로 사멸하는 것은 아니다. 당신은 영원히 살게 된다.

죽고 난 바로 다음 순간, 거창한 축하연이 벌어지든지 아니면 끔찍한 분리가 일어나든지 둘 중 하나이다. 천국과 지옥은 실제 장소이다. 어디서 영원을 보낼지 우리의 선택에 달렸다. 하나님은 우리를 로봇처럼 지으실 수도 있었다. 그분을 사랑하고 섬기며 따르도록 프로그램화 하실 수도 있었다. 그러나 그렇게 하지 않으셨다. 그분은 우리를 자유의지라는 권한을 지닌 존재로 지으심으로써 상당한 모험을 하셨다. 하나님은 우리를 위해 죽으시기까지 사랑하셨다. 그러나 그분을 사랑할지 말지, 그리고 그분과 영원히 함께 있을지 말지는 우리가 결정하게 하셨다.

우리는 하나님과 온전한 관계를 맺도록 지어졌다. 조잡한 꿈들 그 너머에 있는 영원한 곳에 대한 향수를 가지고 태어났다. 오래된 찬송가는 "이 세상은 내 집 아니네"라고 노래한다. 하늘은 우리 마음에 있는 고향이다. 그곳에는 귀향 축하 잔치가 끝없이 벌어지고 있다. 그곳은 또한 "더 이상 없는" 곳이다. 눈물, 비통, 상실, 죽음이 더 이상 없다. "그들의 눈에서 모든 눈물을 닦아주실 것이니, 다시는 죽음이 없고, 슬픔도 울부짖음도 고통도 없을 것이다. 이전 것들이 다 사라져 버렸기 때문이다"(계 21:4).

사람들은 천국을 신화에나 나오는 장소로 생각한다. 구름 위에 앉아 노니는 그런 곳 말이다. 이 완벽한 곳에서 따분함을 느끼고, 후광과 신성한 구름도 지겨워지면 어쩌나 하고 은근히 걱정한다. 그러나 그런 곳은 천국이 아니다. 그렇지 않은가? 성경은 천국이 모험과 흥분으로 가득 찬 완벽한 곳이라고 말한다.

성경은 인간적으로는 묘사하기가 불가능한 것을 인간의 언어를 써서 말하고 있다. 금으로 닦은 길들과 진주로 만든 문이 있다고 한다. 값지고 소중한 것들, 의미와 목적으로 넘쳐난다고 한다. 우리는 거기서 궁극적인 성취감을 느끼게 하는 일들을 하게 될 것이다. 그리스도가 거기 계시니, 꿈꾸던 것보다 훨씬 멋진 열정과 창조성을 경험하게 된다. 새롭고 완벽한 몸을 갖게 된다. 가족, 친구, 사랑하는 사람들과 재회하게 된다. 넘치는 기쁨, 평강, 영광이 우리에게 임한다. 우리는 다만 그곳이 어떤 곳일까 상상할 수 있을 정도이다.

하늘나라를 경험하기 원한다면, 매순간 이 땅에서 영원을 준비하며 살아야 한다. 죽을 준비가 되기 전까지는 살 태세도 갖춰지지 않은 것이다. 하지만 걱정할 것 없다. 이미 결정되지 않았다면 지금 자신의 최종 목적지를 결정할 수 있다. 지금 영원한 생명을 가지고 있는지 확신할 수 없고, 언젠가 하늘나라에 가 있을 것이라는 확신이 없다면, 한 가지만은 분명하게 알고 이 장을 덮으라. "그 증언은 하나님께서 우리에게 영원한 생명을 주셨다는 것과, 그 생명이 그 아들 안에 있다는 것입니다. 그 아들을 모신 사람은 생명을 가진 사람이고, 하나님의 아들을 모시지 않은 사람은 생명을 가지지 못한 사람입니다"(요일 5:11-12). 하늘나라에 들어가는 것은 전적으로 당신이 누구를 알고 있는지에 달린 문제이다. 당신이 그 아들을 안다면, 그 나라에 들어간다. 그 아들을 모른다면, 들어갈 수 없다.

하늘나라는 온전한 사람들을 위한 온전한 곳이다. 문제는 우리가 온전하지 않다는 것이다. 우리는 한결같이 죄를 지었다. 그리스도가 오셔서 우리를 대신하신 것은 바로 이것 때문이다. 그분과 하늘나라에서 만나 하나 될 수 있게 하신 것이다. 우리에게는 자격이 없지만, 그런 자격을 얻을 수조차 없지만, 그럴 수 있도록 그분이 허락해주셨다. 성경이 이렇게 말한다. 그리스도가 우리를 위해 하신 일 때문에 우리는 하나님의 친구가 되었다. 바로 이 순간 우리는 그리스도께 내 삶에 오셔서 과거의 죄와 허물들을 용서하고 장차 하늘나라에 들어갈 수 있게 해달라고 기도하여 청할 수 있다. 영원한 미래에 대해서 두려워할 필요가 없다. 하나님은 당신이 상상할 수 있는 것 이상으로 당신을 사랑하신다. 진정 당신을 사랑하신다. 당신의 영원이 어떻게 결정됐는지 알기 전에는 매순간 최선을 다할 수가 없다. 그것을 알아야 삶을 향유하고 다른 사람들의 삶에 변화를 일으킬 수 있다.

미국인들의 74퍼센트가 천국과 지옥을 믿는다고 한다. 당신은 어떤가?
천국 혹은 지옥이 어떤 곳이라고 말하겠는가?
이 두 곳에 관해 당신의 생각은 어떻게 형성되었는가?
책, 영화, 텔레비전, 성경, 설교 아니면 다른 어떤 것인가?

영원한 확신

영원을 위한 준비가 되면, 당연히 영원히 남을 것에 투자하고 싶어진다. 당신의 관점은 바뀐다. 우리가 소중하게 생각하고 초점을 두는 것의 상당수가 영원의 관점에서 볼 때는 중요하지 않고 의미 또한 별로 없는 것임을 깨닫기 시작한다.

이 땅에서 영원히 살 것처럼 사는 때가 많다. 이렇게 생각해보자. 휴가를 떠났다. 호텔에 투숙했다. 몇 주간 호텔에서 지낼 예정이다. 그런데 방의 외관이 마음에 들지 않는다. 인테리어 업자를 부른다. 거액을 들여서 벽지, 커튼, 장식, 아니 방 전체를 바꾼다. 텔레비전이 더 컸으면 해서 큰 평면 텔레비전을 사서 벽에 건다. 화초와 꽃도 마음에 들지 않는다. 정원사를 부른다. 모든 것을 자신에게 맞도록 바꾼다. 그런 다음 그 호텔을 떠나 집으로 간다.

많은 사람들이 이 땅에서 바로 이런 일을 하고 있다. 영원히 여기 머물 것처럼 행동한다. 한 순간에는 소중해 보이지만 궁극적으로는 영원히 남지 못할 것들에 매달리고 있다. 우리의 초점은 시간의 시험을 통과할 것들에 다시 맞춰져야 한다. 그런 것으로는 두 가지가 있다. 하나님의 말씀과 사람들이다. 성경은 풀은 마르고 꽃은 시들지만 하나님의 말씀은 영원하다고 한다(사 40:8). 따라서 하나님의 말씀 안에서 시간을 쓸 때, 다시 말해서 당신의 인품을 세우고 더 그리스도를 닮아가며 하나님의 말씀에서 가치를 배우고 그것들을 적용할 때, 그것은 영원히 남는다. 당신은 그것을 가지고 영원으로 들어갈 수 있다. 또 다른 영원한 투자는 사람이다. 사람은 영원히 사는 존재이다. 그래서 다른 사람들의 삶에 변화를 만들어주면, 그것은 영원히 남는다. 당신의 삶에서 왜 관계가 가장 중요한지 설명하는 대목이다.

우리는 영원히 남지 못할 것들에 너무나 자주 초점을 둔다. "빛을 보고 산다는 것은 즐거운 일이다. 해를 보고 산다는 것은 기쁜 일이다. 오래 사는 사람은 그 모든 날을 즐겁게 살 수 있어야 한다. 그러나 어두운 날들이 많을 것이라는 것도 기억해야 한다. 다가올 모든 것은 다 헛되다"(전 11:7-8). 얼마나 오래 살든 간에, 영원이라는 거대한 지평에서 보면 불과 몇 초와도 같다.

당신이 예수 그리스도와 더불어 하는 일이 어디서 영원을 보낼지 결정한다. 시간, 재능, 재물을 가지고 하는 일이 영원 속에서 받을 상을 결정한다. 인생유전이라는 게임을 기억하는가? 직업과 생활양식을 스스로 결정할 수 있지만, 게임의 말미에 가면 당신의 선택이 판가름나는 결산의 날이 있다. 우리가 내린 결정에 대해 책임을 지게 되는 것과 크게 다르지 않다. 이 땅에서 두 연대 사이의 짧은 기간을 살면서 당신이 하는 일이 당신의 영원을 좌우한다. 인생이란 영원을 위한 준비라는 사실을 이해하기 전까지는, 삶은 당신에게 그렇게 덧없을 것이다.

제스 무디Jess Moody는 켄터키 주 오웬스보로에서 활동하는 젊은 목사이다. 그는 부임한 교회에서 젊은 부부와 친구와 되었다. 어느 날 그 남편이 무디 목사의 목양실로 찾아와서 심란한 표정으로 이렇게 말했다. "목사님, 끔찍한 소식을 들었습니다. 아내가 말기 암이랍니다. 몸 전체에 퍼졌답니다. 몇 주밖에는 살 수 없다고 의사가 말했습니다. 한 달도 안 된다는군요. 아내가 병원에 있는데 목사님 뵙기를 청합니다. 어떻게 해야 할지, 어떻게 이 사실을 받아들여야 할지 모르겠어요."

무디 목사는 병원으로 달려갔다. 젊은 부인이 말했다. "목사님이 설교에서 천 년이 하루 같고 하루가 천 년 같다고 말씀하셨어요. 정말인가요? 하나님께는 천 년이 하루 같고 하루가 천 년 같은가요?" 무디 목사가 대답했다. "예, 성경이 그렇게 말씀합니다." 젊은 부인이 말했다. "잘됐군요. 제가 계산을 해봤는데요, 천 년이 하루 같다면 40년은 한 시간이에요. 저는 곧 남편과 아이들 곁을 떠날 텐데, 남편은 아마도 40년은 더 살겠지요. 하지만 그건 천국에 있는 제겐 한 시간이지요. 남편이 천국에 오면 맞으면서 이렇게 말할 겁니다. '한 시간 동안 어디에 있었어요? 사무실에 나갔거나 집안일을 했겠지요? 당신이 보고 싶었어요.' 아이들은 70년이나 80년을 더 살 수 있겠지요. 그렇지만 제겐 두 시간에 불과하지요. 아이들이 천국에 오면 아이들을 맞으면서 이렇게 말할 겁니다. '오늘 학교에서 어땠니? 몇 시간이지만 너희가 보고 싶었단다. 어떻게 지내는지 궁금했어. 엄마들은 자기 아이들과 오래 떨어져 있는 걸 좋아하지 않거든' 하고 말이에요."

두 주 후 그 부인은 주님 품에 안겼다. 부인이 남편에게 남긴 마지막 말은 "사랑해요. 아이들을 잘 부탁할게요. 한 시간 후에 봐요"였다. 이게 바로 영원의 관점이라는 것이다. 우리에게 남은 시간이 한 달뿐이라면, 어떤 각오로 살아야 할지 동기를 불어넣어주는 관점인 것이다.

1 하늘나라를 어떻게 상상하는가? 그림을 그리든, 사진을 찍든, 사진과 그림을 오려 콜라주를 만들든, 조각을 하든 나타내보라. 개인적일수록 좋다. 어디에서 영원을 보내고 싶은지 상기시켜 주도록 눈에 잘 띄는 곳에 두라.

2 하늘나라에서 처음으로 하나님을 만나게 되는 순간을 그려보라. 일기장이나 혼자만 보는 노트에 그리라. 그분께 묻고 싶은 말은 무엇이고, 듣고 싶은 말은 무엇인가? 잠시 기도한 후에 당신이 가장 사랑하는 그분께 생각을 털어놓으라.

3 이번 주 영원을 위해 어떤 투자를 했는가? 하나님의 말씀 앞에서 보낸 시간은 얼마인가? 가장 소중히 생각하는 사람들과 보낸 시간은 얼마인가? 시간의 시험에 견딜 수 있는 일을 할 것인지, 누구에게 투자할 것인지 영원을 위한 기준을 정하고, 이를 실천할 시간을 떼어놓으라.

경기 속개, 인생을 즐기다

이 땅에서의 사명을 완수할 수 있을지 없을지 알아내는 시금석이 있다. 당신이 살아 있는 한 사명은 완수되지 않는다는 것이다.

– 리처드 바크 Richard Bach

누구도 뒤로 되돌아가서 새롭게 출발할 수는 없지만, 누구나 지금 출발해서 신선한 종결을 지을 수는 있다.

– 칼 바드 Carl Bard

한 달만 산다는 마음가짐으로 사는 삶에 관해 마지막 장을 읽고 있다는 것은, 당신의 시간이 아직은 끝나지 않았다는 것이다. 하나님이 원하시기만 한다면, 당신은 더 오래 살 수 있을 것이다. 진정 사는 것답게 인생을 향유하고 항구적으로 변화될 수 있다. 이런 일은 하나님이 당신을 지으셨음을 알고, 그 목적을 열정적으로 추구할 때 가능하다.

이 책을 요약하자면 바로 그것이다. 당신은 놀라운 선물을 받았다. 바로 인생이라는 것이다. 비범한 소명을 받았다. 하나님이 당신을 지으신 최선의 모습이 되라는 것이다. 당신의 목표는 이 선물의 포장을 뜯고 가장 소중한 것, 즉 하나님을 사랑하고 이웃을 사랑하는 삶을 추구하면서 지금까지 받은 모든 것을 활용하는 것이다.

열정으로 산다

이 책과 함께한 여행을 마무리하면서, 마지막으로 한마디를 하고자 한다. 이 책에서 당신이 꼭 얻어야 할 한 가지가 있다면, 당신의 삶에 열정을 점화하고 회복시키는 것이다. 당신이 딱 한 달만 살 수 있다면, 이 소중한 선물을 매순간 즐기려고 할 것이다. 그리고 뭔가 의미 있고 영원한 것이 땅에서의 당신의 목적을 이루도록 매순간 바치고 싶을 것이다.

위대한 일은 열정 없이는 결코 일어나지 않는다. 모든 예술적인 걸작, 음악, 고전문학, 드라마, 건축물의 배후에는 열정이라는 추동력이 있다. 운동선수는 열정으로 신기록을 세울 수 있다. 열정으로 과학자는 새로운 치료제를 발명할 수 있다. 열정으로 하나님의 사랑은 창조적이고 혁신적인 방법으로 주변 사람들에게 나누어진다. 열정으로 인생은 인생이 된다.

하나님은 우리를 열정적으로 살게 하셨다. "네 열정을 다하고, 네 기도를 다하고, 네 지성을 다하고, 네 정력을 다하여, 주 너의 하나님을 사랑하여라"(막 12:30, 메시지). 우리는 열정을 낼 수 있는 존재로 지어졌다. 하나님이 열정적인 분이기 때문이다. 우리는 그분의 형상을 따라 지어졌다.

우리에게 이런 말씀이 들려온다. "열심을 내서 부지런히 일하며, 성령으로 뜨거워진 마음을 가지고 주님을 섬기십시오"(롬 12:11). '뜨거워진'이라는 단어에 주목하라. 이 말은 우리 마음이 차가워질 수도 있음을 암시하고 있다. 거기에 마음을 쏟지 않으면 삶의 스트레스와 중압감이 가족, 친구, 직업에 대한 우리의 열정을 앗아가 버릴 수도 있다.

열정을 유지하는 네 가지 요소

우리의 열정이 살아서 그 뜨거움을 잃지 않으려면 열정의 네 가지 핵심 요소들이 있어야 한다. 열정을 구성하는 첫 번째 요소는 가장 중요한 사랑이다. 사랑은 열정적이고 목적의식으로 가득 찬 인생의 기초이다. 사랑은 결혼생활에서 열정을 타오르게 하는 연료이다. 직장에서 생산성을 높이는 연료이다. 하나님과의 관계가 더 깊어지도록 해주는 연료 역시 사랑이다. 의무감이나 율법주의적인 순종이 아니다. 사랑이다.

옛날처럼 하나님에 대해 절절한 마음이 끓어오르지 않는다면, 옛날처럼 영적 열정이 생기지 않는다면 어떻게 할까? 하나님과 첫사랑에 빠졌을 때 했던 일들을 다시 시작해야 할 것이다. 그때 무엇을 했는가? 하나님과 시간을 보냈다. 성경을 알고 싶어 했고 하나님을 사랑한다는 것이 무엇인지 정녕 배우고자 했다. 당신의 삶에서 벌어지고 있는 일들을 모든 사람에게 말하고 다녔다. 친구들에게 하나님이 당신 삶에서 행하고 계시는 일을 증거했다. 다시 한 번 그분과 사랑에 빠지고 싶다면 이런 일들로 다시 돌아가야 한다. 삶에 열정이라는 불꽃을 다시 태우고 싶다면, 당신을 향해 쏟아지는 하나님의 사랑에 초점을 맞춰야 한다.

.두 번째 열정적인 삶의 핵심은 성실integrity이다. 사람들은 이 말을 여러 가지로 정의한다. 성실이란 한마디로 우리가 믿는다고 말하는 바를 삶으로 엮어내는 것이다. 정욕이 삶의 정열을 파괴하듯이, 성실의 결여 역시 삶을 파괴한다. 이런 것을 믿노라 말하면서도 그대로 행하지 않는 것만큼 우리의 열정에 물을 타는 것도 없다. 건강이 중요하다고 말하면서 몸에 좋지 않은 음식을 과식한다면 성실하지 않은 것이다. 가족이 소중하다고 하면서 언제나 일만 하고 중요한 가족사에 나타나지 않는다면, 핵심을 잃은 것이다. 하나님을 우리 삶의 기초로서 사랑한다고 말하면서도 그분과 매일 관계를 가지려고 하지 않는다면, 우리는 고통을 자초하는 것이다. 우리의 마음은 나뉘고 삶의 가장 중요한 초점을 잃고 말 것이다. 열정을 가지고 살고 싶다면, 일관된 삶을 살아야 한다. 믿는 바가 옳음을 보여주는 행동을 해야 한다.

열정을 유지하는 다음 요소는 용서이다. 이 책에서 용서는 이런 저런 모습으로 한 달만 살 수 있다면 실천해야 하는 중요한 생활양식이다. 해결되지 않은 갈등만큼 열정에 구멍을 내는 것도 없다. "미련한 사람은 자기의 분노 때문에 죽고, 어리석은 사람은 자기의 질투 때문에 죽는 법이다"(욥 5:2). 분노와 질투는 다른 무엇보다 신속하게 열정에 찬물을 끼얹는다.

특히 분노는 열정을 죽인다. 하나님이 다른 사람들을 용서하길 배워야 한다고 말씀하시는 이유도 여기 있다. 삶의 열정을 되찾기 원한다면, 사람들을 용서하는 법을 배워야 한다. 분노, 섭섭함, 상처를 이고 다니면 이것들은 우리 삶을 침식시킨다. 우리를 상하게 하는 사람들은 어떤 결과에도 마음 상해하지 않는다. 분노, 섭섭함, 상처에는 보상이 없다. 다만 우리를 상하게 하고 삶의 열정에 구멍을 낸다. 늘 그렇지만 바로 이 문제와 관련해서 예수님은 우리의 좋은 모델이다. 그분은 십자가에서 뭐라고 말씀하셨는가? "아버지, 저 사람들을 용서하여주십시오. 저 사람들은 자기네가 무슨 일을 하는지 알지 못합니다"(눅 23:34). 그분은 자신을 십자가에 못 박고 있는 사람들을 용서하셨다. 예수 그리스도보다 더 용서할 수 있는 사람은 없다. 그분은 이 세상에 존재한 사람 가운데 가장 열정적인 분이셨다. 지금까지 실존한 어느 누구보다 더 용서하셨기 때문이다.

마지막으로 삶의 열정을 유지하기 위해서는 정열이 필요하다. 정열enthusiasm이라는 단어는 두 개의 헬라어 단어에서 나왔다. en과 theos이다. theos는 그리스어로 '신'을, en은 '안에'를 뜻한다. 그러니까 '하나님 안에서' God within라는 뜻이다. 매일매일 하루하루를 마치 마지막인 것처럼 살기 원한다면, 하나님과 관계에 초점을 맞춰야 한다. 삶에서 치열하게 고투한다면, 당신에게 의도된 그분의 뜻만큼 바른 관계를 세워나가지는 못할지도 모른다. 우리 안에는 영적인 배고픔이 있다. 하나님 안에서 안식하기까지는 결코 충족되지 않는 그런 것이다. 우리를 만족시켜 주고 행복하게 해줄 수 있는 모든 종류의 것들을 추구해볼 수는 있지만, 오로지 한 분만이 우리를 채워주신다. 한 달밖에 남지 않은 것처럼 남은 삶을 살기 원한다면, 하나님이 우리와 함께 매일 소소한 일들 가운데 계심을 알아야 한다. 우리를 향한 그분 사랑의 친밀함을 경험하고 주변 사람들과 그것을 나누어야 한다.

사랑, 정직, 용서, 열정! 이들이 인생이다. 우리에게 살라고 주신 삶이다. 열정을 지니고 충만함으로 살되 결코 머물러 있지 않는 삶이다. 열정적으로 사는 삶, 두려움 없이 사랑하는 삶, 겸손히 배우는 삶, 영원한 영향력을 끼치기 위해서 담대히 떠날 수 있는 삶이다. 한 달만 살 수 있다면, 이런 삶을 살려고 하지 않겠는가? 일분일초가 소중함을 알고 하나님이 우리에게 약속하신 풍성한 인생(안전하거나 편리하기만 한 것은 아니지만)을 누리지 않겠는가?

예수님은 마지막을 어떻게 사셨는가

예수님의 삶은 어떻게 살아야 할지 아신 분의 삶이다. 예수님은 자신에게 남은 시간이 얼마쯤 되는지 아셨다. 이 땅에서 단 한 달만 살 수 있음을 아셨을 때 그분은 어떻게 사셨는가? 그분은 우리가 살펴본 네 가지 원리로 사셨다. 첫째, 그분은 열정적으로 사셨다. 우리는 예수님 삶의 마지막 부분을 그리스도의 수난Passion of Christ(수난을 뜻하는 passion은 열정이라는 뜻이기도 하다 – 옮긴이)이라고 부른다. 그분은 자신의 삶을 남김없이 살아내셨다. 아버지를 위해, 그리고 이 세상을 변화시키기 위해 아낌없이 사셨다. 예수님은 이 땅의 존재 가운데 가장 열정적인 분이셨다. 그분이 우리도 같은 열정을 가지고 살기를 원하신다. "나는 양들이 생명을 얻고 더 얻어서 풍성함을 얻게 하려고 왔다"(요 10:10).

그분은 우리가 자신에게 허락된 것들로 충만한 인생을 살길 원하신다. 최근에 우리 교회 성도 가운데 정말 우아하고 단정하게 사신 분의 장례식이 있었다. 향년 90세가 넘으셨다. 사람들마다 천수를 누린 인생이었다고 입을 모았다. 훌륭한 삶과 천수를 누린 삶에는 큰 차이가 있다. 천수를 누릴 수는 있다. 일로 바쁘고 스트레스와 불안으로 가득 찼어도 천수는 누릴 수 있다. 하지만 내가 말하는 것은 훌륭하고 보람 있는 인생이다. 그분은 긍휼로 넘치는 삶을 사셨다. 훌륭한 삶, 보람으로 가득 찬 삶을 살았다.

예수님은 또한 온전하게 사랑하셨다. "유월절 전에, 예수께서는 이 세상을 떠나 아버지께로 가야 할 때가 된 것을 아시고, 세상에 있는 자기의 사람들을 사랑하시되, 끝까지 사랑하셨다"(요 13:1). 한 달만 살 수 있음을 아셨을 때 그분은 어떻게 사셨는가? 그분은 가까이 있던 사람들을 끝까지 사랑하셨다. 자신에게 가장 소중했던 관계, 즉 제자들과의 관계에 초점을 두셨다. 우리 삶에서 가장 소중한 사람들과의 관계에 제대로 집중함으로써 우리도 이와 같이 끝까지 사랑할 수 있다. 가족과 진정으로 하나 되기 위해서 얼마나 의도적으로 관계에 많은 신경을 써야 하는지 생각하면 놀라지 않을 수 없다. 자녀들 한 명 한 명, 배우자, 다른 소중한 사람들과도 매일매일 의도적인 접촉을 가져야 한다. 그래야 관계가 발전한다.

겸손이라는 점에서도 예수님은 우리의 큰 모범이시다. "자기를 낮추시고, 죽기까지 순종하셨으니, 곧 십자가에 죽기까지 하셨습니다"(빌 2:8). 예수님은 하나님 자신이셨다. 하지만 그분은 자신을 낮추셨고 인간의 몸을 입으셨으며 우리가 하나님을 알 수 있도록 우리 가운데 하나가 되셨다.

담대히 떠나는 점에서도 예수님은 우리에게 모범이 되신다. 그분은 이 땅에 영원한 유산을 남기시고 아버지와 함께 계시기 위해 떠나셨다. 그분은 떠날 준비가 돼 있으셨다. "예수께서 하늘에 올라가실 날이 찼다. 그래서 예수께서는 스스로 예루살렘에 가시기로 마음을 굳히셨다"(눅 9:51). 예수님은 담대하게 십자가를 향해 가셨다. 우리를 향한 사랑 때문에 그분은 십자가를 향해 굳게 결심하고 가셨다. 우리 또한 이 땅에서 담대한 유산을 남길 수 있고, 우리가 떠난 후에도 오래 남을 무엇인가를 위해 우리의 날들을 쓸 수 있다.

내 어머니가 내 또래였을 때 일이다. 어머니는 암에 걸린 것을 아셨다. 한 달밖에는 살 수 없다는 것을 곧 알게 되었다. 하지만 너무나 아름답게도 그분에게는 달라진 게 아무것도 없었다. 암이라는 말을 들은 날부터 그분은 여느 때와 다름없이 사셨다. 왜? 지금까지 같은 뜻과 태도로 살아오셨기 때문이다. 삶에서 만난 사랑하는 사람들을 끝까지 사랑하셨다. 해야 할 일들을 묵묵히 하셨다. 하셔야 할 말씀을 하고 떠나셨다. 한 달밖에 남지 않았음을 아셨을 때도 같은 길로 걸어가실 수 있었다. 동일한 뜻과 태도로 살아 후회를 남기지 않는 것이 나와 당신을 향한 이 책의 목표이다. 이 땅에서 마지막 날에 이르렀을 때, 우리가 살아내야 할 그 삶을 끝까지 살았기에 평안할 수 있기를 간절히 바란다.

삶의 신비 중 하나는 우리 가운데 누구도 언제 죽을지 알지 못한다는 것이다. 하지만 우리가 죽는다는 것은 분명한 사실이다. "인생이 살아갈 날 수는 미리 정해져 있고, 그 달 수도 주께서는 다 헤아리고 계십니다"(욥 14:5). 이 사실을 받아들이고 이 땅에서 마지막 순간까지 하나님을 신뢰한다면, 우리가 태어난 날과 죽는 날 사이의 줄 하나를 어떻게 채워야 할지에 온 힘을 쏟을 수 있다. 만족이라는 놀라운 모험으로 그 작은 줄 사이를 채워나갈 수 있다. 그렇다. 우리는 살 수 있다.

이 책이 당신의 인생을 바꾸어 놓았기를 바란다. 전과 달리 열정적으로 목적의식을 가지고 산다는 게 무엇인지 깊이 생각하는 사람으로 변했기를 바란다. 이 책에 나오는 모든 진실을 하나님이 쓰셔서 당신으로 하여금 새로운 삶의 경지를 살아가도록 하시길 기도한다. 한 달만 살 수 있다는 기분으로 살라고 다시 한 번 도전한다.

1 모든 도전을 통과했다. 이후에도 계속해서 한 달만 살 수 있는 것처럼 살 것을 권한다.

2 이 책을 읽고 느낀 소감을 정리하고 적용하기 위해 혼자 하루 정도 여행을 떠나라. 하루를 보내며 이 책을 평가하라. 책을 읽으면서 떠오른 반응과 느낌을 평가하라. 이 한 달 동안 가장 크게 얻은 영향은 무엇인가? 이유는 무엇인가? 이 책을 읽고 삶에 적용함으로써 어떤 변화가 일어났는가?

3 친구와 차를 마시거나 점심을 함께 하면서 지난 한 달의 경험을 나눠보라. 친구 역시 한 달만 살 수 있다면 어떻게 지낼 것인지 물어보라.